御一新　近代日本の光と影

御一新

MEIJI REVOLUTION
THE GLORY AND SHAME OF MODERN JAPAN

近代日本的光與影

洪維揚——著

1-2。

第1部　東京奠都

第2部　文明開化

體例說明

本書中出現的日期有用中文數字以及阿拉伯數字兩種方式標示，日本在明治五（一八七二）年十二月三日以前使用日本慣用的和曆（包括貞享曆、寶曆曆、寬政曆、天保曆等日本人發明的曆法），於此之前在日本國內發生之事皆採用日本的曆法，以漢字表示；遇上國際要事或是介紹外國人物則以通行國際社會的格列高里曆（Gregoriancalendar）表示。至於年齡，日本人以虛歲計算，外國人物則以實歲。

推薦序

饒富興味的幕末・維新普及讀物

國立清華大學通識教育中心副教授　英家銘

《御一新：近代日本的光與影》是洪維揚先生「幕末・維新史」三部曲的完結篇，時代主要從明治二年（一八六九）戊辰戰爭結束，一路寫到明治十年（一八七七）日本最後的內戰西南戰爭，以及明治十一年（一八七八）維新三傑中尚在世的最後一位大久保利通遇刺身亡為止。內容描述明治初期日本在國家發展上經歷的東京奠都、廢藩置縣、民權運動、外交考驗、世族反亂，以及部分「文明開化」的過程。在閱讀這本書之前，我其實沒有讀過這套三部曲的前兩部，但因為在本書前面有關於幕末與戊辰戰爭的回顧，所以閱讀起來並沒有太大的困難，即使不先閱讀前作，對明治維新有興趣的讀者也可以直接從本書看起。

市面上關於明治維新的學術著作與普及出版品有很多，內容則各有特色。筆者的研究專長在日本史的部分比較偏向江戶時代的數學與科學文化，但對於幕末．維新也抱持一點興趣。從筆者的角度來看，《御一新》最大的特色，就是作者在敘述歷史重大事件的過程中，不會忽略許多社會文化中的細節，而且作者在敘述這些細節的時候，會給讀者一個歷史上大致的脈絡，讓讀者看到這些事件或社會文化發展的來龍去脈，有時還會跟讀者自身的經驗連結。下面筆者舉幾個簡單的例子說明。

明治維新的過程中，日本人民的思想與生活方式以西洋文明為標的不斷地改變，被稱為「文明開化」。這個過程在日人哲學觀與食、衣、住、行、教育各方面都有很多人討論，但比較少人會注意到日本從原本傳統的和曆，轉變為現在世界通用的格列高里曆（Gregorian calendar，即俗稱的陽曆）的過程。明治維新不是一開始就改用陽曆，而是明治六年（一八七三）才改曆。本書作者在第九章從古代曆法與佛教由百濟傳入日本列島開始，大致敘述傳統曆法的脈絡，再提到新政府為了與國際接軌，加上財政問題可能也推了一把，使得日本成為東亞最早施行陽曆的國家。

另一個筆者想要提的是這段時間日本與臺灣的連結。前段提及的「文明開化」有一個附帶的議題是「四民平等」，也就是明治政府在向歐美學習的過程中，嘗試打破江戶時代的社會身分制度，要讓原本的武士階級與農、工、商達到某種程度的平等。但如何減少對士族與華族的傷害與其造成的反彈，進而改變社會風俗，是明治政府十分頭痛的議題，最後也導致了西南戰爭。本書詳細介紹整個過程，甚至連結到後來的「征韓論」以及出兵臺灣的議題，這些都跟舊武士階級在新社會的轉變有關。

在一九九〇年代臺灣民主化之前成長的臺灣人，大多對於日本侵華的歷史有一定的認識，而民主化之後成長的臺灣人，則比較理解台人在日本殖民時代的處境。但我們比較少從整個東亞史的脈絡來看清國、中華民國、日本與臺灣之間的關係。明治初期的日本嘗試在減低並抒解內部社會轉型壓力的情況下，學習國際外交的規則。當時剛好遇到八瑤灣事件，琉球島民的船隊遇颱風漂流至臺灣東南部，部分島民被臺灣原住民殺害。日本為了處理這個事件，與清國及英、美有不少外交折衝，而後來出兵臺灣造成我們熟悉的牡丹社事件，也跟日本國內士族征韓壓力有關。這整個過程在本書中有很細節的描述，讓讀者看到更大脈絡下的臺灣史，過程中觸及大家在《斯卡羅》電視劇中看到的法裔美籍外交官李仙得，後來在西南戰爭的章節也提到維新功臣西鄉隆盛之子，曾任宜蘭廳長的西鄉菊次郎等等。

以上兩個例子可以看出本書對於大歷史脈絡與社會文化之間的平衡，對細節的重視，以及與臺灣讀者經驗的連結。諸位讀者可以從本書開頭到結尾閱讀整段歷史的發展，也可以從目錄中先選擇有興趣的主題，再往前或往後閱讀關於這個主題的發展與脈絡。整體來說，我覺得這本書是關於幕末·維新很有趣的普及著作，推薦給各位讀者。

二〇二二年九月二十一日，於清華大學教育館

名詞解釋

朝廷

「朝廷」原指中國皇帝制度下的統治機構，最遲在《古事記》、《日本書紀》問世的八世紀初，日本接受了漢文裡朝廷的概念，不過，在記紀二書中「朝廷」、「朝庭」混用的情況也相當嚴重。

從八世紀起（或許還可以再上溯至大和政權統一日本的三世紀，再不然也可以上溯至聖德太子攝政的六世紀末）到十九世紀中葉的王政復古，朝廷在日本至少存在一千年以上（或將近一千三百年，甚至超過一千五百年）。朝廷存在雖超過千年，但真正有所作為的時間不到一半，頂多只有兩百年（若從三世紀算起，大概也只有到四百年左右）。十世紀起朝廷威望日墜（原因很多，探討其原因並非本文目的，故予以省略），導致武士階級的出現，最終在十二世紀末建立起與世俗權力凌駕在朝廷之上的幕府。

幕府出現之前，公家原本指天皇或朝廷，幕府出現後，公家衍生為指出仕朝廷或御所的上級貴族，特指參議或三位以上的貴族，包含太政大臣、左大臣、右大臣、內大臣、大納言及中納言，再加上參議，世襲這些官職的貴族稱為公家，有昇殿的資格，也稱為朝臣、公卿或殿上人。

經由以上敘述可見朝廷與公家在幕府出現前算是同義詞，幕府出現後，這兩個詞便分道揚鑣，朝廷專指天皇與公卿議事之處所，公家則專指出仕朝廷的貴族，依家世可分為堂上家（有昇殿的資格，包括攝家、清華家、大臣家、羽林家、名家、半家共一百三十七家）與地下家（沒有昇殿的資格，共約四百六十餘家）。

幕府成立後，朝廷所在地的京都頓時失去政治中心的地位，到了德川家康建立江戶幕府的江戶時代，甚至連經濟中心、文化中心的地位也接連為江戶所取代。慶應三年十二月九日，岩倉具視命人草擬的《王政復古大號令》廢除朝廷傳統諸多官職（但卻保留太政、左、右三大臣及參議），另新置總裁、議定、參與三職，當晚便以新成立的總裁、議定、參與三職為主體，召開新政府成立後的第一次會議——小御所會議。

新政府

因《王政復古大號令》而成立的總裁、議定、參與三職等，新政府充斥公卿與大名，不管在穩定政局或與幕府開戰的準備（包括兵員的調度與資金的籌措）上，新政府皆無能為力。

新政府成立後不到一個月在京都南郊發生鳥羽．伏見之戰，這場歷時四日的戰役可說是繼關原之戰後，再一次的「決定天下歸屬之戰」（天下分け目の戦い）。然而，這場戰役的規劃、部署及指揮，從頭到尾都是由身處前線的西鄉及其弟從道、大山巖、黑田清隆等幾位參謀與長州將領主導。御所內剛成立的新政府卻因戰局不利，急忙與前線的薩長撇清關係，甚至還在規劃祐宮的逃亡路線，彷彿十幾公里外的戰爭與他們毫無關聯。

鳥羽．伏見之戰獲勝後，新政府在一月十七日增設神祇、內國、外國、海陸、會計、刑法及制度寮等七科，七科的長官為總督，由公卿、大名出任；次官為掛，由倒幕派諸藩藩士出任，三職者可兼任七科。二月三日將原來的七科改成局（海陸軍務科改名軍防事務局），另外再增置總裁局統領其他七局，於是原來的七科變成八局，依舊維持最初的三職。除總裁局外，其餘七局的長官為督，由皇族或公卿出任。其次為輔，由公卿或大名出任。神祇局外的其他六局在輔之下增設權府，亦由公卿或大名出任，權府之下為判事，由倒幕派各藩藩士出任。總裁局設總裁一人，由三職中的總裁有栖川宮熾仁親王兼任。總裁底下設副總裁兩人，由三條實美、岩倉具視出任，三職的總裁底下亦設副總裁兩人，人選與總裁局副總裁一致。副總裁底下為輔弼，由中山忠能、正親町三條實愛兩位公卿出任。輔弼底下另有總裁局顧問及弁事二職，這兩個職務保留給倒幕派諸藩藩士。

在三職八局期間新政府頒布《五條御誓文》、《五榜揭示》及《政體書》，在政治上亦完成江戶無血開城，雖在上野一帶仍有彰義隊負隅頑抗，但已無法威脅到新政府軍接收江戶城，並以江戶為根據地繼續進行掃蕩關東各地的幕府及佐幕派的勢力。鑒於新政府成員多不具實務能力，且三職七科與三職八局皆有職權重疊的缺失（如三職及八局中的總裁局顯然職務重疊），為落實《政體書》第一條內容中「使政令無出二途之患」，新政府在閏四月廿一日廢除三職八局，另設太政官，三職八局的成員順勢成為太政官要員。

雖然太政官成立於慶應四年閏四月廿一日，筆者仍將當時征戰關東各地的討幕軍稱為新政府軍，這一稱呼持續至整個戊辰戰爭結束為止。

太政官

根據閏四月廿一日頒布的《政體書》的內容，「天下權力總歸太政官」，而「太政官之權力分立法、行法、司法三權，無偏重之患」，可見太政官的權力法源依據是來自於《政體書》。

不過，早在律令時代（大概在八到十世紀），朝廷的政務分為祭祀與政治兩類，負責祭祀的是神祇官，執掌政治的則是太政官（讀作だいじょうかん或おおいまつりごとのつかさ）。

太政官的官職如下：

長官（かみ）：

太政大臣（又稱為則闕之官，唐名為相國）
左大臣（唐名為左丞相、左僕射）
右大臣（唐名為右丞相、右僕射）
內大臣（唐名為內丞相、內相府、內府）

次官（すけ）：
大納言（唐名為亞相、亞槐、門下侍郎）
中納言（唐名為黃門、黃門侍郎）
參議（唐名為平章事、諫議大夫、宰相、相公）

判官（三等官，じょう）：
少納言（唐名給事中）
弁官（唐名為尚書，分為左弁官局和右弁官局，包括左右大弁、左右中弁及左右少弁。左弁官局管轄中務、式部、治部、民部四省，右弁官局管轄兵部、刑部、

大藏、宮內四省）

主典（四等官，さかん）：

外記（大外記、少外記，唐名為外史）

史（分為左右大史、左右少史，唐名為尚書都事、尚書主事）

《政體書》強調立法、行法（行政）、司法三權分立原則，基於此原則成立的太政官（だじょうかん）之組織機構如下：

立法機構——議政官（分上、下局）

行法機構——行政官、神祇官、會計官、軍務官、外國官

司法機構——刑法官

太政官在明治二年七月八日及明治四年七月廿九日歷經兩次改制，這兩次太政官改制

筆者分別在第二章及第五章會談及。兩次太政官改制尤以第二次最為重要，從明治四年七月到明治十八年12月22日實施內閣制為止歷時約十四年半，不僅本書大部分章節都在第二次太政官改制期間，這一次太政官改制更讓諸藩藩士取代公卿、大名，成為太政官的實際統治者。

筆者的《幕末．維新史》系列，第一部為「朝廷」的範疇，第二部為「新政府」及「太政官」初創期（大致上以新政府為主），第三部則為太政官（包含兩次太政官改制）。

《御一新：近代日本的光與影》會不斷提到太政官，反而鮮少提及日本政府，換言之，太政官即當時日本的中央政府，只是當時的名稱為太政官。

目次

推薦序——饒富興味的幕末・維新普及讀物 4
名詞解釋 8

序章 幕末到戊辰戰爭的回顧
一、《幕末：日本近代化的黎明前》回顧 23
二、《戊辰戰爭：還原被隱藏的真相》回顧 46
三、何謂「御一新」？ 55

第一部 東京奠都

第一章 東京奠都
一、天皇行幸東京 63
二、天皇再次行幸東京 67
三、皇后移居東京 70

四、沒有遷都詔書的遷都 75

第二章 版籍奉還

一、四藩藩主上奏版籍奉還 79
二、實施版籍奉還 84
三、官制改革Ⅰ（七官二局→二官六省） 89

第三章 宗教政策的紛爭

一、京都、元和、江戶大殉教 97
二、「信徒發現」與浦上四番崩 104
三、神佛分離令 112
四、廢佛毀釋 118
五、神社神道國教化 124

第四章　明治初年政治上的陰謀及暗殺事件
一、橫井小楠暗殺始末　131
二、大村益次郎暗殺始末　141
三、廣澤真臣暗殺始末　150
四、未能解決的真相　155
五、維新之際的中川宮　160
六、雲井龍雄事件　163
七、二卿事件　173
第五章　廢藩置縣
一、廢藩置縣的準備　179
二、北越戰爭後的西鄉　183
三、設置御親兵　197
四、廢藩置縣　204
五、官制改革II（太政官重組）　213
六、民部、大藏二省的分合　220

第六章 求知識於世界——岩倉使節團出訪
一、使節團出訪的原由 227
二、使節團的出訪目的及其成員 230
三、橫貫美洲大陸 247
四、日本最早的女留學生 253
五、使命受挫 263
六、使節團的考察成果 270
七、俾斯麥的一席話 277
八、使節團返國 283

第七章 留守政府
一、使節團與留守政府成員的約定 291
二、從兵部省分出陸軍、海軍二省以及設置近衛兵 296
三、天皇行幸西國、九州 300
四、山城屋事件 322
五、井上馨下野 328

第二部　文明開化

第八章　文明開化——啟蒙思想團體明六社的成立

一、「文明開化」一詞的意義及其由來 341
二、明六社成立到解散的過程 343
三、明六社核心成員簡介 350
四、明六社對近代日本的貢獻與侷限 369
五、《西洋事情》、《勸學》以及《文明論之概略》梗概 372

第九章　文明開化——破舊來之陋習、求知識於世界的表現

一、食——《安愚樂鍋》反映的文明開化 390
二、衣——洋服的出現 394
三、住——近代西洋建築及瓦斯燈的引進 396
四、行——人力車、鐵道鋪設及郵便制度 403
五、育——頒布學制、留學生的派遣及實施太陽曆 409

六、其他(一)——四民平等、廢止穢多・非人等稱呼及准許平民使用苗字 425
七、其他(二)——散髮脫刀令及騎馬令 433

第十章　實施徵兵制
一、陸軍卿山縣有朋 437
二、壬申戶籍 445
三、徵兵制的規定與漏洞 447
四、反對徵兵的血稅一揆 454
五、近世城郭的浩劫——廢城令 457

第十一章　地租改正及秩祿處分
一、幕府時代的租稅 461
二、頒布地租改正條例 466
三、地租改正反對一揆蜂起 471
四、家祿稅與家祿奉還制度 476
五、發行金祿公債及實施《金祿公債證書發行條例》 482

第十二章　明治初年太政官的危機
一、近代以前的日朝關係 487
二、最早的征韓論 507
三、西鄉的征韓 511
四、雀躍的西鄉 518
五、使節團成員反對征韓 521
六、參議大久保利通 526

第十三章　明治六年政變
一、三條太政大臣的為難 531
二、明治六年10月22日 544
三、五參議辭職 548
四、太政官改組與成立內務省 555
五、第一回內國勸業博覽會 564

序章

幕末到戊辰戰爭的回顧

一、《幕末：日本近代化的黎明前》回顧

嘉永六（一八五三）年六月三日（格列高里曆7月8日），美國東印度艦隊准將培理（Matthew Calbraith Perry）率領四艘「黑船」（其中兩艘蒸氣軍艦、兩艘木製帆船）駛抵浦賀水道，向前來質詢來意的浦賀奉行所與力出示美國大總統願與日本親善往來等內容的國書。培理並非要幕府立即回覆，而是揚言來春將率領更多黑船前來後離去，培理的言下之意為屆時若沒有做出令美國滿意的答覆將採取必要的武力。

時任幕府老中首座的阿部伊勢守正弘與其他幾位老中商量後，認為鎖國之下的幕府並

無對抗黑船的實力，如果來年培理率領更多黑船到來，已有二百年以上未曾建造超過五百石船隻的幕府及諸藩根本難以招架。儘管老中們一致認為目前幕府的海防不足以對抗黑船，卻也不願接受美國大總統的國書，因為幕府不想獨自承擔開國的責任。於是阿部老中首座大膽向親藩、外樣以及旗本與御家人等將軍直屬家臣（直參）徵求意見，二百多年來幕藩體制下的親藩、外樣未曾有過如此接近權力之時，因此對於老中們的徵求意見格外反應熱絡。

由於大多數日本人超過二百年以上未曾與西方人接觸，也欠缺關於西方國家的認識，雖然反應熱絡但大多不值一提，阿部老中首座只著眼在較有見地的薩摩藩主島津齊彬以及幕臣勝海舟、高島秋帆等數人的回覆文件上，他們都認為開國才是日本唯一的出路，阿部老中首座由是決定接受與美國親善往來（亦即開國）。

半年多後，培理率領比前一年更多的九艘船艦（三艘黑船、三艘木製武裝帆船、三艘運輸補給艦）再次向日本叩關，培理的艦隊突破上次交涉所在的浦賀水道，直抵更靠近江戶的小柴沖。浦賀奉行所的與力們儘管堅守工作崗位，但是在見到這支強大艦隊時內心也難掩膽怯。由於幕閣們在去年便已決定接受開國，培理再施展一貫的「恫嚇」語氣，雙方於是在嘉永七年三月三日（格列高里曆3月31日）簽訂內容共十二條的《日美和親條約》（也稱為《神奈川條約》），幕府統治下的日本從此由鎖國改為開國。

十餘年前清國與英國簽訂《南京條約》後，天真的認為此後不會再與歐美列強打交道、簽條約，而戲稱該條約為「萬年和約」。相較之下，幕府在不得已開國後痛定思痛，阿部老中首座不僅主持安政改革，還致力於設置蕃書調所、講武所、海軍傳習所等學習西方機構，培育出不少之後十餘年主掌幕政的人才，其影響力甚至及於明治初期。

然而，《日美和親條約》條文中隱藏了一段魔鬼的細節：兩國政府簽字後十八個月，若任何一國認為有必要，合眾國官吏得派駐下田。由於幕府並無與外國簽訂條約的先例，雖然《日美和親條約》有荷蘭文、英文、漢文、日文四個版本，卻缺乏當雙方對條約內文出現爭議時的「定文」，這個缺失導致之後日本不得不接受美國駐日公使哈里斯（Townsend Harris）到來的事實。

哈里斯肩負著自由貿易與外交使節進駐江戶兩大目的而來，為此哈里斯同時勸說（外加恫嚇）幕府派出的使者及下田奉行，哈里斯對世界局勢透徹的了解及分析贏得幕閣們的嘆服，因而得以在安政四（一八五七）年十月廿一日進入江戶城大廣間謁見第十三代將軍家定。雖然搶先在英、法等國之前謁見將軍，哈里斯並不認為自己締造足以留名的功績，因為他肩負的兩大使命還未能實現。

謁見將軍之後的哈里斯更具信心，爭取到對堀田正睦老中首座（阿部已在同年六月病逝）等幕閣們演說的機會，他從工業革命以來的世界局勢開始講起，進而話鋒轉到東亞。說到鴉片戰爭取勝後的英國正在聯合法國再次侵略清國，極有可能挾戰勝餘威入侵日本，能夠阻止英法入侵的只有對日本沒有領土野心的美國。儘管哈里斯強調美國對日本毫無領土野心，但美國若能先行與日本簽訂修好通商條約，將有助於英國改變進攻日本的計畫。哈里斯的演說給畏懼英國挾戰勝清國之勢入侵日本的堀田老中首座及幕閣們看到一線希望，於是堀田老中首座指定目付岩瀨忠震及井上清直下田奉行為幕府全權代表，與哈里斯進行簽訂修好通商條約的談判。

安政五（一八五八）年一月十二日（格列高里曆2月25日），幕府代表與哈里斯擬定總計十四條內容的《日美修好通商條約》，不過罹患腦性麻痺的將軍家定無法在條約上簽字，身為幕閣之首的堀田老中首座也拒絕簽字。眼見哈里斯催促得緊，堀田老中首座說出必須取得天皇敕許才能在條約上簽字，由於老中無法進宮謁見天皇，若能說服朝廷公卿，便可藉由公卿的說項取得天皇的敕許。不料，堀田老中首座固然以重金利誘公卿，但是公卿卻沒能說服年輕的孝明天皇，因為天皇是個根深柢固的攘夷派，有他在就不可能敕許簽訂《日美修好通商條約》。

原本以為只要親自前往京都一趟便能取得敕許的堀田老中首座，卻因為無法取得天皇敕許導致長期滯留京都。在堀田老中首座滯留京都期間，幕府為解決條約敕許問題，聯合大奧薦任彥根藩主井伊直弼為大老。大老雖非常設性的官職，然而其職權凌駕在老中首座之上，並擁有乾綱獨斷的權力，井伊在此時被擁立為大老，實有由他負責條約敕許的意味。井伊成為大老首要之務並非取得天皇敕許，而是更具迫切性的將軍繼嗣問題。由於將軍家定身體虛弱，難以指望生下繼承人，下一代將軍人選勢必得從將軍家旁系三家三卿中產生。當時符合繼承將軍資格的人選有二：一是出身水戶家成為一橋家養子的一橋刑部卿慶喜，因此被稱為一橋派；另一是來自紀伊家的慶福（之後的家茂），因而被稱為南紀派。兩位繼承人選各有其奧援的勢力，一橋派的支持者主要來自親藩和外樣（尤其是幕末四賢侯島津齊彬、松平春嶽、伊達宗城、山內容堂）等大名，南紀派的支持者主要為大奧及譜代諸藩。

就任大老職的井伊不待天皇敕許，迅速批准《日美修好通商條約》，之後三個月內先後與荷、俄、英、法四國簽訂內容幾乎一致的修好通商條約（統稱《安政五國條約》），同時免去在修好條約上耗費太多時間的堀田老中首座及部分老中的職務。不僅如此，還代替將軍宣布慶福為家定的繼承人，使得幕府不至於在半個多月後面對家定的去世顯得手足無措。井伊大老未取得敕許便批准條約的獨斷作風令朝廷及諸藩大感震驚，震怒的天皇甚至傳出讓位的說法，不久，朝廷跳過幕府向水戶藩的京都留守居役下達密敕（《戊午密敕》）。不經幕府直接下達密敕給大名已經違反《禁中並公家諸法度》的規定，為了維護幕府的尊嚴，井伊大老決定懲處接下密敕的水戶藩及其他暗地批評幕府的相關人士，此即「安政大獄」。

「安政大獄」前後有一百餘人受到死罪、隱居謹慎、下獄、放逐、流放遠島等程度不同的處分，是江戶開府二百餘年來牽連最眾的政治事件。井伊大老上任不到半年，一舉解決條約敕許及將軍繼嗣等幕府的兩大難題，加上在「安政大獄」期間施展的強制手腕，使得反對條約敕許的公家及擁戴一橋慶喜的一橋派諸藩大名無不噤若寒蟬。至於新繼位的將軍家茂年幼無法親政，任誰看來井伊大老應能專制幕政一段時間。

在安政大獄的整肅中，朝廷密敕下達的對象水戶藩成為最大的受害者，幕府萬萬沒想到御三家之一、有「天下副將軍」之稱的水戶會與薩摩聯合起來暗殺井伊大老，此即發生在安政七（一八六〇）年三月三日的「櫻田門外之變」。

櫻田門外的一擊，使井伊大老斃命，對此幕府不得不調整對朝廷及諸藩的路線。鑒於朝廷聲望日隆，繼任的安藤信正老中首座想到的方法是與朝廷結合，藉由朝廷的聲望減少對於幕府的攻訐，對此幕府揚棄開國，承諾朝廷提出「從今以後七、八年乃至十年之內，務必與外國交涉，廢除條約，或是開戰驅逐外國」的攘夷路線，此即「公武合體」（或「公武一合」）。具體作法為新將軍家茂娶年齡適當的皇女為御台所，當時適合成為御台所的皇女只有孝明天皇的皇妹和宮親子內親王。為了能實現攘夷，「公武合體」必須順利進行，為此和宮身邊的親人串聯起來逼迫和宮取消原先與有栖川宮熾仁親王的婚約。

文久元（一八六一）年十月廿日，和宮從桂御所出發，在二十九個藩、沿途超過三萬人的警衛下取道中山道，歷時二十餘日終於進入江戶城，完成所謂的「和宮降嫁」。

儘管有驚無險地完成和宮降嫁，但是幕府的威望並未因此提升。先是在護衛和宮的兩位公卿岩倉具視、千種有文的詰問下，安藤信正、久世廣周兩位老中首座同意讓將軍寫下絕無以和宮為人質脅迫今上讓位的誓約書。接著在文久二年一月十五日，安藤老中首座在五十餘名衛士的護衛下登城，來到坂下門外遭到僅有六名刺客砍傷，被迫辭去老中首座。

從櫻田門外之變到坂下門外之變不到兩年，幕府從井伊大老時的嚴格控制急遽轉變到安藤、久世兩位老中首座討好朝廷的公武一合，不僅大大提升朝廷的地位，也助長了西南雄藩與日本民族意識（尊攘派）的抬頭。

這些西南雄藩幾乎都屬外樣，位於幕府鞭長莫及之地，在十九世紀中葉前後進行藩政改革獲致極大的成果。相較於約略同時幕府推動的天保改革失敗，這些雄藩難免會萌生挑戰幕府的心理。其中尤以薩摩、長州二藩最為積極，他們與幕府的恩怨種因於關原之戰。在將軍繼嗣問題中屬於一橋派的薩摩藩原本在安政大獄也要受到追究，就在此時島津齊彬猝逝，而奉齊彬之命穿梭在京都公卿之間的西鄉吉之助遭到繼任藩主的流放，對薩摩的處分僅止於此。

文久二年三月十六日，在齊彬的遺言中擔任後見人的薩摩藩「國父」島津久光，以繼承亡兄遺志的名義率領千名藩兵上洛。活躍在京坂地區（包含二、三十名薩摩藩士）的尊攘派志士誤認久光所謂的繼承齊彬遺志而上洛是實現討幕，為了清除久光上洛的障礙，他們甚至制定出暗殺京都所司代酒井忠義與親近幕府的關白九條尚忠的計畫。知道久光上洛與尊攘派志士抱持的目標有所落差的西鄉，為了制止同藩志士的暴虎馮河，西鄉無視在下關等待與久光上洛藩兵會合的命令，自行前往已經沸騰的大坂。

久光上洛與多位朝廷公卿會面提出對幕府進行改革的建言，因而得到天皇敕令的嘉許。為回報天皇的嘉許，久光下令鎮壓盤據寺田屋藉機騷動的尊攘派志士，薩摩的尊攘派因而遭到肅清，其餘的尊攘志士看清久光的真面目紛紛離去轉投長州，在這次行動中抗命的西鄉再度遭到流放遠島的下場。

久光上洛的最終目的不僅只滯留京都，而是要前往江戶督促幕府進行改革。歷經多次與朝廷的周旋終於在五月廿二日以護衛敕使大原重德的名義東下江戶，與敕使一同督促幕府進行改革。無官無位的久光透過大原敕使向幕府傳達改革的內容，在今日看來，久光主張的改革內容有一部分屬於人事異動或解除安政大獄以來的懲處，與真正的改革尚有一段距離。

八月廿一日，久光和大原敕使先後離開江戶，幕政改革中的將軍後見職、政事總裁職、京都守護職人選在之後半年內先後就任，將軍也將在來年春上洛。至於安政大獄受到懲處的一橋派成員陸續得到赦免，安政大獄的加害者也受到額外的處分。在江戶毫無名氣的久光在此次幕政改革竟有如此碩大的成果，欣喜之情溢於言表的他先是在回程路途遇上生麥事件，回到京都又目睹尊攘派大肆擴張勢力意圖取代公武一合派，對此感到失望的久光逕自率軍返回薩摩。

閏八月廿三日久光一率領藩兵退出京都，已在上個月底抵達伏見的土佐藩兵，在年輕的藩主山內豐範及藩內攘夷派領袖武市半平太的領頭下進京參內。土佐之所以能率領藩兵上洛在於尊攘派勢力遍及京都，在朝廷的公卿與盛極一時的天誅行動的推波助瀾之下，九月廿一日，朝廷再次派出以三條實美為正使、姉小路公知為副使前往江戶。文久二年朝廷罕見地在同一年內向幕府派出兩次敕使，第一次是為督促幕府進行幕政改革，第二次則是為督促幕府進行攘夷。在第二次敕使東下江戶期間，朝廷逕自向十四個二十萬石以上的外樣大名宣布攘夷，日本舉國因此陷入攘夷的狂濤之中。

兩次敕使到來皆提到將軍上洛之事，因此幕府決定來年(文久三年)春計劃讓將軍前往已經充斥攘夷勢力的京都。事實上不只將軍，幕政改革新設的政事總裁職、將軍後見職、京都守護職，以及不少雄藩大名，都在進入文久三年前後上洛。自三代將軍家光以來已有超過二百年以上將軍不曾上洛，此次不僅上洛，甚至還進入御所參內。攘夷派當然不會錯過這一良機，除了計劃讓將軍宣布攘夷的日期外，還計劃讓天皇走出御所，與將軍同時前往賀茂神社參拜。天皇與將軍同時參拜神社吸引大批京都民眾的關注，食髓知味的攘夷派繼續籌劃天皇與將軍前往京都郊外的八幡宮(石清水八幡宮)行幸。

八幡宮不僅對皇室，就連對將軍家也極具特殊意義，照理將軍沒有拒絕的理由，然而，將軍卻在八幡行幸前夕以罹患感冒為由缺席，臨時改以將軍後見職一橋慶喜出席。一橋慶喜察覺攘夷派的企圖，也以身體微恙為由避開在八幡宮前代替將軍接受天皇的攘夷詔敕及節刀，使得攘夷派精心策劃的八幡行幸失去政治上的效果。

攘夷派在其策劃的八幡行幸並未得到幕府的攘夷承諾，儘管家茂心懸在江戶與英國使節交涉生麥事件的賠償事宜，但仍被尚未達到目的的攘夷派假託天皇之名以種種名目形同軟禁在京都。對此，慶喜以家茂代理人的身分明確回應朝廷攘夷的期限為文久三年五月十日。消息一傳出，攘夷志士猶如已經打倒外國列強般的振奮不已，攘夷的急先鋒長州開始整備位在下關海峽的砲台，只待五月十日的到來。

五月十日一到，長州船艦立即砲擊停泊在下關海峽對岸的美國商船，長州船艦不僅無法正確命中停止狀態的美國商船，甚至也無法追擊逃遁的商船，但是卻憑著敢向外國船艦開砲的行為得到朝廷褒獎的敕令。之後十餘日長州又接連向法國及荷蘭的通信船、商船開砲，也都與砲擊美國商船同樣的結果。長州船艦在不到一個月的攘夷行為中，對於美、法、荷三國的商船及通信船既無法準確的砲擊，也不能有效的攔截逃逸的船艦，只是憑藉血氣之勇攘夷，朝廷卻為此予以褒獎，無形中助長長州的不智之舉。

列強的報復在進入六月時展開，先是美國，繼而法國跟進。在美、法的軍艦面前，長州毫無海防可言，沿岸的砲台紛紛被擊毀，船艦不是被擊沉就是受到重創，如果不是美、法兩國顧忌武士的尚武精神不敢貿然上岸，長州的慘況應該不只如此。

長州斷然攘夷期間，英國與幕府也針對去年發生的生麥事件賠償進行交涉，由於薩摩拒絕對英國賠罪及懲凶，交涉也就毫無進展，英國於是集結艦隊對薩摩開戰。有「日不落國」之稱的大英帝國在亞非各地戰無不勝，但是對於九州一隅的薩摩卻沒有取得應有的勝利，只是挾著武器精良不至於落敗。不過這場薩英戰爭不僅改變英國對幕府以外（主要是薩摩）其他勢力的觀感，也讓薩摩意識到與具堅實國力的西方列強敵對毫無勝算。

薩英戰爭後，薩摩已體悟到攘夷不可能實現而予以放棄。然而，長州依舊堅持攘夷，薩長對於攘夷的議題不僅出現分歧點，這一分歧點更在之後的八．一八政變後造成嚴重的對立。

自文久二年京都盛行天誅行動以來，為了讓攘夷事業順利推動，往往需要暗殺行動除去阻礙者，久而久之，攘夷與暗殺幾乎成為同義詞。除了藉由暗殺行動除去阻礙攘夷的人士外，攘夷派還經常假造天皇的敕令排擠不認同攘夷的藩。攘夷派的作為不僅惹惱會津、薩摩等不認同攘夷的藩，更惹怒了非攘夷派的公卿、親王——甚至天皇。攘夷派的蠻橫使得厭惡他們的勢力有所行動，由青蓮院宮尊融入道親王（之後改名朝彥親王）發起，透過薩摩、會津二藩藩士的聯繫，讓天皇、親王、非攘夷派公卿、在京都的幕府勢力以及親藩、外樣團結起來，於文久三年八月十八日晚上展開排除攘夷派公卿及攘夷派的政變，此即八・一八政變。

八・一八政變解除攘夷派公卿的職務，同時解除攘夷急先鋒長州的御所警備任務，此舉等於將攘夷派逐出政權核心，在京都已無立足之地的長州藩士帶著七名願意跟隨的攘夷公卿返回長州。另外，在安政大獄受到隱居謹慎處分的土佐藩老公山內容堂，也以追究殺害已故參政吉田東洋之名掃蕩以武市半平太為首的攘夷派。隸屬京都守護職之下的會津藩士、京都所司代、京都町奉行、伏見奉行所及京都見廻組與新選組，也開始緝捕潛藏在京都市內的攘夷派，攘夷派因而在京都及土佐銷聲匿跡。

八・一八政變使得攘夷派精心策劃的大和行幸無限延期（等同取消），準備在大和行幸前夕起義的攘夷志士計劃進攻幕府天領的代官所。在不知道八・一八政變無限延期的情形下攘夷志士依照約定日期進攻，在沒有奧援的情形下遭到畿內附近的藩圍剿，最終失敗。之後在但馬天領的生野義舉亦遭到同樣命運，文久三年是攘夷派被排除出京都的一年。

八・一八政變後只憑朝廷公卿不足以應付新政局，因此邀請島津久光、松平春嶽、伊達宗城、山內容堂等公武一合派大名上京連同將軍後見職一橋慶喜及京都守護職松平容保參與朝議商討國是。另外，甫於六月中旬返回江戶的將軍再次於年底踏上上洛之路。

文久四年一月十三日島津久光被任命為參預，隔日取得參與朝議必須的官位與官職，正式進行作為八・一八政變善後的參預會議。參預會議討論的議題為長州藩的處置問題與橫濱鎖港問題，兩者性質略有不同，但對幕府而言同樣棘手。幕府在參預會議召開之前已派出一代表團前往法國針對橫濱鎖港問題進行交涉，照理這一議題須先擱置等到代表團交涉有確切的結果後再來進一步討論細節。然而，橫濱鎖港問題在參預會議上成為慶喜與久光激辯的導火線，二月十六日晚在朝彥親王宅邸宴請的酒宴，兩人又出現激烈衝突，以致兩人幾乎缺席之後的參預會議，最後雙雙辭去參預，連長州處置問題也因為參預接連辭職而不了了之，喧騰一時的參預會議竟落得草草結束的結局。

在參預會議尚未破局時，久光對於未能突破參預會議顯得悶悶不樂。親信見狀提議赦免此時被流放遠島的西鄉吉之助，藉由西鄉的智慧突破當下面臨的困境。久光雖百般不願赦免西鄉，但也承認西鄉擁有為薩摩突破困境的智慧，於是家老小松帶刀、軍賦役兼諸藩應接掛西鄉吉之助、御小納戶頭取大久保利通等薩摩鐵三角到此時終於成形。

大約在薩摩鐵三角成形的同時，京都也出現人事異動：將軍後見職一橋慶喜轉任攝海防禦指揮兼禁裏御守衛總督，松平容保恢復京都守護職，桑名藩主松平定敬成為新的京都所司代。上述三人是八・一八政變後幕府在京都的實力派，日本學術界稱此為「一會桑政權」，之後，幕末進入薩摩鐵三角與一會桑政權對抗的階段。

另一方面，長州自八・一八政變之所以遭到逐出京都的結果，舉藩上下皆認為是天皇受到會津、薩摩等公武一合派的蒙蔽之故。因此他們認為唯有返回京都才有機會為藩主父子洗刷冤屈，接下來的幾個月長州藩士與攘夷浪人潛入京都，準備伺機而動。

元治元(一八六四)年六月五日，京都守護職轄下的新選組突襲聚集在池田屋裏約四十名攘夷志士。經過一番激戰，除當場斃命或傷重而逝外，幾乎悉數遭到逮捕。池田屋事件的消息立即傳遍京都，也傳到京都以外的長州耳裏。透過幕府加工過的池田屋事件經緯大大激怒長州，不少藩士請願叫囂要率兵進京到天皇面前泣訴七卿及藩主的冤罪，連藩家老都主張率兵上京，反對上京的桂小五郎、高杉晉作等人的意見自然不被採納。

長州藩兵及攘夷志士在福原、益田、國司三位家老率領下，於六月底進入京都，這支一千五百餘人的部隊在三位家老的率領下兵分三路朝御所前進。長州軍在御所外圍的蛤御門與會津藩兵激戰而使戰局膠著，在薩摩藩兵趕來後長州逐漸陷入不利之局，混戰中長州竟朝御所開砲，最終長州無奈撤軍。

「禁門之變」（或「蛤御門之變」、「元治甲子之變」）雖以長州失敗結束，後續的政局發展並不因為長州的戰敗而結束。由於長州向御所開砲，因此長州在接下來的朝議中成為朝敵，不僅長州在江戶的所有藩邸及屋敷悉數遭到幕府沒收，長州藩主父子的官位及拜領將軍的賜字也遭褫奪，朝廷更發出征討長州的敕命。

就在長州淪為朝廷、幕府及諸藩的眾矢之的前，長州還因為去年對美、法、荷三國的非武裝船艦砲擊，而招致英、美、法、荷四國共計十餘艘軍艦組成聯合艦隊前來報復。長州在去年便已不敵美、法船艦砲擊，此次當然更不敵四國聯合艦隊，不過高杉晉作與從英國留學半途返回的井上馨、伊藤博文的表現令人印象深刻。

四國聯合艦隊談判結束後長州沒有喘息的空間，接著又要面對呼應朝廷敕命組成的廿一藩共約十五萬征長聯軍。大軍壓境下長州內部出現內訌，主張滿足征長聯軍提出的一切條件的恭順派，壓倒主張頑抗到底的強硬派。在征長聯軍發動總攻擊的前幾日，征長參謀西鄉吉之助向長州代表提出和解的條件，首先嚴懲率領藩軍上洛的三位家老及四位參謀，其次為引渡五卿（七卿中一人病逝、一人離去）到九州、毀壞未得幕府同意而興建的山口城，以及藩主父子返回城下町萩蟄居。

上述條件對遭到兵臨城下的長州並不算苛刻，在征長總督前尾張藩主德川慶恕確認後（五卿引渡到九州並不徹底）便在元治元年結束前撤兵。對於幕閣及部分譜代大名而言，恢復幕府聲望最直接的方法為以武力征服長州。但是對地位舉足輕重的雄藩如薩摩而言，並不樂見幕府因征長而提振聲望，對一般外樣來說，參戰的開銷過大，能夠和平結束是最好的結局，因此征長之役就在沒有正式交戰的情形下結束。

之後，遭到排擠的強硬派以創立奇兵隊的高杉晉作為首在下關功山寺舉兵，高杉的兵力雖不足百人，但連戰皆捷，聲勢日益壯大，短短兩個月的時間就推翻恭順派的勢力。流亡在外的桂小五郎回歸，長州也建立起以桂、高杉、大村益次郎、井上馨為首的武力倒幕陣營。

想要武力倒幕只憑長州一藩勢孤立單，若能聯合另一雄藩薩摩便能有更大的勝算。然而自八．一八政變以來，薩、長二藩勢如水火，由薩摩或長州提出締結同盟都不會成功，只能由與雙方友好的第三藩斡旋介入才有成功的可能。未被幕府與山內容堂掃蕩的土佐鄉士，正是促成薩長結合的最適人選，其中尤以坂本龍馬與中岡慎太郎最為積極，薩長同盟的締結便著落在他們兩人身上。

龍馬與中岡在薩長皆有熟識，因此兩人分別前往薩長進行遊說。雖然最初的過程並不順利，但在龍馬和中岡不斷在京都、下關、長崎三地來回奔波下，西鄉和桂終於在慶應二年一月廿一日在京都小松帶刀的宅邸，簽訂內容共六條的《薩長同盟》，從這一刻起踏出倒幕的第一步。締結薩長同盟的長遠目標為武力討幕，而近程目標為薩摩拒絕在即將到來的再次征長戰爭動員出兵，如有必要，薩摩甚至在再次征長之役與長州站在同一陣線。

為了再次征長，將軍於慶應元年五月上洛，這是自文久三年二月以來的第三次。再次征長取得在京都的幕臣共識之前，家茂必須先和列強解決江戶、大坂兩都及新潟、兵庫兩港的「兩都兩港開市開港」，幕府談判的對象是取代阿禮國（Rutherford Alcock）成為新任英國駐日公使的巴夏禮（Harry Smith Parkes）、法國駐日公使侯許（Michel Jules Marie Leon Roches），以及美國代理公使與荷蘭總領事。儘管四國公使彼此間未必合作無間，但是只要與白人以外的國家進行談判，總是能夠捐棄成見、立場一致。幕府代表面對立場一致的四國公使毫無招架之力，不僅同意兩都兩港開市開港，下關戰爭的賠款及關稅稅率改訂，甚至連延宕多時的《安政五國條約》的敕許都一併得到解決。

進入慶應元年十月，幕府積極備戰再次征長，由於雄藩之首薩摩因為薩長同盟而悍然拒絕幕府的動員，薩摩的拒絕左右了其他藩的意願，使得再次征長最終只有紀伊、彥根等十四個藩響應，其中四個藩屬於外様，光是親藩及譜代便占去多達十藩。

再次征長之役又稱為「四境戰爭」，顧名思義是起於長州藩四境的戰爭，幕府憑藉眾多兵力的優勢幾乎同時間在長州四境發起進攻。長州兵力雖遠遠不如幕府軍，然而在大村一年多的西洋近代軍制的訓練下，且又有透過龜山社中代為購買的新式槍枝在手，發揮超出預期的戰力，反而讓幕府軍潰不成軍，四境作戰幕府幾乎全面失敗。

對幕府而言，動員十四個藩、數萬大軍從四面包圍長州卻在一個多月內遭到擊潰，威望筆直下墜自不待言，更令幕府雪上加霜的是坐鎮大坂的將軍家茂在作戰期間病逝。家茂病逝消息一傳出，幕府軍的士氣跌宕到谷底，屬於外樣的熊本藩甚至出現在戰場上自行撤軍的行為，自顧不暇的幕府無能也無力約束。

由於將軍過早病逝，儘管遺言指名年僅四歲的幼童繼承，然而考慮到幕府聲望因四境戰爭的落敗而搖搖欲墜，值此非常變故不宜由幼童繼位。因此老中們違背家茂及大奧的意見，擁立年過三十的前將軍後見職一橋慶喜為德川宗家當主，再以德川宗家當主的身分繼承第十五代將軍之職。

適逢幕府敗軍危難之際，此時繼任將軍將面臨層層難關，是以慶喜只同意繼承德川宗家而不願接下將軍一職。拖了約三個月後天皇宣布一切政務將委任於新將軍，亦即將貫徹對於前任將軍的庶政委任體制，這道敕令等於朝廷繼續承認幕府的存在，對於即將接任將軍的慶喜抱持肯定的態度。既然天皇本身都已承認幕府，自然會對採取倒幕立場的薩長構成妨礙，慶喜判斷此時是繼任將軍的最佳時機，在庶政委任體制宣布後不到十日，慶喜正式成為幕府第十五代將軍。

慶喜雖然選在最適當的時機繼任將軍，然而，人算不如天算，正值壯年的孝明天皇在慶喜繼任將軍數日後突然倒下，據典藥療診斷的結果判斷可能罹患痘瘡（天花），之後病情一直沒有好轉，十二月廿五日天皇崩御。

失去天皇這一最大護符，接下來的幕府該何去何從？

慶喜繼任將軍後立即展開幕末第三次改革——慶應改革。慶喜增設陸軍、海軍、會計、國內事務、外國事務等五局總裁，以五局總裁取代以往幕府的老中、若年寄及三奉行等職務並將其架空，以利安插親信為五局總裁。大致說來，安政改革確定開國的路線，文久改革讓幕府朝廷化，慶應改革是取法歐美政治制度，削減諸藩及朝廷權限，朝向以幕府為中心的中央集權邁進。另外，幕府也向法皇拿破崙三世請求派出陸軍將領前來日本為幕府訓練步、騎、砲等近代陸軍兵種，法皇同意派出十八名尉級軍官組成軍事顧問團來到日本，同時並撥款二百四十萬美元作為訓練近代陸軍的費用。

法皇慷慨的舉動當然是有所圖，其代價為法國公使侯許單獨在大坂城與慶喜會面，強求慶喜履行兵庫開港的敕許。侯許單獨向慶喜要求開港敕許已違反列強間的默契，但是由於利益一致，英、美、荷三國公使在事後聯合發表聲明，再度向慶喜施壓要求敕許。

為此慶喜找來島津久光、松平春嶽、山內容堂、伊達宗城舉行四侯會議商討國是。然而就與參預會議如出一轍，四侯會議淪為慶喜與久光的口水戰，春嶽、宗城毫無置喙的餘地。容堂的牙痛宿疾讓他缺席整個四侯會議，更令容堂痛心的是他隱約察覺薩摩已將討幕定為藩論，但礙於關原以來的御恩不能公然與幕府決裂。容堂此時能做的只有寫信速召此時人在長崎與龍馬一同解決伊呂波丸事件的參政後藤象二郎入京，要他為當前的土佐找出突破困境的方法。

伊呂波丸事件發生在同年四月廿三日，由於事件的另一方為御三家中的紀伊藩而增添解決的難度，直到六月三日才在英國東洋艦隊司令官的仲裁下，由紀伊藩賠償伊呂波丸的造價及船上貨物的價值共八萬三千兩。

解決伊呂波丸事件，後藤拉著龍馬搭上藩船前往京都。在從長崎前往京都的船上龍馬提出「大政奉還論」及《船中八策》的構想（據現在學界的研究認為此說很有可能出自虛構），大政奉還論主要內容為將軍親自向朝廷奉還政權，由極富佐幕色彩的土佐老公山內容堂提出，對幕府而言應該是最好的退場方式。

於是後藤對已經返回土佐的容堂、而龍馬則留在京都向已經準備武力討幕的西鄉及大久保等薩摩藩士，宣傳大政奉還的理念。容堂無法認同武力討幕，大政奉還正合其意，薩摩鐵三角則站在「慶喜不可能會同意大政奉還的前提上」勉強同意，但同時也在推動武力討幕，由此展開大政奉還與武力討幕間的角力。

十月十四日，京都二條城擠滿在京四十餘藩重臣家老，板倉勝靜老中首座沉痛宣布將軍決定接受大政奉還，然而，討幕密敕也在同一天下達，慶喜大政奉還使得討幕密敕頓時成為無用之物。

不甘心武力討幕流於泡影的西鄉、小松、大久保等人帶著討幕密敕返回薩摩，與久光・忠義父子商量後決定由藩主島津忠義於十一月十三日親率三千藩兵搭乘藩船上洛。薩摩藩兵上洛期間適逢京都發生龍馬暗殺事件，儘管暗殺事件真相有若干部分仍待釐清，但大政奉還論的提出者遭到暗殺使武力討幕有淩駕大政奉還之勢。不久，藝州藩與長州藩也相繼派出藩兵前往京都馳援薩摩，不過，長州因為尚未解除朝敵之故，只能在京都郊外駐軍，這些藩兵成為武力討幕派推翻大政奉還的後盾。

武力討幕派雖然爭取到中山忠能等數位公卿的支持，不過公卿中最具謀略的岩倉具視此時還是待罪之身，為了讓岩倉能在推翻大政奉還時發揮作用，武力討幕派決定先在十二月八日進行朝議恢復岩倉的官位。朝議結果不僅恢復岩倉的官位，也解除毛利父子的朝敵之罪以及八・一八政變後前往長州的五卿罪名，朝議結束後恢復官位的岩倉立即身著朝服，拿出事先準備好的《王政復古大號令》前往御學問所交給祐宮，由他召見參與朝議的親王、大名，朗誦《王政復古大號令》的內容。

根據《王政復古大號令》，幕府及攝政・關白以及幕府在京都設置的職務和聯絡朝廷、幕府的武家傳奏等職務盡遭廢除，改置總裁、議定、參與三職，旋即在九日召開由三職構成的新政府成員會議（通稱「小御所會議」）。小御所會議通過慶喜不光只是辭去將軍職位，還必須辭官（辭去內大臣）納地（歸還所有天領），會議結束後由具德川家血緣的德川慶恕、松平春嶽向慶喜轉達。

慶喜認為京都討幕氣息過於濃厚，因此率軍撤出聚首大坂，藝州、長州藩兵則進入京都與薩摩會合，討幕軍與幕府軍分據京都、大坂，雙方開戰在即。

二、《戊辰戰爭：還原被隱藏的真相》回顧

慶應三年十二月九日的小御所會議決定慶喜必須辭官納地，武力討幕派認定慶喜不會

接受此一屈辱條件，屆時便能堂而皇之的在京都對幕府宣戰。然而，慶喜並不被武力討幕派挑釁般的舉動所激，在盱衡形勢後認為京都勤王氣息過於濃厚，在此地開戰不利於幕府。再三思考後於十二日將主力悄悄撤出二條城，轉進大坂城。

數日後慶喜在大坂城接見英、法、美、荷、普、義六國公使，允諾會承認先前與各國簽訂的修好通商條約及保障各國已經取得的利益後，六國公使立即表態支持幕府。列強的支持是慶喜最大的後盾，得到這一堅強的後盾，慶喜的態度轉硬，找來幕僚寫下為己辯護的《舉正退奸之表》，表現出不惜攻入京都與薩摩交戰的決心。

慶喜撤出京都使薩摩失去向幕府宣戰的口實，能讓幕府挑起戰爭的只剩西鄉先前派往江戶的浪人團能否在江戶滋事。對於浪人團的尋釁，維持江戶治安的庄內藩及新徵組還能克制，然而浪人團縱火燒毀江戶城二丸御殿徹底激怒前者，他們以燒毀位在三田的薩摩藩邸作為報復。消息傳至京都，武力討幕派無不額手稱慶，因為藉由藩邸燒毀之名終於取得與幕府作戰的正當理由。

完成《舉正退奸之表》後，慶喜又命幕僚寫下《討薩之表》，聲討的對象從《舉正退奸之表》天皇側近的公卿（岩倉具視、正親町三條實愛、中御門經之）轉移到薩摩藩，乃是為了避免與朝廷正面衝突。成功轉移討伐的對象後，慶喜動員畿內譜代諸藩，除留下少許兵力駐守大坂城外，沿淀川、宇治川上洛。慶應四年一月三日，反攻的幕府軍在伏見進入京都的鳥羽街道、伏見街道，遇上據地而守的薩長軍，幕府軍仗著人數有將近三倍的優勢決定強行通過，於是，發生決定幕府命運的鳥羽．伏見之戰。

幕府軍在兵器及士氣上的低下，雖人數將近三倍於薩長軍也難以挽回劣勢，開戰後以刀劍為主的京都見廻組及新選組雖然義無反顧的勇往直前，然而，此舉看在薩長軍眼裡無異於飛蛾撲火，不少人還未進入刀劍發揮的範圍內便中彈倒下。雖然技不如人，幕府軍依舊奮力作戰，鏖戰至一月四日半夜才不支撤退。

御所內公卿、大名們的反應不遜於前線的作戰，隨著首日戰情的膠著開始指責「伏見之役是薩長會桑間的私戰，與朝廷無關」，有些悲觀的公卿甚至開始規劃帶著幼君出逃的路線。不過當擊退幕府軍的消息一傳入御所，前一刻還籠罩在出逃的陰影下，下一刻已開會任命剛還俗的仁和寺宮嘉彰親王為征討大將軍兼軍事總裁。

一月四日的戰況依舊陷於膠著，薩長軍仍未能取得重挫幕府軍士氣的勝仗，因此朝廷推出新任征討大將軍到前線戰場去。征討大將軍接受祐宮賜予的節刀以及錦之御旗，然後緩緩走出御所，在薩摩藩兵及藝州藩兵簇擁下前往前線戰場視察。天皇的代表征討大將軍及象徵天皇的錦之御旗的到來，使薩長軍成為為天皇征戰的「官軍」，與之作戰的幕府軍頓時淪為「賊軍」，鳥羽．伏見之戰不再是「薩長會桑間的私戰」，而是官軍與賊軍的作戰。官賊身分的確定使得原本不願對幕府開戰的土佐毅然投入官軍陣營，以薩長兵力不足為由在旁觀望的藝州藩也順勢成為官軍一員。

錦之御旗一出大大提振官軍的士氣，原先與薩長軍奮力作戰的幕府軍意識到已方淪為賊軍，當日奮戰敗北撤退進入淀城時，遭到淀藩家老的閉門羹。錦之御旗的效力在六日持續發酵，駐守天王山的外樣大藩津藩朝幕府軍開砲，使得混亂的幕府軍只得退到大坂。

對於連串的失敗慶喜並不氣餒，在大坂城召開軍議為敗退的將士演說打氣，正當幕府軍因慶喜的一番話而提振士氣，當晚慶喜卻帶著松平容保、松平定敬及數位幕府首腦悄悄逃出大坂城，搭乘軍艦逃回江戶。大坂城將士第二天發現慶喜陣前逃亡，憤怒之下已無力守住大坂城，不得已只好作出交出大坂城、讓將士解散各自返回的決定。

取得二條、大坂等城的新政府趁勝追擊，下令剝奪慶喜及若干幕府首腦的官位，並發布《慶喜追討令》，至此已完全視慶喜為朝敵。進入二月更成立東征總督府，以有栖川宮熾仁親王為東征大總督，西鄉吉之助等人為參謀，另設奧羽、東山、東海、北陸四個鎮撫總督府，各鎮撫總督府各有其總督和參謀的人選，新政府軍沿東山、東海、北陸三道東下，朝江戶進軍。

東山、東海二路行進迅速，東山道軍進入甲斐擊潰殘餘不全的新選組後，與東海道軍包圍江戶。就在新政府軍即將對江戶發動總攻擊前夕的慶應四年三月十四日，時任幕府陸軍總裁的勝海舟與總督府參謀西鄉吉之助在薩摩藩位於江戶的田町藏屋敷，同樣抱持不讓江戶淪為戰場的目的完成無血開城談判，使政權從幕府手上和平的轉移至新政府手中。

不過，並非所有旗本、御家人都遵從幕府的指示，部分陸軍將領帶走受過近代西式訓練的部隊，在關東一帶與新政府軍對抗。海軍將領只交出部分老舊且非武裝船艦，搭載部分不願降伏新政府的官兵北上突圍，這些逃出的陸海軍在之後的一年間持續與新政府為敵。新政府當下之敵為留在江戶頑強抵抗的部分幕臣（後擴及到旗本、御家人），他們自稱彰義隊，嘯聚上野寬永寺。彰義隊的主要任務為「維持江戶市區的治安、保障民眾生命財產」，另外還打著「薩賊討滅」的口號，充分吸引住飽受以薩摩藩兵為首的新政府軍威脅下江戶人的心理，因此加入者眾，在上野戰爭前夕已達三千人之多。

彰義隊的坐大主要在於進入江戶後東征總督府的毫無作為，未能在初創之時予以撲滅。鑒於總督府缺乏指揮作戰的將領，於是人在江戶的江藤新平向朝廷推薦派遣大村益次郎東下江戶平定彰義隊。在千呼萬喚之下大村於五月一日抵達江戶，十四日冒雨視察上野一帶地形，翌日大村兵分三路攻擊上野，當日中午過後下令搬出殺傷力強大的阿姆斯壯砲砲擊彰義隊的陣地，炸得彰義隊士四處逃逸，上野戰爭只歷時一日便結束。

上野戰爭進行前，盤踞房總的幕府軍（包含近藤勇及其率領的部分新選組）已被另一支新政府軍平定。俟上野戰爭結束，大半的關東已在新政府的控制下，不願降伏的幕府軍只能繼續往北轉進，一支從白河關進入奧羽，另一支則在日光一帶負隅頑抗，與新政府軍激戰多日後亦遁入奧羽，與先前進入白河關的部隊在會津藩會合。

戊辰戰爭至此進入在東北地區作戰的第二階段，之前閒置的奧羽鎮撫總督府也活躍起來。早在三月初，奧羽鎮撫總督九條道孝、澤為量副總督以及大山格之助和世良修藏兩位參謀等一行人，前往松島與仙台藩主及家老們會面。指派攝家出身的左大臣九條道孝為總督可看出新政府希望避免長距離行軍與奧羽諸藩交戰，然而，新政府的美意卻被兩位參謀給破壞，他們在會中咄咄逼人的態度及命令式的口吻，激怒了仙台藩主伊達慶邦及其家臣們，仙台藩拒絕新政府下達的征討會津命令，雖然之後迫於形勢不得不接下奧羽地區征討會津的總大將，私下仍希望新政府能對會津寬大的處置。

進入閏四月，仙台、米澤二藩在仙台藩境白石城召集奧羽諸藩，討論對會津藩處置的態度。由於距離之故使得「白石列藩會議」召開兩次，除了正在與新政府軍作戰的幾個藩外，幾乎所有奧羽地區的藩一致贊成對會津採取寬大處置。另一方面，奧羽鎮撫總督與仙台藩的關係日益惡化，最終釀成殺害奧羽鎮撫參謀世良修藏事件，整個奧羽地區組成一個多達廿七藩的同盟對抗北進的新政府軍。

新政府軍不只與奧羽諸藩談判觸礁，在北越（越後東、北部）地區也因為態度傲慢，把原本應該維持中立的越後長岡等六藩推向敵對的陣營，原先的奧羽列藩同盟也因而延伸為奧羽越列藩同盟，江戶開城後應該結束的戊辰戰爭也因此往後推延近一年。新政府從慶應四年五月起同時在北越及奧羽南部與同盟諸藩作戰，也在這段時間同盟以輪王寺宮公現入道親王取代仙台藩主為盟主，頗有與朝廷分庭抗禮的態勢。

奧羽越列藩同盟全部成員共有三十一個藩，囊括整個奧羽地區到越後北、東部，若只是攤開地圖來看，很容易給人幅員廣大、兵強馬壯的印象。但實則不然，首先三十一個藩之間缺乏像新政府軍具統一制定、執行及傳達命令的東征總督府，因此並無完整有計畫的戰略，各藩之間多半各自作戰，難以達到真正的互助。其次，同盟成員多數是石高只有數萬石的小藩，經濟拮据、兵員匱乏，無法為同盟提供太多的資源。再者，雖說同盟是基於向新政府懇求寬大處置會津藩而成立，然而這一訴求在尊王面前顯得無比脆弱。

新政府軍游刃有餘的在奧羽、北陸兩線同時作戰，一部分藩與新政府軍作戰落敗降伏，一部分藩畏懼新政府軍壓境而主動降伏，甚至一部分藩在新政府派人勸說後便降伏，這些因素都使得同盟成立不過兩個多月便面臨崩潰。同盟主力的藩如仙台、米澤、庄內，先後在八、九月間向新政府降伏，鑒於同盟已因大多數藩降伏而趨於空洞化，明治元（慶應四年九月七日改元）年九月十八日，輪王寺宮公現入道親王主動向奧羽追討平潟口總督降伏，奧羽越列藩同盟至此瓦解。

如此一來只剩會津藩還在困獸之鬥，新政府軍約七萬多名全員與所有新政府軍各藩的大砲及各種攻城砲集中，像是要把長州自文久年間以來施加在身上的仇恨、恥辱一舉解銷般的對準已經籠城的會津藩猛攻。會津藩在新政府軍重重包圍下已呈現滿目瘡痍，為保全藩的存續終於在九月廿二日宣布降伏，會津戰爭及戊辰戰爭的第二階段至此結束，東征大總督及各鎮撫總督凱旋歸來，謁見當時人在江戶的天皇報捷，並繳回節刀及錦之御旗以示東征任務的結束。

如今還與新政府為敵的只剩下前幕府海軍副總裁榎本武揚及其率領的八艘船艦，以及前幕府陸軍步兵頭大鳥圭介率領的新式陸軍，另外還有新選組副長土方歲三率領的少數新選組隊士及其他幕府諸隊隊士共三千二百餘人。能夠安置這三千餘名將士的地點也只剩下奧羽北邊的蝦夷地，於是榎本帶領艦隊北上朝蝦夷地而去。

歷時不到一個月的征戰，榎本艦隊攻下位於箱館的五稜郭及平定蝦夷地唯一的藩松前藩，成立獨立於新政府之外的蝦夷政權(又稱為「蝦夷共和國」)。不過，在平定的過程中榎本艦隊損失噸位數最大的開陽丸，蝦夷政權的海防因此出現堪憂的局面，成為日後最大的變數。面對獨立於新政府的蝦夷政權，新政府自不會坐視不理，可是開陽丸的存在阻斷了新政府的進攻行動。當開陽丸意外觸礁沉沒的消息傳來，燃起新政府的希望，同時新政府也積極與西洋列強交涉放棄局外中立，以便接收原本應屬於幕府的船艦石牆號(stonewall)。

在大勢所趨的局勢下，六國列強紛紛與新政府解除局外中立，進入明治二年更與新政府簽訂石牆號讓渡條約，石牆改名甲鐵艦，正式為新政府海軍服役。如此一來，損失開陽丸的蝦夷政權與加入甲鐵艦的新政府，雙方的海軍力量已經逆轉，新政府海軍隨即在三月北上討伐蝦夷政權。

蝦夷政權在宮古灣偷襲不成，反而平白損失一艘軍艦，戰力更為降低。進入四月，各藩共六千多名藩兵組成的新政府軍從青森港出發，歷經一個月血戰攻下箱館，終結蝦夷政權，結束幕府的殘餘勢力，日本自此進入新的明治時代。

三、何謂「御一新」？

對現代的日本人以及各地的華人而言，儘管不太了解明治維新的本質、內涵、經過、內部間的對立，及其對當時日本與清國甚至朝鮮所帶來的影響，對於明治維新一詞想必不會感到陌生。

不過，從《王政復古大號令》、戊辰戰爭到之後一系列以學習歐美為主的變革過程、最初並不叫明治維新，而是稱為「御一新」。根據吉川弘文館編纂的《國史大辭典》第五卷，說

「御一新」（該條目由小西四郎撰寫，同時也是中央公論社出版《日本の歴史19　開国と攘夷》一書的作者）是「與明治維新同義的詞語」，並舉出慶應四年（包括明治元年）多次官方文告，像是慶應四年一月十五日大赦令「今般朝政御一新之御場合」、三月十三日太政官布告「諸事御一新，祭政一致之御制度に御回復」、十一月姬路藩主酒井忠邦版籍奉還上表文「今般御一新之廉を以，一旦土地御引上」，這些文告曾多次提及御一新，可見御一新在慶應四年（明治元年）時已為官方普遍使用。

御一新強調推翻江戶幕府，成立新政府，在政治上全然一新，包含朝政一新、更始一新、大政一新。但正如慶應大學清水唯一郎教授所言「並非所有事物都被改變」（《日本千年歷史之謎》遠足文化出版），他舉英國外交官法蘭西斯．亞當斯（Francis Ottiwell Adams）在明治初年出版的著作《日本史》，說明明治維新是一場復古。與《五條御誓文》同日頒布的《五榜揭示》內容顯然帶有濃厚的復古意味，甚至連之後頒布的《政體書》也有復古的傾向，因此，依《政體書》成立的太政官制具有復古的味道並不令人意外。

至於御一新的同義詞明治維新，相信有不少人可以指出維新這一詞語源自於《詩經．大雅．文王》：「周雖舊邦，其命維新。」其意為：周雖是古老的邦國，承受天命建立新王朝。

借用維新這一詞語的用意或許在於強調推陳出新之意，以與御一新相呼應。然而，源自於中國的維新其實暗喻「易姓革命、王朝更替」之意，其實並不適用在萬世一系、未曾有過王朝更替的日本身上，因此筆者採用較符合實際狀況的御一新作為《幕末・維新史》系列第三部的書名。

類似的情形也出現在明治維新的英譯上。一直以來明治維新的英文為Meiji Restoration，Restoration有「採取行動或施行步驟、以恢復某些事物的原貌，讓事物能回到它們早先的良好狀態或地位」[1]。從字詞的解釋來看，Restoration較近似於「修復」或「恢復往昔榮光」，用來形容明治維新似乎不太合適，只是採用Restoration的時間已久，一時間要改變並不容易。前文提及的清水唯一郎教授在《日本千年歷史之謎》一書指出，在二〇一〇年代以後，出現將明治維新定位成革命，視為Meiji Revolution的趨勢，並在明治維新一百五十周年的相關紀念活動上，耶魯大學、海德堡大學、東京大學三校舉辦學術研討會，從革命的比較研究脈絡上來探討明治維新。Revolution一詞有「採用不同的政治制

1　出自 https://parg.co/bBWf。二〇二一年六月五日檢索。

度，甚至經常是使用暴力或戰爭，改變一個國家的治理方式」[2]。筆者認為，Revolution 比 Restoration 更能表現出明治維新的精髓，也許以後會由 Meiji Revolution 取代 Meiji Restoration 也說不定。

2　出自 https://parg.co/bBWN。二〇二一年六月五日檢索。

1

第1部 東京奠都

魁斎芳年，〈武州六郷船渡図〉——大田區立鄉土博物館藏

第一章

東京奠都

一、天皇行幸東京

筆者在《戊辰戰爭》第八章豆知識提到，改元明治後的九月廿日，天皇在岩倉具視、中山忠能、伊達宗城的伴隨，以及長州、土佐、岡山、大洲四藩共約三千三百名兵力警備下，從京都出發行幸東京。據《明治文化全集》第一卷收錄的《東巡日誌》，天皇的鳳輦從建禮門出發，經後院御所南邊朝堺町三條東而行。途中在青蓮院（京都市東山區粟田口三條坊町）稍作休息，用膳完畢後繼續朝山科行進，祭拜坐落此地的天智天皇陵寢（又名御廟野古墳，位於京都市山科區御陵上御廟野町），當晚宿泊在東海道與中山道共同的宿場大津宿（滋賀縣大津市），該地是江戶進入京都前的最後一站，從京都出發後則為第一站。

當天發生一則小插曲，天皇的鳳輦離開御所後不久，傳來伊勢神宮大鳥居倒塌的消息，眾所周知，伊勢神宮乃是祭祀皇室祖神天照大御神的神社，祭祀皇室祖神神社的大鳥居倒塌，在迷信的時代可說是天象示警的凶兆。於是，朝廷趕緊派出大原重德在後追趕，希望能讓天皇取消行幸的行動。當然，天皇行幸東京並沒有因而取消，追趕到大津宿的大原在見到天皇前已被岩倉擋下，大原的口才根本不敵岩倉，最終無功而返，黯然返京。

翌日，天皇隊列按照預定計畫沿東海道東下，沿途對各地年長者（標準為七十歲以上）、孝子、節婦，以及對地方有貢獻者進行表彰及獎賞；受到災害侵襲（主要為火災）的人則贈予補助金，此舉意圖在於由天皇取代將軍，成為名實相符的新國家領導人，將天皇的恩澤廣泛傳布到各地去。廿二日在近江國與伊勢國交界處的土山宿（滋賀縣甲賀市土山町）迎接天長節的到來。可能有讀者會感到納悶：明治天皇的生日不是在11月3日（戰後稱為文化之日）嗎？這是明治六年起採用國際通用的格列高里曆才換算出的日期，明治六年以前是以此日為天長節。

十月十三日天皇在芝增上寺稍作休息，關東監察使三條實美及東京府知事烏丸光德前來迎接。晝九時進入江戶（此時已改名東京）城西丸御殿（文久三年十一月燒毀的本丸尚未重建），將此視為皇居，此舉為日後的遷都埋下伏筆。十八日廢除東京鎮將府，東京鎮將府在江戶改名東京的同日（七月十七日）設置，其前身為江戶鎮台，管理江戶開城後的民政、市政以及社寺等方面的事務。廢除鎮將府等於由天皇直接統治江戶，甚至整個關東地方，有助於把天皇塑造為親裁萬機的國家統治者，儘管這只是象徵意義大於實際意義。

筆者在前作第十章第七節提到天皇行幸東京期間，東征大總督有栖川宮熾仁親王與會津征討越後口總督仁和寺宮嘉彰親王凱旋歸來，在已成為皇居的江戶城歸還天皇於二月授予的錦之御旗與節刀，象徵東征任務的完成。

十月廿七日，天皇在太政官的建議下，啟程前往武藏國**一宮**（令制國中社格最高的神社，以下依序稱為二宮、三宮，最多到四宮，一宮有時並不限於只有一間神社）大宮冰川神社（埼玉縣さいたま市大宮區高鼻町一丁目，亦有該社為三宮的說法）行幸，透過知名度極高的神社拉近與民眾的距離，同時也不忘宣揚天皇才是新日本的領導人。

十一月四日，新政府贈予東京市民及近郊農民共三千餘**樽**（相當於中文的「桶」），主要用於搬運或貯藏酒、醬油的木製圓筒狀容器，其容量一樽約等於四斗）日本酒，稱為「天盃頂戴」。不過，如此慷慨的贈予卻不准居民立即飲掉，必須留待到六日及七日，市民還搬出祭典時使用的**山車**（在祭典時登場，有重重裝飾且巨大的台車，需多人拉曳才能往前移動。在不同的祭典名稱各異，如京都祇園祭名為山鉾，博多祇園祭則稱為山笠）、屋台一起慶賀天皇行幸東京。

天皇此次滯留東京除了前述行幸大宮氷川神社及接見包括外國使節、戊辰戰爭相關統帥，以及留在東京的姑母和宮外，沒有其他公開行程，天皇幾乎把心力放在學問與騎馬上。雖然三條認為天皇應該長住東京，不過，朝廷公卿認為自江戶時代以來天皇從未離開過御所，遑論此次天皇不僅離開御所，甚至還離開京都遠赴關東。倘若天皇久滯關東不歸，京都恐怕會人心惶惶，因此伴隨天皇東下的太政官決定於十二月八日還幸京都。

十二月八日明六時，天皇鳳輦從二重橋御門（江戶城西丸大手門，現為皇居正門）啟程，穿過馬場先門再經數寄屋橋門，然後沿數奇屋町（中央區八重洲一丁目及日本橋二丁目）、尾張町（中央區銀座五、六丁目）經品川宿循來時的東海道返回京都。回時比來時還快好幾天，十二月廿二日經大津宿、山科村、青蓮院進京，於朝五時半進入御所，結束這次的行幸東京。

這次行幸東京不僅預告來年將再有一次行幸，部分太政官如負責外交事務的外國官先行遷至東京，《戊辰戰爭》一書提及與六國公使商談廢除局外中立的岩倉具視，正是在東京前往橫濱的六國公使館不斷進行交涉的結果。

二、天皇再次行幸東京

明治二年一月十八日，太政官下達大小侯伯及中下大夫上士（各藩藩主及家老）召開國是基礎會議的**御沙汰**（原為天皇、將軍家或其他上級權力者的指示或命令，明治以後改由太政官或行政機構及大總督府、鎮將府使用）書，提到天皇在春天將再次行幸東京，命天下大小侯伯及中下大夫上士在四月中旬前前往東京召開國是基礎會議。一月廿九日，太政官中的行政官再次重申天皇行幸東京一事，至此朝廷公卿及京都民眾的反對已無法改變天皇行幸的事實。二月十八日，太政官敲定天皇再次行幸東京的日子為三月七日。

二月廿四日，新政府最高機構太政官宣布移往東京。去年只是太政官中負責對外交涉的部門遷往東京（因為外國公使館都在橫濱），事隔不到數月，不僅天皇將再次行幸東京，甚至連整個權力的核心太政官也要東移。另外，任命文久三年曾任關白的鷹司輔熙為留守長官，公卿烏丸光德及薩摩藩士岩下方平為留守副官，遷都東京非但路人皆知，甚至在明治二年將會實現。

三月七日，天皇鳳輦再次離開御所，大致循去年九月廿日的路線（東海道）行幸東京，差別在於此次沒有祭拜天智天皇陵寢，而是參拜去年離開御所後大鳥居倒塌的伊勢神宮外宮豐受大神宮。依據《日本書紀》記載，第十代崇神天皇六年，「百姓流離，或有背叛，其勢難以德治之。」崇神天皇隔日早早起身向眾神請罪，祈願流離的百姓能回到原地。眾神說道：「天照大神、倭大國魂二神，一同祭祀於天皇所住的宮殿裡，彼此畏懼對方的神勢，將不得安寧。」天照大神請託崇神天皇之皇女豐鍬入姬命將其祭祀於大和國笠縫邑（其地不明），並在磯堅城（其地不明）建立神籬（神明降臨之地）。代替天皇祭拜天照大神的豐鍬入姬命被視為日本最早的齋宮，然而，崇神天皇是否可視為信史仍有疑慮。不過，在壬申之亂獲勝即位的第四十代天武天皇確立齋宮制度後，直到此時天皇參拜為止，至少超過八十代、將近一千兩百年之久，幾乎沒有天皇參拜伊勢神宮。

此次行幸東京不再出現對年長者、孝子、節婦及對地方有貢獻者進行表彰及獎賞，也不再對受到災害侵襲的人贈予補助金。去年對這兩者獎賞補助的人數超過兩萬兩千人，金額達到一萬一千三百餘兩，這個數字並不包含去年行幸東京的費用。此外，還在進行當中的戊辰戰爭之軍費更是一個填也填不滿的無底洞，對於剛成立且尚未有穩固財政來源的太政官，再也無法供應額外的支出。

因此參拜完伊勢神宮後，天皇隊列來到津（三重縣津市），接著再往北行，投宿位於東海道的四日市宿（三重縣四日市市），然後與去年的行幸同樣路程。由於沿途不再表彰年長者、孝子、節婦及救濟受到災害侵襲者，雖然去了一趟伊勢神宮，行進速度反而比去年還快，三月廿八日抵達東京，同日將去年定為皇居的江戶城再度更名為皇城。這次行幸東京天皇沒有還幸，可說在這一刻起，東京已成為實際上的首都。

三、皇后移居東京

進入本節內容之前，筆者要先談「皇后」這一詞的由來及定義。「皇后」一詞源自中國，意為古代帝王的正室，而王公貴族及周遭遊牧民族首領的正室只能稱為王后或王妃。七世紀末以前，日本稱大和王權的首長為「オオキミ」或「アメノシタシロシメスオオキミ」。前者漢字寫成「大王」，後者寫成「治天下大王」。「大王」或「治天下大王」的正妻為「キサキ」或「オオキサキ」，前者漢字寫成「后」，後者寫成「大后」。

七世紀末，日本從中國引進「皇帝」、「皇后」等詞語，《大寶律令》正式明文規定皇后的稱號。不過，稍後編纂的《古事記》、《日本書紀》卻有意識的將當時還很新奇的「天皇」取代使用已久的「大王」或「治天下大王」，以「皇后」取代「后」或「大后」。於是原本為日本第一位皇后的光明皇后（聖武天皇之后，藤原不比等三女，名安宿媛）提前至神武天皇之后媛蹈鞴五十鈴媛命。

平安中期權力爭奪的勝利者左大臣藤原道長為了將權力長久延續下去，盤算將長女彰子送進宮裡。只是當時一條天皇已有道長之兄道隆的長女定子皇后，雖然道隆已經亡故，然而，定子的皇后之位並不因而受到威脅，因為定子在彰子進宮的前一年已為天皇生下皇子（敦康親王）。

後來採取的折衷方案是定子依然是皇后，彰子則為中宮。可能有讀者受到某些書籍影響而認為這是中宮之始，不過，這種看法並不正確。「中宮」一詞亦始於中國，在中文最初是當作「皇后的居所」，後來轉指皇后其人。《大寶律令》規定「中宮」是太皇太后、皇太后、皇后的總稱，負責上述三者日常起居的單位叫作中宮職（長官為中宮大夫或中宮權大夫，位階為從四位下），隸屬於中務省。

延喜二十三（九二三）年，第六十代醍醐天皇冊封女御藤原穩子（藤原基經之女）為皇后，同時設置負責穩子日常起居單位的中宮職，而非皇后宮職，從此刻起皇后等於中宮，天皇的正室有時稱為皇后，有時稱為中宮，然而，兩者不同時並存，直到前述的定子與彰子才是史上最初的皇后與中宮同時並存。不過，雖說是並存其實也僅止於長保二（一〇〇〇）年這一年而已，因為定子皇后在該年年底香消玉殞。

二后並存的情形只在平安時代，進入鎌倉時代皇后與中宮只存其一。室町時代以後到幕末維新為止的二十六位天皇（北朝不包含在內）中只有後醍醐、長慶、後水尾、靈元、東山、光格等帝在位時有立后或立中宮，其餘天皇後宮身位（身分和地位）最高只到女御。

《大寶律令》規定後宮次於皇后的是妃，名額在兩名以內，身分必須是四品以上的內親王；次於妃的是夫人，名額在三名以內，身分為三位以上的公卿之女；次於夫人的是嬪，名額在四名以內，身分為五位以上的貴族之女。

進入平安時代後，妃、夫人、嬪的稱呼消失，代之的是女御（沒有固定名額）及更衣（名額約十到十二名，地位低於女御）。有讀過《源氏物語》的讀者想必對此必不陌生，地位較高的女御在平安京內裏（天皇私人的起居處所，仁壽殿以北的部分稱為後宮）在後宮有其獨立的個人殿舍。平安京後宮又稱為「七殿五舍」，包含以下十二個殿舍。

七殿：

弘徽殿

常寧殿

承香殿

麗景殿

登華殿
貞觀殿
宣耀殿

五舍：

飛香舍（藤壺）
凝花舍（梅壺）
昭陽舍（梨壺）
淑景舍（桐壺）
襲芳舍（雷鳴壺）

看了上述的文字，相信讀者已能了解《源氏物語》裏的「弘徽殿女御」、「藤壺女御」是指以弘徽殿、飛香舍為住處的女御。而雖有「桐壺更衣」，但其住處淑景舍並非其個人住所，因為更衣不能享有個人住處。

後宮最高身位只到女御的情形持續到幕末時期，孝明天皇的後宮地位最高為女御九條夙子，她原本有望成為皇后，但是得不到幕府的批准，只在嘉永六年五月七日得到准三宮的榮譽稱號。維新回天後於慶應四年三月十八日被其養子祐宮冊立為英照皇太后，亦即九條夙子直接從女御跳級到皇太后。

筆者在《幕末》第二十章提到祐宮在慶應三年忙於選妃，最終選中已故從一位左大臣一條忠香三女勝子。選定後預定於六月廿八日入宮，身位為女御。然而，勝子入宮需耗費一萬五千兩，按以往慣例由幕府支付這筆費用，但幕府自去歲以來，四境戰爭、將軍病逝、慶喜繼位等諸多事端的開銷，慶喜成為將軍後推動慶應改革向法國借貸二百四十萬美元作為訓練近代陸軍的費用，因而無力支付勝子入宮的開支，勝子的入宮因而擱置下來。

之後歷經大政奉還、王政復古以及隨之而來的戊辰戰爭，使得勝子的入宮一再延遲。隨著奧羽戰爭結束後新政府大勢底定，勝子終於在明治元年十二月廿六日入宮敘從三位，同時改名美子。兩日後（廿八日）美子女御先是冊立為中宮，但松平春嶽反對中宮的稱號，認為應採用萬國通用的皇后，得到多數太政官認同，因此改冊立為皇后，是之後的昭憲皇太后。

前文提及的明治天皇首度與再度行幸東京都沒有皇后隨行的行蹤，並非皇后不來東京，而是延遲到明治二年十月五日才從京都啟程，同月廿四日抵達東京，至於英照皇太后則到更晚的明治五年才來到東京。

四、沒有遷都詔書的遷都

從上節的敘述可知天皇再度行幸東京不僅沒有還幸，到了十月甚至連皇后也跟在天皇之後行幸東京。權力核心太政官除刑部省、大藏省、兵部省還留在京都外，其餘也跟著東移，加上二百多年來幕府建設的成果，東京比起京都似乎更適合成為首都。

江戶於慶應四年七月十七日改名東京，隨即合併幕府時代的北町、南町奉行所改置東京府，八月廿日任命公卿烏丸光德為首任東京府知事，烏丸以位於江戶城幸橋門內的大和郡山藩上屋敷（千代田區內幸町一丁目，與現代東京都廳不同處）為東京府廳。

既已選擇東京為首都，意味東京將會充斥各部門行政機構，不過礙於經費以及行政機構的占地廣闊，烏丸知事認為沒收大名的屋敷，改建為官廳是最快最直接的辦法。如筆者在《戊辰戰爭》所言，各藩大名在江戶受幕府賜予上屋敷、中屋敷（大藩才有）、下屋敷及藏屋敷等用地，其中距皇城最近且占地也算廣大的就屬上屋敷（占地從數千坪到上萬坪不等），而且諸藩大名的上屋敷幾乎都聚集在丸之內**大名小路**（位在大名參勤交代登城的路途上，可供附近居民觀看。其範圍北起神田川，南至溜池、虎之門、新橋到濱離宮。東起隅田川，西迄市谷門、四谷門附近）一帶，相當於現在的大手町、丸之內町、有田町等地。

廢藩置縣後，大名紛紛離開東京，帶不走的大名屋敷不是任其荒廢就是成為太政官各省官廳，於是曾經叱吒風雲的大名小路進入明治時代陸續搖身變為官廳街。位在大手町的姫路藩邸成為大藏省（明治二年七月）與內務省（明治六年11月），小倉藩邸成為文部省（明治四年七月），丸之內的岡山藩邸成為司法省（明治四年七月），有樂町的鳥取藩邸成為陸軍省（明治五年二月），紀州藩赤坂中屋敷成為赤坂離宮（明治六年5月），尾張藩的市谷上屋敷成為御親兵屯所（明治四年二月），彥根藩上屋敷成為國會議事堂（明治二十三年11月）。

相較於大名屋敷多半成為太政官各省官廳，旗本屋敷則多成為太政官官員的宅邸。不斷汰舊大名的屋敷驅使東京向前邁進，加上二百多年來幕府的建設讓東京具有比京都更為完備的首都條件。儘管如此，太政官仍不敢斷然以天皇之名頒布遷都的詔書，甚至連「遷都」二字也不敢使用，而是採用「奠都」。

從字義上而言，「遷都」有搬移、遷移首都之意，而「奠都」是定某地為首都。「東京奠都」照字義而言是以東京為首都，而不是把首都從京都遷移到東京，太政官如此謹慎的選擇用字，其用意在於不想過度刺激京都民眾，為此天皇還特地向京都民眾解釋未能還幸京都在於戊辰戰爭尚在進行、經費的欠缺等因素。

但是，最終天皇仍沒決定還幸京都。不僅如此，明治四年十一月十七日，天皇在東京城內的吹上御苑（江戶城西丸的西側）舉行即位後遲遲未辦的**大嘗祭**（每年十一月第二個卯日由天皇在賢所、皇靈殿、神殿等所謂宮中三殿的神殿主持，感謝該年五穀豐登並祈求國家安泰的祭典。此祭典名為「新嘗祭」，天皇即位後的第一次新嘗祭稱為「大嘗祭」。戰後取消新嘗祭、大嘗祭等稱呼，一九四八年起定11月23日為勤勞感謝日，屬於國定假日）。

差不多與東京奠都同時，另一政治事件也在進行當中，此即下一章要講述的重點——版籍奉還。在近代日本政治史裡，版籍奉還的重要性及影響性或許遠不如之後的廢藩置縣。然而，若沒有先實行版籍奉還，斷然不可能有廢藩置縣，若把後者比喻成驟變，則前者就是漸變。在當時的日本不採漸變，俄然採行驟變，國家必亂。雖然版籍奉還並不徹底，卻是維持國家穩定的安穩之道。

第二章

版籍奉還

一、四藩藩主上奏版籍奉還

鳥羽．伏見之戰結束後，新政府於取得的幕府直轄地（天領）設置裁判所。慶應四年閏四月廿一日頒布《政體書》，改裁判所為府與縣，共置八府（前章提到的江戶府、東京府正是其一）十二縣，府與縣的長官為知事，由新政府任命。再加上幕府時代既有的藩，地方行政於是分為府、藩、縣三治制。乍看之下，新政府從幕府時代的貧無立錐之地到現在的八府十二縣領地，至少在財政上改善許多。不過，幕府直轄地充其量僅占全國的三成，高達七成的人民與土地控制在諸藩藩主手上，而這些藩充斥在府與縣之間。藩政一如幕府時代由藩主自理，不容新政府干涉。部分有遠見的人已能預見，戊辰戰爭結束後這些有領地、人民、藩兵的藩若與新政府出現意見相左時，將會成為沒有兵力的新政府之心腹大患。

戊辰戰爭方酣期間，開始有人提出將藩納入府和縣，把人民與領地還給朝廷，這樣才能避免藩（特別是西南雄藩）的實力凌駕在新政府之上。最早提出這一見解的是薩摩藩士寺島宗則，他向藩主島津忠義獻策版籍奉還，不過，島津忠義向朝廷歸還的只是鳥羽・伏見之戰後朝廷加賜的十萬石領地。

與島津忠義歸還十萬石約略同時，木戶準一郎已從聽來的知識中看清日本如欲與西洋國家並列，版籍奉還進而廢藩置縣的改革刻不容緩。於是他也向三條、岩倉建議版籍奉還，認為「各藩割據，只關注各自利益，全然不顧國家安危」，實為「國家大不幸，億兆的不幸。」不過，三條、岩倉二人並未立即應允，應該與三條、岩倉二人顧慮到當時戊辰戰爭尚在進行，此時進行版籍奉還恐會折損新政府軍主力的士氣。

木戶將說服的對象轉向藩主毛利敬親，希望藩主能成為全國大名的表率，主動向朝廷奉還版籍。毛利敬親再度發揮「就這麼去做吧！」的性格，然而，敬親旋即反悔，版籍奉還因此在長州藩這邊擱置下來。

直到天皇行幸東京前夕，此時會津、北越戰役獲勝在望，新政府在軍事上的威脅逐漸減輕，部分太政官成員開始思考戰爭結束後的政局。木戶與薩摩的大久保均認為版籍奉還有迫切之急，兩人將勸說重心聚焦在土佐藩士後藤象二郎身上。後藤時任議政官上局參與，整個土佐藩只有他與福岡藤次擔任這一職務，要土佐藩同意版籍奉還勢必得有後藤的同意。

明治二年一月，薩摩的大久保、寺島與長州的木戶、廣澤真臣以及土佐的後藤、板垣退助等人在京都會面，甚至連佐賀的大隈重信、副島種臣也出席。他們彼此約定勸說自己的藩主，以薩長土肥四藩藩主名義向朝廷提出返還人民、領地的版籍奉還建白書。四藩中只有勸說長州藩算是比較容易，其他三藩不僅要勸說藩主，還要勸說藩主的生父或是已經退隱的老公（薩摩的島津久光、土佐的山內容堂、佐賀的鍋島直正）。

一月廿日，薩摩藩主島津忠義、長州藩主毛利敬親、土佐藩主山內豐範、佐賀藩主鍋島直大四人聯名向朝廷上表如下的內容：

臣某等頓首再拜。謹案：朝廷一日不可失者，大體也。一日不可假者，大權也。

天祖肇國開基以建，皇統一系萬世無窮，普天率土，莫非其有，莫非其臣，是為大體。

且與且奪，以爵祿而維持，尺土不能私有，一民不能私攘，是為大權。在昔，朝廷統馭海內，莫不由此。聖躬親政，故名實並立，天下無事也。中葉以降綱維一夕馳之，弄權爭柄者，接踵於朝廷，私其民，攘其土者半天下，遂成搏噬攘奪之勢。朝廷無可守之體，無可秉之權，不能制馭。姦雄迭乘，弱肉強食，其大者併十數州，其小者猶養士數千，所謂幕府者，擅頒其土地人民於所私，以扶植其權勢。於是，朝廷徒擁虛器，至窺其視息而喜戚。橫流之極，浩浩滔天者，茲六百有餘年。然期間往往假天子之名爵，蔽其私土地人民之跡，是固由君臣大義，上下名分，而萬古不能拔也。方今大政復新，親政萬機，實千歲之一機，有其名而不可無其實。舉其實，莫如名大義正名分為先。昔者，德川氏之起也，古家舊族半天下，依家而興者亦多。而其土地人民，不問是否受於朝廷，因襲既久，以至今日。世或謂：「是祖先從萬死之中，歷經艱難之功也。」吁，此何異於擁兵入官庫奪其財貨，而云「冒死所獲也？」入庫者，人知其為賊，攘奪土地人民者，天下莫怪之，甚哉名義之紊亂也。今求丕新之治，宜對大體所在，大權所繫，不可有絲毫之假。抑臣等所居即天子之土，臣等所牧即天子之民，安能私有哉？今謹收其版籍而獻上，願朝廷善處之，可與者與之，可奪者奪之。凡列藩之封土，更宜下詔令，從新改定。自制度典型、軍旅之政以至於戎服器械之制，悉出於朝廷，使天下之事無大小，皆歸於一。然後名實相得，始足與海外各國並立，是朝廷今日之急務，又臣下之責也。故臣等不肖不顧譾陋，敢獻鄙衷。天日之明，幸賜照臨。臣某等誠恐誠惶頓首再拜以表。[1]

這篇文謅謅且又晦澀難讀的建白書或許讓讀者興趣缺缺，然通篇重點在於已完成維新的當下，天皇親政萬機，對於萬世一系的大體及土地人民的大權，「可與者與之，可奪者奪之」有建議朝廷重新分配領地的意味，這應該才是薩長土肥四藩藩主願意聯名上表的原因吧！

1 譯文參照鄭學稼，《日本史(四)》。

二、實施版籍奉還

王政復古前後，薩摩、土佐、尾張、越前、藝州奉命進駐御所，在諸藩中最受朝廷信任。然而，一個月後的鳥羽．伏見之戰，尾張、越前二藩因親藩的家格與幕府始終維持良好的關係，直到慶喜成為朝敵後才出兵加入新政府軍，在新政府的地位為朝敵長州所超越。

於是，版籍奉還的主導權從王政復古時的薩、土、尾、越、藝五藩轉移到薩長土肥四藩身上。不僅如此，此建白一上表以來，諸藩相繼仿效，到五月初為止竟有二百六十二藩同意版籍奉還。其中尾張藩主德川義宜（慶恕三男）、德島藩主蜂須賀茂韶、熊本藩主細川護久、鳥取藩主池田慶德（慶喜異母兄）進一步建議朝廷收回版籍後，恢復古昔的郡縣制。照理，朝廷應趁二百多藩主動提出歸還版籍的機會，直接廢除二百多個藩，設置府縣。

三條、岩倉等人此時發揮公卿的性格，認為一下子廢掉藩太操之過急，會重演**建武中興**（後醍醐天皇推翻鎌倉幕府，改元建武，恢復天皇親政，卻忽視推翻幕府出力最多的武士。得不到應有封賞的武士聚集在足利尊氏之下，推戴他為領袖反抗朝廷，建武中興於是崩裂，足利尊氏另立天皇，從此出現「一天兩帝」的南北朝時代）的悲劇，是以採取較為穩重的步驟，首先派出敕使前往薩長二藩徵得島津久光、毛利敬親二人的諒解。

二月十一日，敕使萬里小路通房、副使毛利廣封抵達山口，毛利敬親親自出城迎接，敕使帶著天皇**手詔**（天皇親筆的敕書，也稱為手敕）慰勞毛利家長年來的勤王功業。十三日，前往薩摩的敕使柳原前光、副使大久保利通抵達山川港，身體微恙的久光與藩主島津忠義在港口迎接。前往薩摩的敕使同樣帶著天皇的手詔慰問島津家長年來的勤王功業，給兩家的天皇手詔除了慰勞對象外，內容幾乎完全相同。針對天皇的手詔，久光不敢怠慢，親筆奉答（謹慎的回覆）。然後抱病與毛利敬親上京都感謝皇恩。兩人連袂於三月三日參內，蒙天皇御賜天盃。七日，天皇再次行幸東京，兩人以病疾為由婉拒天皇邀約，返回自藩。

與天皇再次行幸東京的同一日，依慶應四年閏四月廿一日頒布的《政體書》規定議政官為立法機構。議政官雖分上、下局，然而，實際上過於偏向行政官，與行法機構諸官並無二致。同日，公議所正式成立，目的在於以制定律法為第一要務，以第九代日向高鍋藩主秋月種任次男種樹為公議所議長，副議長人選為幕臣出身的洋學者神田孝平。與會者為各藩推出的一名代表，儘管如此總計也達到約二百七十人。與會者就封建、郡縣的議題進行討論，四月十九日秋月種樹辭去公議所議長職務，廿三日公卿大原重德繼任議長。進入五月，基於去年頒布的《政體書》，太政官有意進行官制改革，由於已成立公議所，於是首先廢除性質相近的議政官並進行選舉，此即《戊辰戰爭》第四章提到的戰前日本僅有的一次官員選舉。

五月十五日，三條實美依舊被選為輔相，議定只剩岩倉具視和德大寺實則留任，其餘均辭去現職，參與則有木戶準一郎、大久保利通、後藤象二郎、副島種臣、由利公正、板垣退助、東久世通禧等七名。由於議定由昔日大名和公卿擔任，儘管他們的能力多半不足以任官，但為了安撫他們，同日成立國事諮詢而無實權的名譽職麝香間祗候，安排這些被排除在議定之外的大名、公卿擔任。

五月廿一日到廿五日，中川宮除外的各親王、公卿、麝香間祗候、各大名以及五等官以上的官吏，針對版籍奉還後藩主的待遇展開討論，雖然同時間在舊姬路藩邸各公議人（各藩推派出的公議所代表）也在討論此一議題，不過受關注的程度顯然不如前述的親王、公卿、大名、官員。

大久保利通主張版籍奉還後，原先的藩主繼續擔任知藩事以穩定地方政情，知藩事的產生不透過選舉，而是採取世襲。讀者看到大久保的主張應該會認為既然如此，何必多此一舉推動版籍奉還？大久保的主張主要是為了安撫薩摩的「國父」島津久光，大久保從三月初上京參內的島津久光並未跟隨天皇前來東京而是稱病返回薩摩一事，察覺到久光對版籍奉還的不滿，如果不適時安撫久光而繼續加深其不滿，長久下來對太政官絕非有利。如果此時西鄉在朝，他應該也會做出和大久保相同的決定。

然而，非薩摩出身的木戶無法理解他們內心的苦處（畢竟毛利敬親比島津久光好講話），只看到結果就認為大久保封建觀念深厚，而沒有考量到大久保的立場。一直到五月廿五日，木戶與大久保對於藩主任知藩事且採取世襲的見解還爭論不休。

六月十二日，大久保的見解力壓木戶，知藩事世襲制拍板定案，與木戶相同見解的會計官權判事伊藤博文提出辭呈作為抗議（最終收回辭呈）。

十七日，太政官接受各藩提出的版籍奉還，任命藩主為知藩事（或藩知事），依舊支配幕府時代領有的土地和人民，幕府時代的家老、參政、執政等名稱改為大參事、權大參事、少參事、權少參事，除了名稱改變外並無實質的不同。惟，知藩事並不採世襲制，而是由太政官掌控地方長官任命權。

從以上所述可看出版籍奉還不是徹底的改革，雖說最後採取的並非大久保的世襲制，而是由太政官任命（這點很可能是大久保最後向木戶妥協）。版籍奉還可說是結束幕府時代後太政官初次政治改革，對大部分還處在蒙昧的日本人民而言，改革在漸不在驟。有了版籍奉還的基礎，太政官於翌月頒布改革藩制，地方制度從慶應四年閏四月的府、藩、縣三治變成三治一致，這是邁向廢藩置縣的過渡時期。

從六月十七日太政官接受版籍奉還起，到廿五日共有二百七十四藩響應，前前後後共收回一千九百零四萬六千餘石的領地。是日太政官宣布廢除公卿及諸侯等稱呼，改以華族稱之。廿五日又進一步廢除各藩從藩主一門、家老以下至於**平士**（也寫作「平侍」），普通身分的武士，或是官位低微的武士）等種種複雜稱呼，一律統稱士族。不過，此時的華族並不完全等同於明治十七年《華族令》的華族，前者只是公卿及諸侯的統稱，並不像後者有公、侯、伯、子、男五等爵位的差異；再者，此時的華族並不包含「朝敵」德川宗家以及士族中的維新元勳（如伊藤博文、山縣有朋等人）。

六月廿五日太政官命知藩事針對自藩的石高、物產、稅率、人口、戶數展開調查，藉以掌控各藩的整體狀況。根據各藩調查內容規定知藩事的俸祿為藩實高的十分之一，剩下的十分之九原則上作為士族的俸祿。不過實際上這十分之九還包含藩的所有開銷，扣除掉所有開銷後才是士族的俸祿，因此大部分士族實領的俸祿反而少於幕府時代。

大名雖還保有知藩事的名稱，俸祿僅剩實高的十分之一，而太政官表現出不亞於幕府時代的統制力使得部分大名感到不快，尤以薩摩國父島津久光為最，從這一刻起成為太政官徹頭徹尾的反對者。

三、官制改革I（七官二局→二官六省）

六月廿三日至廿四日，天皇在皇城依次召見議政官上局議定和參與、六官（神祇、會計、軍務、外國、刑法、民部）知事以及諸藩知事，就改革官制的職員令草案進行諮詢。兩天諮詢下來，已決定採取祭政一致（祭祀與政治一體化）的原則。廿八日，天皇率領群臣祭祀天神地祇與列祖神靈。廿九日，在九段坂（東京都千代田區九段北、九段南）興建招魂社以祭祀在內戰（指戊辰戰爭）中為新政府奮戰死去的亡者（也供奉在戊辰戰爭前死去的吉田松陰、橋本左內、高杉晉作、坂本龍馬等人），以及去年二月堺事件切腹的十一名土佐藩兵，此即二戰結束後引發諸多爭議的靖國神社的前身。

且先說個後話。明治七年1月27日，天皇初次參拜招魂社，當場歌詠如下的御製：

我国の為をつくせる人々の名もむさし野にとむる玉かき

（為我國獻出生命、鞠躬盡瘁的英靈們，將會留名在武藏野並得到後人的祭祀）

七月八日太政官制定《職員令》，由於強調祭政一致，在太政官之上增置神祇官，除與古代神祇官同樣司掌祭祀、**祝部**（原指伊勢神宮外宮豐受大神宮的職員，後來專指負責監督神社附近或境外小規模神社的守衛及清掃工作的管理職）、**神戶**（負責供應神社的各種勞役及神社的修建和整修）等職責外，還增加管轄歷代天皇陵與宣教的職務。

太政官強調復古，恢復《大寶律令》的官名。置左右大臣各一人、大納言及參議各三人。太政官下設大藏、民部、兵部、刑部、宮內、外務六省，各省長官仿效《大寶令》稱為卿，底下依序為大輔、少輔、大丞、少丞、大錄、少錄、史生、省掌使部等官。

其他新設官職還有裁撤公議所，新設接受議案諮詢的集議院、受理各地建白的待詔院、彈劾不法的彈正台、執掌京都庶務的留守官、整合幕府時代昌平學校（昌平坂學問所，後來的大學本校）．開成學校（蕃書調所，後來的大學南校）．醫學校（醫學所，後來的大學東校）為負責教育行政的大學校（文部省的前身）、監督與新政府軍作戰激烈的奧羽地方的按察使、負責剛平定的蝦夷地行政的開拓使以及皇后宮職等。

同時依照太政官達將官吏分為敕授、奏授、判授，等同於內閣制實施後的**敕任官**（包含天皇親自任命的親任官與依天皇敕命任用的高等官一等及二等，官印為天皇御璽，與親任官使用「閣下」作為敬稱。包括內閣總理大臣、國務大臣、樞密院正副議長、樞密顧問官、內大臣、宮內大臣、特命全權大使、陸海軍大將、殖民地總督、大審院長、檢事總長、會計檢查院長等職務）、**奏任官**（包含高等官三等到八等，採取天皇委任內閣總理大臣任命，官印為內閣印。包括判任官昇進或通過高等文官考試，以及陸海軍少尉到大佐的官階）、**判任官**（高等官八等以下的官吏，採取天皇委任各省大臣或府縣知事任命。包括基本文官、陸海軍士官以及警察中的警部與警部補）。

新的官員名單如下：

神祇官

神祇伯：中山忠能

神祇大副：白川資訓（公卿）

神祇少副：福羽美靜（津和野）

太政官

左大臣：缺

右大臣：三條實美

大納言：岩倉具視、德大寺實則、鍋島直正（八月十六日就任）

參議：副島種臣、前原一誠、大久保利通（七月廿二日就任）、廣澤真臣（七月廿三日就任）

民部省

民部卿：松平春嶽

民部大輔：廣澤真臣（七月廿三日離職）、大隈重信（七月廿二日就任）
民部少輔：伊藤博文（八月十一日就任）

大藏省
大藏卿：松平春嶽
大藏大輔：大隈重信
大藏少輔：伊藤博文、吉井友實（兩人皆於七月十八日就任）

兵部省
兵部卿：仁和寺宮嘉彰親王
兵部大輔：大村益次郎
兵部少輔：久我通久（十一月三日就任）

刑部省

刑部卿：正親町三條實愛

刑部大輔：佐佐木高行、松本暢（出身不詳，七月十日就任）

宮內省

宮內卿：萬里小路博房

宮內大輔：烏丸光德（九月十日就任）

外務省

外務卿：澤宣嘉

外務大輔：寺島宗則

這一次官制改革公卿還守住若干職位，但是除松平春嶽外大名階級幾乎消失了。另外，眼尖的讀者應該也能看出這份名單上少了兩位重量級人物——西鄉吉之助與木戶準一郎。西鄉在北越戰爭痛失二弟吉二郎，結束庄內戰爭後便返回薩摩進行溫泉療養，成為薩摩藩參政。木戶在版籍奉還過程中反對大久保提出的大名世襲知藩事，雖然之後大久保撤回世襲的主張，似乎因此埋下日後兩人因政治路線相異而導致對立的開端。兩人雖同為「明治三傑」，然而，兩人在政治上的見解大抵是對立大於合作。因此這次的官制改革，大久保寧願拉攏比木戶更為保守的副島和前原為參議，而把木戶丟去形同閒職的待詔院當學士，待詔院只存在一個多月便被併入集議院。直到明治三年六月，為推動廢藩置縣需要派遣敕使前往薩摩力邀西鄉出山，大久保才不得不拉下臉任命木戶為參議。

另外還有一點令大久保感到不適。戊辰戰爭結束後，大久保受封藩士中僅次於西鄉的永世賞典祿一千八百石以及從三位的官位，可說得到一位藩士所能得到的最高等級榮耀。不過，尷尬的是薩摩國父島津久光在同時間拒絕太政官所敘從二位權大納言而停留在年初的從三位，於是，出現家臣與藩主之父平起平坐的情況。同樣的尷尬也出現在西鄉身上，他受封永世賞典祿兩千石以及正三位的官位，官位更在久光之上，西鄉與大久保內心對這種情形的痛苦恐怕不是生活在現代的人們所能體會的。

明治二年八月十五日，太政官布告從這一日起蝦夷地改名北海道（原本松浦武四郎向太政官提出日高見道、北加伊道、海北道、海島道、東北道、千島道六個名稱。太政官認為律令時代已有東海道、南海道、西海道等名稱，命名北海道會讓民眾感到自然，剛好北加伊道與北海道的發音相同，便以北海道作為蝦夷地的新名稱），同時並劃分成渡島、後志、石狩、天塩、北見、膽振、日高、十勝、釧路、根室、千島等十一國。負責開發北海道的行政機構為開拓使，在蝦夷地還未改名為北海道的七月十三日便已成立，首任開拓使長官（與大納言及各省省卿相同地位）為佐賀藩老公鍋島直正（號閑叟），開拓使次官為筆者在《戊辰戰爭》一書提及的箱館府知事清水谷公考（七月廿三日就任）。八月十六日鍋島閑叟轉任大納言而辭去開拓使長官，改以七卿落之一的公卿東久世通禧繼任（八月廿五日就任）。

下一章筆者將焦點轉移到太政官的宗教政策上，除探討對基督教的政策外，也將論及神道與佛教的衝突。神道向來給人依附佛教的印象，日本自中世紀以來不乏以佛為主、以神為從的「本地垂跡說」。何以在戰前日本神道擁有凌駕在佛教之上的實力？何以昭和天皇會在戰後的《人間宣言》說道「朕與爾等國民之間的紐帶，始終依相互之信賴與敬愛結成，而非單依神話與傳說而生。……」這都是下一章要談的內容。

第三章

宗教政策的紛爭

一、京都、元和、江戶大殉教

說到長崎，許多人的第一印象可能是世界僅有兩個遭到原子彈投擲的地方，對日本史稍有了解的讀者可能還會想到是日本鎖國體制下唯一面對西方世界的窗口。不過，對日本天主教徒而言，長崎是個傷心地，不僅發生日本最初的殉教（日本二十六聖人），在JR長崎車站附近有日本二十六聖人紀念館（長崎市西坂町七番，西坂公園旁）。進入江戶時代，儘管已經進入「元和偃武」的時代，幕府繼續貫徹秀吉對天主教的迫害政策。

日本的禁教始於秀吉，他平定九州島津氏後隨即頒布《天主教禁教令》（也稱為《伴天連追放令》），慶長元年十二月，長崎二十六聖人殉教事件後再次頒布禁教令。江戶開府後，家康對天主教的彈壓甚於秀吉，慶長十七（一六一二）年三月發生**岡本大八事件**（慶長十四年，有馬晴信在長崎港攻擊葡萄牙船隻，以報先前在澳門船隻遭劫掠之仇，晴信以此之功希望能向幕府徵得被鍋島氏奪走的領地，為此晴信還以大量白銀賄賂家康寵臣有馬正純的心腹岡本大八。但是取回領地一事遲遲沒有下文，晴信轉而向正純投訴，正純讓晴信、大八二人對質，大八受賄之事因而曝光。但大八也抖出晴信企圖殺害長崎奉行的陰謀，結果大八被處以火刑，晴信也被下令切腹），讓家康驚覺天主教對日本的威脅，而於同年八月六日發布禁教令，吉利支丹大名有馬晴信遭到牽連切腹，以此契機家康下令逮捕江戶的天主教徒。到隔年八月為止，共有三十名教徒被關押在小傳馬町牢屋敷，八、九月間押往鳥越刑場（東京都台東區淺草橋五丁目）處刑，這是江戶時代最初的殉教。家康在殉教事件後繼續追查天主教徒，吉利支丹大名高山右近（名重友）遭流放馬尼拉並死於該地。

二代將軍秀忠對天主教的彈壓不輸秀吉與家康。元和五（一六一九）年初上洛的秀忠目睹京都天主教徒有恃無恐的當眾傳教，秀忠認為這都肇因於官吏的縱容。於是他找來京都所司代板倉勝重，命他對天主教徒予以嚴禁，在板倉幾個月的追捕下，**小川牢屋敷**（秀吉於一五八五年將平安時代設置的左獄遷移至此，日本二十六聖人處刑前關押在此。一七〇八年因大火燒毀，之後遷移到中京區六角通的六角獄舍。遺址位於現中京區小川通御池上ル）人滿為患，不少教徒在髒亂的監獄內死去。十月六日，五十二名教徒（男女各廿六名，包含十一名十五歲以下的小孩）從小川牢屋敷被帶出，一路上吏卒不斷叫囂「將軍下令處死這些吉利支丹！」然而，教徒們視死如歸，絲毫不以身死教滅為懼，沿路唱著讚美的聖歌。

最終來到六條河原（五條大橋到正面橋之間的鴨川河原），那裏已經備好廿七座十字架，五十二名或一人一座，或數人一座悉數綁縛在十字架上。吏卒一聲令下，在十字架周邊堆好的薪柴點火，霎時間熊熊火舌竄起，信徒中的小孩呼喚母親的哀泣聲此起彼落，觀者無不涕泣。然而成年信徒頌聲不絕，直至斷氣。

秀忠持續禁教，不僅禁止日本人信奉天主教，對於已經信奉天主教的傳教士與信徒更要滅之絕之。元和八（一六二二）年八月五日，第三代大村藩藩主大村純信奉長崎奉行之命將關押在藩內的五十五名教徒，由家臣負責押解到長崎處刑。

被押解的五十五名教徒以生在熱內亞（Genoa）的**耶穌會**（西班牙傳教士羅耀拉〔Ignatius of Loyola〕與沙勿略及其他五名巴黎大學學生於一五三四年成立，成立宗旨為絕對效忠教宗和天主教會，堅守服從、貞節、安貧，降伏一切異端〔特別是因宗教改革而擴張勢力的新教〕）斯皮諾拉（Carlo Spinola）神父為首，包含耶穌會、方濟各會（Franciscans）、多明我會（Dominican Order，也譯為道明會）各級傳教士廿一名、日本男女老幼信徒三十四名，共五十五名押解至長崎西坂，這即是廿五年前二十六聖人的殉教地。

處決的刑場事先已挖好五尺深溝，打入廿五根木樁，木樁旁堆滿薪柴，是要用來燒死教徒。古代不分東西，民眾都喜歡聚集在刑場周遭觀看死刑犯被以各種嚴刑處死，刑罰愈是罕見、死刑犯受到的刑罰愈是痛苦、發出的哀號聲愈是淒厲、垂死的掙扎愈久，周遭群眾的叫好聲就愈是響亮、清澈。長崎奉行所顯然也想到這點，因此在刑場四周圍上竹籬。四周的群眾或許未必理解天主教的教義，但是不約而同被教徒朗誦聖歌、毫無所懼的精神所感動。

斯皮諾拉等廿五名教徒被縛在木樁上處以火刑，另外三十名處以斬首刑，五十五名傳教士和信徒無一生還。

日本天主教徒所受的苦難還未結束。元和九年七月廿七日，秀忠長男家光在伏見城得到將軍宣下，正式成為三代將軍。家光上任後秉持乃父政策彈壓天主教徒，十月三十一日在札の辻（東京都港區三田三丁目）處決包含傳教士在內共五十名信徒。

從元和五年起，大約四年的時間先後在京都、長崎、江戶發生殉教事件，在日本天主教史上或稱為「元和三大殉教」，亦有直接稱為「元和大殉教」。二〇〇八年，教宗本篤十六世（Benedict XVI）將元和年間以來殉教的日本教徒（不包含島原之亂）共一百八十八人列入真福（Beatification）。

為徹底杜絕天主教在日本的發展，寬永六（一六二九）年幕府實施測試是否為教徒的「踏繪」（「踏み絵」或是「絵踏み」）。以家光之後的江戶時代（包括幕末）為背景的大河劇或時代劇，經常會看到在長崎奉行所與力或同心拿出繪有聖母瑪利亞的畫像要民眾踐踏，若是果斷在畫像上踐踏便不是教徒，反之則有遭受緝捕的可能。寬永九年一月廿四日秀忠去世後，親政的家光陸續頒布數次鎖國令，在寬永十五年「島原之亂」結束後禁止葡萄牙船隻，完成所謂的「鎖國體制」。

讀者可能會認為幕府對於教徒的屠戮過於凶殘，不過在元和大殉教到完成「鎖國體制」期間，歐陸適逢三十年戰爭（一六一八～四八），這是一場不折不扣的宗教戰爭，所有幕府曾對教徒施用的刑求方式都曾在三十年戰爭期間發生在天主教徒對新教徒身上。

三十年戰爭表面上的導火線是神聖羅馬帝國(相當於現在的德國)境內諸邦反對王室哈布斯堡(Hapsburg)家族的統治，因種種利益關係引來當時幾乎所有歐洲國家置身其中，可說是場不折不扣的歐洲世界大戰。歸根究底還是與神聖羅馬帝國境內各邦對於各宗教派系有不同的接受度，不滿哈布斯堡家族統治的各邦以宗教為藉口而反叛，歐洲各國再以此為口實參戰。

雖然馬丁．路德(Martin Luther)提出宗教改革以來衍生出的主要新教(Protestantism，也稱基督新教)派系，如路德教派(Lutheranism)、喀爾文派(Calvinism)、胡格諾派(Huguenots)，並未伴隨耶穌會傳教士傳入日本，但倘若天主教繼續在日本深植實力，難保不會出現與日本佛教諸宗派進行另類的宗教戰爭。三十年戰爭在歐洲造成數百萬人的死亡，相較之下，日本付出不到歐洲百分之一的代價，杜絕宗教戰爭發生的可能性完成「鎖國體制」，置身於歐洲的紛爭之外。

舊說「鎖國體制」下，日本僅剩長崎出島一地可與外國進行有限度的通商，只有荷蘭、清國能進入長崎通商，朝鮮、琉球可與日本通信(外交文書往來)。不過，這種說法只有通信方面是正確的，現在普遍認為在「鎖國體制」下，除長崎外，還有對馬(與李氏朝鮮)、薩摩（與琉球王國）、蝦夷地（與愛奴族）三個窗口與其他國家民族有貿易行為。

鎖國之後，幕府制定**宗門改**（幕府伴隨禁教令的發布，以杜絕天主教為目的的制度。成立於一六三四年，透過踏繪強制天主教徒改宗，一六四〇年增設宗門改役以獎勵民眾告密，這一制度推及至九州諸藩，明治六年才予以廢止）制度，在天領內增設宗門改役職務，還制定讓佛教也加入監督天主教徒的**寺請制度**（江戶時代民眾證明自己不是天主教徒的制度，由於幕府只認可民眾信仰佛教，因此民眾必須取得佛教寺院開出形同該派信徒身分證明的宗旨手形）。如此一來，全國國民都成為佛教徒（差別僅在於信仰佛教的哪一宗派），與寺院結為檀家、檀那的關係（這種關係類似氏族），佛教藉由位於鄉村的寺院牢牢掌控民眾的生老病死及婚姻，這才是幕府推崇佛教的根本原因。

不少天主教徒因而遭到官方強制改宗，但有更多的教徒隱藏起來保持「沉默」成為「隱藏的天主教徒」（隠れキリシタン）或「潛伏的天主教徒」（潜伏キリシタン）。這些隱藏的或潛伏的天主教徒以長崎、五島列島等離島為據地，藏起十字架、聖母像等表示教徒身分的器具，以白瓷製作的觀音像視為聖母像，供奉在佛龕裡膜拜，稱為「瑪利亞觀音」。不過，由於日本在島原之亂後完成鎖國，不再與荷蘭以外的歐洲國家來往，這些隱藏的或潛伏的天主教徒或許還保有天主教信仰，但與真正的天主教徒並不完全相同，請讀者要先有這點認知。

二、「信徒發現」與浦上四番崩

幕府與美國於安政五（一八五八）年一月十二日簽定的《日美修好通商條約》第三條規定，長崎於一八五九年7月4日（和曆六月五日）對外開放。第八條規定，「日本允許美利堅人基於本國的信仰而在居留地內建造禮拜堂，而不予以破壞建築物，不妨礙美利堅人的宗教信仰。」換言之，即幕府保障美國人在長崎的居留地內有建造教堂的權利。同年七到九月間幕府相繼與荷、俄、英、法四國簽訂內容幾乎一致的修好通商條約，等於承認上述四國在長崎同樣擁有建造教堂的權利。

於是法國的巴黎外方傳教會（Paris Foreign Missions Society）派出路易—戴歐多．福黑（Louis Theodore Furet）神父於文久二年十二月三日從琉球來到長崎建造天主堂，由於秀吉時代在長崎殉教的二十六聖人在該年6月8日（和曆五月十一日）為當時的教宗庇護九世（Pius IX）封聖（canonization），因此福黑神父決定以二十六聖人的殉教地西坂作為天主堂建造地。不過，依據修好通商條約規定，天主堂只能建於外國人居留地，西坂並不在外國人居留地範圍內，福黑神父只得在外國人居留地內的南山手擇地。

同年十二月廿六日（格列高里曆1863年2月14日），福黑神父選定英國商人哥拉巴宅邸旁建造天主堂。在建造過程中，福黑神父經常與長崎奉行所的與力往來，透過與力了解日本禁教歷史，對於能否在日本傳教一事抱持悲觀的心態，最後，天主堂還未落成便擅自返回法國。之後由普當斯．賽哈芬—巴德勒米．吉哈（Prudence Seraphin-Barthelemy Girard）神父接替，最終在元治元年底（確切日期闕如）完成天主堂。

元治二年一月廿四日（格列高里曆1865年2月19日），位在南山手大浦的天主堂在吉哈神父主持下舉行獻堂式，正式名稱為「二十六聖殉教者堂」。由於南山手位於外國人居留地，以法國的長崎領事為首，包含哥拉巴在內許多外國商人參加獻堂式盛會。停泊在長崎港的英、法、俄、荷等國軍艦船長，下令艦上的儀隊施放禮炮慶賀。

據天主教長崎總教區編纂的出版物《大浦天主堂物語》記載，大浦天主堂獻堂式後約一個月，即1865年3月17日（和曆為二月廿日）出現神蹟。那日中午約有十五名日本人從浦上（長崎市本尾町）的方向湧入被戲稱為「法蘭西寺」的「二十六聖殉教者堂」。當時在天主堂的貝納—達戴．珀蒂讓（Bernard-Thadee Petitjean）神父與之攀談，當中一位婦人說道：「我們全都和您有同樣的信仰。」婦人頓了一下，問道：「聖母瑪利亞像在何處？」珀蒂讓神父帶領他們到聖母像的祭壇，這群日本人一看到抱著耶穌的聖母像，便喜極而泣的跪倒在地。珀蒂讓神父這時才知他們是二百多年來隱藏的或潛伏的天主教徒後裔。由於當時幕府還未解除對天主教的禁令，這些隱藏的或潛伏的天主教徒從外海（長崎市外海町）、神島（長崎市神島町）、五島（五島列島，分屬長崎縣五島市、南松浦郡新上五島町、北松浦郡小值賀町以及佐世保市）、今村（福岡縣三井郡大刀洗町）等地不辭辛苦前來，日本天主教史稱這一神蹟為「信徒發現」。

「二十六聖殉教者堂」的建成，引來長崎境內及五島列島的隱藏的或潛伏的天主教徒，但是元治、慶應年間幕府尚未解除對天主教的禁令，因此長崎奉行基於職權（職權之一為彈壓西國的天主教徒）可以指揮九州諸藩逮捕幕府甚為厭惡的天主教徒。

慶應三年五月（日期不詳），法國公使侯許曾應邀前來「二十六聖殉教者堂」，他將天主堂內的白堊岩製成的瑪利亞立像命名為「日本之聖母」，這尊「日本之聖母」立像如今置於大浦天主堂入口處。

大浦天主堂的建成，喚醒二百多年來隱藏的或潛伏的天主教徒，很快成為長崎及離島的天主教徒信仰中心。然而，大浦天主堂的熱絡卻觸動幕府的禁忌，就在侯許來到長崎約一個月後的六月十三日夜（格列高里曆1867年7月14日），長崎奉行所派出與力及同心突如其來的包圍大浦天主堂，他們奉前年三月上任的長崎奉行德永主稅（名為昌新）之命，逮捕經常到天主堂內做禮拜的教徒。當夜帶回六十八名教徒，不過天主堂內的外籍神父及傳教士並不在逮捕的對象內，因為他們受到修好通商條約的條文所庇護。

長崎奉行所從這一日起，在長崎天領內持續搜捕隱藏的或潛伏的天主教徒，二〇一〇年大河劇《龍馬傳》第四季來到長崎後的龍馬頻繁出入大浦慶住處，席間經常出現招待龍馬的丸山（長崎有名的遊郭，與江戶的吉原、京都的島原並稱三大遊郭，亦有加入大坂的新町並稱四大遊郭之說）藝妓阿元（お元），她也是個隱藏的或潛伏的天主教徒。阿元確有其人，但生平事蹟不甚清楚，《龍馬傳》將其設定為隱藏的或潛伏的天主教徒並不為過。

翌（六月十四）日，聽聞此事的普魯士公使，偕同法國在長崎的領事、葡萄牙公使、美國公使等人向德永長崎奉行抗議，要幕府立即釋放教徒。八月廿四日，法國公使侯許在大坂城與慶喜會面時建言道：

天主教徒雖觸犯幕府法律，但顧慮到對外關係，不應對其拷問而立即釋放。

外國使節接連的抗議未能阻止幕府逮捕教徒，直到翌年一月十五日，最後的長崎奉行河津祐邦聽聞鳥羽．伏見之戰幕府敗北、逃回江戶為止，幕府持續逮捕浮上檯面的天主教徒。

江戶時代長崎的重要性自不待言，新政府在鳥羽．伏見之戰獲勝後，於一月廿五日任命公卿澤宣嘉為九州鎮撫總督兼外國事務總督，二月二日改任澤為長崎裁判所總督，井上馨為其參謀。三日澤才離開京都前往長崎赴任，十五日，搭乘佐賀藩軍艦甲子丸的澤抵達長崎。長崎的天主教徒原本寄望幕府垮台後，新政府能給予天主教合法的地位以保障教徒，但是新政府很快就向天主教徒證明在宗教政策方面他們與幕府是一丘之貉。

慶應四年三月十四日（或十五日），新政府繼《五條御誓文》後緊接著頒布《五榜揭示》，其第三榜為「嚴禁切支丹邪宗門」。在破舊來之陋習、求知識於世界的同時，卻視天主教如邪宗門（邪教）一樣的嚴禁，等於在對新政府有所期待的天主教徒頭上澆了盆冷水。

既然天主教在《五榜揭示》與邪宗門同為嚴禁的對象，新政府決定處分幕府俘獲的天主教徒。長崎裁判所總督澤宣嘉以幕府初期「元和三大殉教」為例，向新政府建議判處中心成員死刑、其餘教徒流放的處分。不料，懲處天主教徒的消息外洩，為英國公使館得知，儘管英國並非天主教國家，英國公使巴夏禮仍出面向新政府抗議。新政府不得已召回長崎裁判所參謀助役大隈重信，聽取其建言。大隈雖年僅三十一，然在幕末時期長年滯留長崎，有較多與外國人往來的經驗。大隈認為此時已非慶長・元和年間可以任意把教徒送上火刑台燒死的年代，為了不讓外國列強有機會介入，建議取消斬刑改為流刑的處分。

大隈的建議被時任外國事務局判事的小松帶刀認可，進而為太政官接納，於是超過三千名的天主教徒全員判處流刑，此一事件被稱為「浦上四番崩れ」。

寬政年間（一七八九～一八〇一）浦上村庄屋曾誣指不聽己命的十餘名村民為天主教徒，是為「浦上一番崩れ」。天保十三（一八四二）年有數名村民被密告為天主教徒而遭逮捕，是為「浦上二番崩れ」。安政三（一八五六）年又有十五名村民被誣指為天主教徒，是為「浦上三番崩れ」，但上述三次的規模都遠遠不如此次。

「浦上四番崩れ」牽連的教徒眾多，雖是判處流刑，超過三千人（正確說來大約是三千四百人）即使是最大藩加賀藩也無法收容。五月廿日造訪長崎的議政局參與木戶準一郎與澤總督、井上參謀、大隈參謀助役討論後，認為先行將高木仙右衛門（教名Dominigo）等一百一十四名中心成員送往長州、津和野（高木被送到此藩）、備後福山三藩看管，其餘三千百餘名信徒分別流放至加賀、薩摩、長州、藝州、津和野、松江、岡山、鳥取、姬路、伊予松山、土佐、高松、德島、紀伊、大和郡山、津、尾張、大聖寺、富山等十九藩。

大約三千四百名天主教徒把這次流放到二十餘藩的處分稱為「旅行」，然而，實際上絕不可能像「旅行」那樣輕鬆。今日廣義的大浦天主堂還包含附近的舊羅典神學校與舊長崎大司教館兩部分，在舊長崎大司教館二樓介紹一部分教徒受到的非人道對待：把教徒關在俗稱為「三尺牢」（無法伸直身子站立）的空間裡，或是將十餘名教徒關在不到五坪的牢籠裡，教徒吃喝拉撒睡都擠在這一狹窄的空間裡，不僅衛生問題堪慮，過於狹窄的空間也讓信徒間產生躁鬱、焦慮的症狀。

明治六年2月24日，太政官撤除《五榜揭示》中嚴禁切支丹的禁令，天主教在日本總算取得合法地位，在「浦上四番崩れ」被處流放的教徒終於得以結束漫長的「旅行」，返回長崎。當初共有三千三百九十四人踏上「旅行」之途，有六百六十二名在「旅行」途中死於各種迫害，扣除中途改宗的部分教徒以及獲赦後在當地定居及其他因素，最終結束旅程返回長崎的教徒不足兩千人。

這些獲赦的教徒開始在長崎各地建立天主堂，部分成為二〇一八年聯合國教科文組織登錄的《長崎與天草地方潛伏天主教徒關聯遺產》（長崎と天草地方の潜伏キリシタン関連遺産）的成員，計有：

大浦天主堂、外海出津集落的出津教會堂、外海大野集落的大野教會堂（以上位於長崎市）

原城跡（長崎縣南島原市南有馬町）

黑島集落（長崎縣佐世保市黑島）

平戶的安滿岳和春日集落與中江之島（長崎縣平戶市）

野崎島的舊野首教會堂（長崎縣北松浦郡小值賀町）

頭島集落的頭島天主堂（長崎縣南松浦郡新上五島町）

久賀島集落的舊五輪教會堂、奈留島江上集落的江上天主堂（長崎縣五島市）
天草諸島的崎津集落（熊本縣天草市河浦町）

三、神佛分離令

佛教傳入前，日本的原始信仰為神道，雖說日本的創世神話以及皇室祖先天照大神的由來依據皆出自神道，然而，到六世紀佛教公傳（公元五三八年或公元五五二年）為止，神道除有祭祀的行為及場所外，並沒有明確的教義、經典及教團組織，因此嚴格說來神道不能算是宗教。

佛教傳入日本時已屬佛教史上的**像法時期**（根據《像法決疑經》、《大集月藏經》等多部佛經，佛滅之後可分為正法、像法、末法三個時期。佛滅後的五百年為正法時期，此時期教法住世，依教法修行，即能證果。之後一千年為像法時期，雖有教法及修行者，多不能證果。接下來一萬年為末法時期，教法垂世，人雖秉教，多不修行也無證果。惟，正法、像法、末法三時期的年限並不一定，本文列舉的是最常見的說法），一傳入日本立刻為統治者接受，在奈良時代取得幾近於國教的地位。平安時代傳入的天台宗與真言宗更是被朝廷賦予鎮護國家的任務，如此一來，佛教從原本和神道不相上下的地位，逐漸演變為凌駕其上。

雖然在奈良時代起開始有部分宗教人士提出神佛習合，事實上卻出現建立**神宮寺**（基於神佛習合的思想，附屬在神社裡建立的佛寺或佛堂，始於八到九世紀，十世紀以後隨著本地垂迹說的出現更趨普遍。主要的神宮寺如伊勢大神宮寺、鹿島神宮寺、三輪神宮寺、宇佐神宮寺、石清水八幡神宮寺、熱田神宮寺等，也稱為別當寺或神願寺）、提出**本地垂迹說**（神佛習合思想之一，日本眾神以佛或菩薩的姿態現身為日本的權現。因此天照大神成為大日如來、八幡大神成為阿彌陀如來、瓊瓊杵尊成為釋迦如來、惠比壽成為毘沙門天，是佛教在日本的在地化）等佛主神從的傾向。

進入鎌倉時代，神佛習合思想逐漸發酵，產生如**兩部神道**（全名為「兩部習合神道」，「兩部」指的是真言密宗的胎藏界曼荼羅與金剛界曼荼羅，伊勢神宮內宮主祭神天照大神乃胎藏界大日如來的垂迹，伊勢神宮外宮主祭神豐受大神乃金剛界大日如來的垂迹，伊勢神宮的內宮和外宮與密宗的胎藏界和金剛界，是一體之兩面）與**山王神道**（全名為「山王一實神道」，融合比叡山的山嶽信仰、神道及天台密宗而成，山王權現乃釋迦牟尼的垂迹。「山」與「王」都是三豎或三橫加上一橫或一豎，源自於天台宗的「三諦即一」思想）等主張，但是神佛習合並沒能改變神道不如佛教的地位，反而陷入佛主神從，使神道成為佛教附屬。

室町時代則有反本地垂迹說（神本佛迹說）的**伊勢神道**（又稱為「度會神道」或「外宮神道」，由伊勢外宮的神官度會家行提倡，主要內容為外宮地位應優於內宮的外宮信仰，神的地位應優於佛的神本佛迹說）與**吉田神道**（由京都吉田神社的神官吉田兼俱創立的流派，由於吉田家本姓卜部，又稱為「卜部神道」，吉田神道反對兩部神道和山王神道，主張神本佛迹說，認為日本只存在創世的諸神，而不存在外來的佛，因此又稱為「唯一神道」）。伊勢神道以《天照坐伊勢二所皇太神宮御鎮座次第記》（簡稱為《御鎮座次第記》）、《伊勢二所皇太神宮御鎮座傳記》（簡稱為《御鎮座傳記》）、《豐受皇太神御鎮座本紀》（簡稱為《御鎮座本紀》）、《造伊勢二所太神宮寶基本紀》（簡稱為《寶基本紀》）、《倭姬命世記》五書為經典。這五部書統稱為《神道五部書》，該書除介紹伊勢神宮內、外二宮的由來外，還是神道發展以來最初的理論著作，不僅對於伊勢神道，之後各派神道撰述的著作也多受其影響。

上述四個派別儘管彼此間也存在對立（如本地垂迹說和神本佛迹說），但是都沒能撼動佛教在統治者及一般民眾的地位。進入江戶時代，神道雖還是主張習合，但習合的對象已從佛教轉移到儒教身上，出現了**儒家神道**（江戶初期受到將軍家重用的林羅山繼承其師藤原惺窩神儒一致的思想而自創的理當心地神道，這一學說的特點為充斥排佛思想，批判在此之前的神佛習合諸說）、**吉川神道**（江戶初期的魚販養子吉川惟足師從豐國神社神官萩原兼從而創，萩原出身吉田神道，因此惟足也和吉田神道同樣排斥佛教，將神道與朱子學推崇的君臣之道結合在一起，得到親藩大名德川賴宣、保科正之的信任。之後為五代將軍綱吉任命為神道方，惟足死後其子繼任神道方，該職遂由惟足子孫世襲，直至幕末）、**垂加神道**（江戶初期的朱子學者、神道家、思想家山崎闇齋所創。闇齋師從吉川惟足，受其影響推崇朱子學的大義名分，否定湯武放逐桀紂的異姓革命。闇齋雖創垂加神道，但他鮮少著墨在神道上，因此闇齋門徒雖多，在神道領域鮮有繼承者，反而著力在大義名分上，成為日後水戶學及幕末尊王論的先驅）以及**復古神道**（江戶時代的國學者們提倡的神道，主張返回佛教、儒教傳入前日本民族固有的精神。經賀茂真淵、本居宣長到平田篤胤、大國隆正，聲勢日隆，可說是近代之前影響最大的神道流派）。

江戶時代的神道流派（尤其是復古神道）有著比江戶之前的兩部神道、山王神道、伊勢神道、吉田神道更為深遠的影響，但並不是說神道已有和佛教平起平坐甚而超越的實力。佛教在江戶時代前原本就擁有凌駕神道之上的實力，江戶時代為禁教而制定寺請制度，該制度強行將民眾納入佛寺的保護傘之下，不僅生前必須取得佛寺開出的身分證明，死後該寺便順理成章成為菩提寺，一代如此，代代如此。

神道並沒能享受到這些好處，依舊附屬在佛教之下，神社的社務由僧侶掌管，神官僅有人身可以自主。雖有部分神道流派表現亮眼，但打動人心的並非神道本身，而是儒學中的大義名分喚醒日本人的民族精神。這些被喚起民族精神的日本人並沒能成為神道的生力軍，因為他們醉心於尊王攘夷的理論，到了幕末，眼見外國列強的入侵，他們以實際的行動成為攘夷派的成員。

慶應四年三月十七日，成立約一個月的神祇事務局向各地神社下令：佛教僧侶禁止從事社務，要他們還俗，改稱神主、社人、在神社勤務，並且歸還僧位（分為法印大和尚位、法眼和尚位、法橋上人位）、僧官（分為大僧正、僧正、權僧正、大僧都、權大僧都、少僧都、權少僧都、大律師、律師、權律師）的頭銜。

三月廿八日，神祇事務局又下達了如下的命令：

中古以來以佛語稱神號為某**權現**（基於本地垂迹說，佛教的如來或菩薩為解救眾生，以日本神明的姿態出現在日本）或牛頭天王（在印度佛教裡是釋迦出生地祇園精舍的守護神，在日本也稱為祇園天神，是祇園社的主祭神）等神社不少，速將這類神社之由緒詳細申報……以佛像為神體之神社宜改之。附：凡唱本地等，置佛像於神前，或安置**鱷口**（懸於神社佛閣堂前的金屬響器，扁圓中空且有粗繩貫穿其間，民眾參詣時可拉繩敲響之）、梵鐘、佛具之類，應早取除。

這道命令被稱為《神佛分離令》（原文寫成《神佛判然令》），發布日期亦有記為慶應四年三月十三日），根據此令，超過千年歷史的祇園社被強制改為八坂神社，主祭神也從牛頭天王改為素戔嗚尊（「記紀神話」中天照大神之弟，在《日本書紀》的名字為素戔嗚尊，在《古事記》的名字為須佐之男命）。

第一章提到天皇行幸東京期間專程參拜武藏國一宮大宮冰川神社，再次行幸東京期間參拜伊勢神宮，以及第二章提到天皇首度參拜東京招魂社，都是在《神佛分離令》頒布後，由天皇親自參與，加強神道在民眾生活中的重要性。

四、廢佛毀釋

主政者或統治者因個人喜好以政治力量對於宗教教徒採取迫害或打壓的行為，在天主教（或基督教）稱為殉教，在佛教則稱為法難。佛教史上最有名的法難首推中國的「三武一宗之禍」（指北魏太武帝拓跋燾、北周武帝宇文邕、唐武宗李瀍，以及後周世宗柴榮的滅佛運動，不僅在中國，也是整個佛教史上最大的法難之一），日本有名的法難有戰國時代的「天文法華之亂」、松永久秀和三好三人眾的東大寺大佛殿之戰，以及織田信長的火燒比叡山，使京都、奈良、近江境內為數眾多的數百年佛寺毀於兵火。

上述三件法難均位於中世進入近世前夕，而近世進入近代首推「廢佛毀釋」。《神佛分離令》頒布後，日本立即陷入強制佛教僧眾還俗以及對佛寺、佛像、佛經的破壞行為，此一對佛教的破壞行為被稱為「廢佛毀釋」。當時適逢江戶無血開城後，新政府軍進駐江戶並致力於掃蕩關東一帶的幕府軍，九州也有第二節提到對天主教彈壓的「浦上四番崩れ」，而「廢佛毀釋」則在《神佛分離令》頒布後一段時間在畿內發生。

位於滋賀縣大津市坂本五丁目的日吉大社是山王信仰的中心，是前述山王神道的形成地，社格為**官幣大社**（醍醐天皇延長五〔九二七〕年完成《延喜式》規定接受神祇官奉納幣帛的神社為官幣神社，接受地方國司奉納幣帛的神社稱為國幣神社。官幣神社的地位高於國幣神社，前者幾乎都在畿內，後者則分布於地方，按奉納幣帛數量的多寡可再分為大社、小社），是**二十二社**（神社社格之一，當國家遇上天災地變、面臨危急存亡之境時，有權接受朝廷額外支出的奉幣，代替天皇向天地諸神祈求消災化劫的二十二座神社。二十二社的形成始於平安中期，最晚於十一世紀末白河天皇在位期間完成。除伊勢神宮、住吉大社、日吉大社、廣田神社外均位於京都、奈良境內）中的下八社（依平安時代的社格地位，二十二社可細分為上七社：伊勢神宮、石清水八幡宮、賀茂神社、松尾大社、平野神社、伏見稻荷大社、春日大社。中七社：大原野神社、大神神社、石上神宮、大和神社、廣瀨大社、龍田大社、住吉大社。下八社：日吉大社、梅宮大社、吉田神社、廣田神社、八坂神社、北野天滿宮、丹生神社、貴船神社），在神道享有崇高地位。然而，日吉大社實際上卻長期成為西邊約兩公里的天台宗總本山延曆寺守護神山王權現的所在地，儘管本身不認為，但在外界看來無異於延曆寺的附屬。

慶應四年四月一日，《神佛分離令》頒布的消息傳至日吉大社，該社神官率領三、四十名**神人**(中世紀以來在神社處理祭祀、警備及其他雜務的下級神職人員,可分為直屬於神社的本社神人和散佈在諸國寺社領的散在神人,也稱為社人。後來還包含隸屬於神社的藝能者、手工業者、商人,發展出以神人為主要成員的座)攜帶棍棒打開神殿,把奉為神體的佛像、經卷及法器移到神殿外棄置,施以棍棒搗毀,最後再放火燒毀。

日吉大社神官的作為,開出「廢佛毀釋」的第一槍,影響所及在下野的日光山、信濃的諏訪大社、京都的石清水八幡社、尾張的熱田神社、大和的春日大社、讚岐的金毘羅宮、筑前的筥崎宮相繼發生廢佛毀釋的情況,其中尤以春日大社最為嚴重。

春日大社位於奈良市春日野町,與西邊的興福寺同為藤原氏的氏寺和氏社而長期興隆。《神佛分離令》一頒布,多為公卿子弟的興福寺塔頭大乘院、一乘院僧侶為生計著想,紛紛選擇還俗前往春日大社擔任神職。使得南都七大寺筆頭的興福寺一時間竟落得無人管理的情況,寺內珍藏的佛像、佛具、佛經、寶物、什器或四散各地,或遭人偷盜,難以攜出的塔頭僧院則遭到破壞。如今因《文化財保護法》被指定為國寶的興福寺五重塔,於明治五年被一位叫彌三郎的商人以二百五十圓的價格買下,這個數字還不到前一年七月成為太政大臣的三條實美月薪(八百圓)的半數,興福寺另一國寶三重塔更是低廉到只值三十圓。

明治三年一月三日，天皇以個人名義頒布大教宣布之詔，內容如下（原文為漢文）：

朕恭惟天神天祖，立極垂統，列皇相承，繼之述之，祭政一致，億兆同心，治教明于上，風俗美于下。而中世以降，時有汙隆，道有顯晦矣。今也天運循環，百度維新，宣明治教，以宣揚惟神之大道也。因新命宣教使，布教天下，汝群臣庶眾，其體斯旨。

大教宣布之詔頒布後，前章提到明治二年七月八日官制改革時，在神祇官與太政官之外還增設以宣教為目的的宣教使。宣教使以大教宣布為己任，任用大批神社神職人員和國學者（尤其是平田篤胤一門）為宣教使次官以下的判官、主典、宣教使、講義生、史生（明治三年四月五日改置大、中、少宣教使與大、中、少博士，並有正、權之分），以酬庸他們對尊王倒幕大業的貢獻。同時還出版《宣教使心得書》、《大教的要旨》等小冊子，配合派往全國各府藩縣任職的判官、主典、宣教使、講義生、史生展開全國性傳教活動。

一掃幕府時代二百多年來受佛僧的怨氣就在此時！

這些神主、神官等神職人員在幕府時代長年受到僧侶的欺凌，因此他們在宣傳及執行廢佛毀釋格外賣力，執行最為徹底的地方為富山藩、苗木藩、隱岐及薩摩藩四地。

富山藩乃加賀藩支藩（首代藩主前田利次是加賀藩二代藩主前田利常次男），石高十萬石。最後的藩主前田利同於明治三年十月下達一宗一寺令，藩內的佛寺數量因而銳減，僅存淨土、天台、真言、臨濟、曹洞、日蓮、真宗七宗，每宗各保留一寺。

苗木藩位於美濃東境，位在今日岐阜縣中津川市苗木及加茂郡東白川村，是個只有一萬石的譜代小藩。明治三年九月廿七日，藩主遠山友祿下令領內人民此後改為神道葬禮，於是領內十七座佛寺悉數遭到毀壞，連路旁的地藏石佛也無一能倖免，至今東白川村境內幾乎沒有佛教徒。

隱岐位於日本海，距離最近的陸地出雲也有五十公里以上，近世以前成為流放重罪犯之地。近世表面上雖是幕府天領，實際上是親藩中的御家門松江藩領地。慶應四年二月，隱岐爆發與尋常**御家騷動**（江戶時代大名家因繼承人選或藩政改革而出現家臣間的對立）無關的隱岐騷動，島上七十餘名庄屋（村長）、神官與國學者不滿郡代的作風，打算直接前往京都向將軍慶喜請願撤換郡代。抵達京都後才知慶喜已在上個月逃回江戶，現在京都已經是討幕派的天下。這七十餘人改為向山陰道鎮撫總督西園寺公望請願，當時討幕派將全部精力放在東下江戶一事上，顧不上撤換郡代這種與討幕無關的瑣事。憤怒的隱岐島民在庄屋、神官和國學者的號召下，聚集約三千人攻進郡代陣屋，放逐郡代山郡宇右衛門，成立島民的自治。隱岐島民沒能高興太久，松江藩隨即在閏四月派兵來犯。由於幕府因鳥羽．伏見之戰失敗而撤出西國，松江藩在新政府的命令下放棄隱岐，於是保住島民的自治。明治二年三月，島民鑒於長期以來島上僧侶的腐敗，佛寺成為女人與私生子的聚集地，在與松江藩兵作戰期間還公然支持敵方。島民多數通過廢佛毀釋，強制島上僧侶還俗，並搗毀島上共四十六處寺院。

廢佛毀釋進行最為徹底的應該是薩摩藩，今日若有到鹿兒島縣旅遊的讀者，應該會訝異於該地佛寺之少，因為境內所有佛寺（包括島津家的菩提寺福昌寺）及所有僧侶都在明治初年遭到毀壞及被迫還俗。

廢佛毀釋從頒布《神佛分離令》開始，在明治二到三年間進入高峰。然而，佛教在日本扎根已超過千年，百足之蟲，死而不僵，佛教的教義及慈悲精神早已與民眾融為一體，北陸、畿內、山陰、四國、九州發生不少僧侶號召農民反抗廢佛的暴動。雖然這些暴動最後都遭到軍隊鎮壓，但也讓太政官重新反省廢佛毀釋政策是否適當。

到了明治六、七年，日本佛教史上最大的法難毀佛毀釋逐漸平息。

五、神社神道國教化

宣教使自明治二年七月八日成立以來，長官人選一直空缺，到十月四日由神祇伯中山忠能兼任長官、神祇少副福羽美靜兼任次官，而十月九日宣教使便被併入神祇官。

中山忠能乃當今聖上外祖父，以神祇伯一職酬庸並不為過。而神祇大副白川資訓、神祇少副福羽美靜何許人也？為何當得起這一職務呢？

依《王政復古大號令》而暫設總裁、議定、參與三職運行政務，然最初的三職人選多不具實務能力，因此三職不斷擴增議定和參與的人選。尤其是由下級公卿和諸藩藩士構成的參與，到慶應四年閏四月廿一日官制改革為止，共有上百人任職過參與。白川資訓雖出身公卿家格最低的半家，但白川家自十一世紀以來代代世襲神祇伯，白川資訓於慶應四年二月廿日成為參與的一員，同時還擔任七科的神祇事務總督及八局的神祇事務局輔（之後為神祇事務局督），有這樣的資歷擔任神祇大副可說恰如其分。

至於福羽美靜出身四萬三千石的外樣小藩津和野藩，早年進入藩校養老館學習漢學及山鹿流兵學。之後奉喜愛國學的藩主龜井茲監之命上京，入平田篤胤門生大國隆正門下學習國學，成為尊王攘夷說的支持者。返回藩國後被聘用在藩校任教，津和野藩的藩論自此逐漸傾向於尊王。

文久三年，福羽受尊攘派公卿推薦進入御所成為孝明天皇的近侍，使他在朝廷內外小有名氣。慶應四年以徵士身分進入神祇事務局任權判事，權判事雖非正式職務，福羽仍以其豐富的知識致力於重建律令時代的神祇官制度。因此，明治二年七月八日官制改革，福羽雖因家格之故難以任職神祇伯、神祇大副，但有重建神祇官制度之功的他被推選為神祇少副。

神祇官最大的政績為明治四年五月定出全國神社的社格。首先將律令時代的官幣社和國幣社改稱為官社，其餘歸類為諸社，官社歸神祇官管轄，諸社則由地方官管轄。同年七月再從諸社細分為府縣社、鄉社、村社，以及不屬於上述三種的無格社，於是社格由高至低依序為伊勢神宮（在所有神社之上，沒有神格的特別存在）、官社（官幣大社、國幣大社、官幣中社、國幣中社、官幣小社、國幣小社、別格官幣社）、府縣社、鄉社、村社、無格社。

廢藩置縣（詳情請參第五章）後，明治四年八月九日，長久以來沒有實際政績而被戲稱為「晝寢官」的神祇官降格為神祇省，神祇省的長官並非神祇卿，而是在其他省都被視為次官的大輔。神祇大輔由神祇官時代的神祇少副福羽美靜擔任，而且也只這麼一任神祇大輔。明治五年三月十四日，廢除神祇省及大藏省社寺課，新設教部省，首任教部卿為正親町三條實愛，首任教部大輔「依舊」是福羽美靜。

教部省與神祇官、神祇省最大的不同在於它只負責傳教事務，為此設置教導職（從大教正、權大教正到訓導、權訓導共分十四級，屬半官半民的任命制）取代先前的宣教使。教導職的職責在於向民眾教導「敬神愛國、天理人道、皇上奉戴」等所謂的「三條教則」，至於祭祀等事務則由宮內省式部寮負責。

由於需要眾多教導職人員，儘管教導職已從神主、神官放寬至歌人（寫和歌）、俳人（寫俳句）、落語家（單口相聲），仍有不足之感。於是再把僧侶也納入教導職，這也意謂佛教已被太政官承認擁有合法的地位。佛教徒想藉此爭取更多獨立的地位，各宗聯合向太政官爭取到設置大教院，這是由佛教僧尼組成的教導職向民眾宣揚「三條教則」的機構，設置在東京紀尾井坂的紀州藩中屋敷（明治六年二月遷往增上寺），伊勢神宮設神宮教院、地方府縣廳所在地設中教院、各地寺院設小教院。

這種神佛合同布教的國民教化運動並沒能維持太久，部分佛教宗派認為教化運動內容過於傾向神道而感到不滿，於是真宗本願寺派（西本願寺）和大谷派（東本願寺）相繼退出，真宗信眾最多的兩派退出後其他宗派也跟進。太政官眼見神佛合同布教運動難以為繼，於明治八年4月下令禁止，接著在5月解散名存實亡的大教院。

明治八年3月，太政官已先行成立集神官教導職和神道系宗教於一身的神道事務局，復古神道和其他各派神道家皆聚集在這一類似官辦性質的機構裡。眾多傑出神道家聚集在一板一眼的官辦機構裡反而扼殺發展的空間，不久後這些神道家紛紛離開神道事務局，自創融合神道、佛教、修驗道、陰陽道、民間信仰的新興教派。

自古以來的神道在明治時代分裂成祭祀與宗教兩部分，前者由宮內廳式部寮負責（一九四七年起改稱式部職），到《大日本帝國憲法》頒布前形成所謂的「國家神道」，也稱為神社神道。宗教部分的神道則是由神道事務局（之後再改為神道本局）負責，部分神道家離開神道事務局後朝自創新興宗教邁進，雖然進入神道事務局前已有部分神道家成立新興宗教，但最快也要在明治九年以後才得到政府的承認，共計十三派別，合稱教派神道。教派神道不在本書的敘述範圍內，筆者只簡單列出十三派教派神道資料供讀者參考：

名稱	**創辦人**	**政府承認時間**	**信徒人數**
黑住教	黑住忠道	明治九年	297152
神道修成派	新田邦光	明治九年	8580
神道大社派	千家尊福	明治十五年	1264483
扶桑教	宍野半	明治十五年	31500
實行教	長谷川角行	明治十五年	12420
神道大成派	平山省齋	明治十五年	21565
神道神習派	芳村正秉	明治十五年	141598

御嶽教	下山應助	明治十五年	51530
神道本局	稲葉正邦	明治十六年	23736
神理教	佐野經彥	明治廿七年	90813
禊教	坂田鐵安	明治廿七年	90118
金光教	赤澤文治	明治三十三年	429855
天理教	中山みき	明治四十一年	1199223

※信徒人數依據平成三十年版《宗教年鑑》。

※神道大社派現名出雲大社教、神道大成派現名神道大成教、神道神習派現名神習教、神道本局現名神道大教。

※黑住教、金光教、天理教在江戶末期即已創立，並稱「幕末三大新教」。

下一章筆者將談論明治初年的暗殺事件，敘述事情的經過以及為何會發生暗殺事件？並試著談論事件未能交代的部分以及暗殺事件對之後政局的影響。

第四章

明治初年政治上的陰謀及暗殺事件

一、橫井小楠暗殺始末

筆者素來推崇景仰的已故歷史小說作家司馬遼太郎，在其以大村益次郎為主人公的著作《花神》有段如下的內容：

……最先出現的是以吉田松陰為代表的思想家；然後便是以高杉晉作、西鄉隆盛等為代表的戰略家；最後登場，而且促成時代變革成功的是技術家，此技術指的是科學技術、法制技術以及藏六日後擔任的軍事技術。

文中提到的藏六，全名村田藏六，即是後來的大村益次郎。至於幕末時期的思想家，除了松陰外，相信不少讀者還能列舉出佐久間象山，而本節要提的橫井小楠也是幕末時期幾近首屈一指的思想家。

文化六（一八〇九）年，橫井小楠出身在熊本藩一個家祿一百五十石的藩士次男，通稱平四郎。文化十三年，年僅八歲的平四郎因資質聰穎進入藩校時習館，天保八（一八三七）年，不到三十歲成為時習館塾長，後奉藩命前往江戶遊學，成為大學頭林檉宇的門生。江戶遊學期間平四郎結識幕臣川路聖謨、水戶藩側用人藤田東湖，逐漸在江戶累積名氣。

天保十一年平四郎酒後與其他藩士口角，因而提前結束在江戶的遊學，不僅被遣回熊本，回到熊本後被處以逼塞之處分。解除處分後平四郎得到家老長岡是容的支持，成立重視實學的團體，稱為實學黨，有名的成員有明治時代成為天皇侍讀、侍講、侍補，並致力於推動天皇親政運動的元田永孚。曾任藩校時習館塾長的平四郎深知藩校制度的缺陷，但是他以實學黨領袖身分批評藩校的制度，終究招來曾於藩校就讀的家老、藩士們視為眼中釘，因此藩校出身的成員成立所謂的學校黨進行反擊，另外還有熊本藩首屈一指的國學者林櫻園成立提倡尊王攘夷的勤皇黨。熊本藩就在這三黨互相批評、攻訐的情況下，遲遲無法以倒幕作為藩論，因而錯過與薩長攜手維新回天大業的機會。

附帶一提，林櫻園於明治三年病逝，之後勤皇黨由其門徒新開大神宮（熊本市南區內田町）宮司太田黑伴雄執掌，攻訐對象轉為大力推動歐化政策的太政官，改勤皇黨為敬神黨，終於在明治九年10月發動士族反亂——敬神黨之亂。

儘管平四郎後來也跟多數儒學者一樣成為蘭學者，但在天保（一八三〇～四四）、弘化（一八四四～四七）年間，平四郎還是個不折不扣的儒學者，若非如此也不可能得到終生厭惡洋學的元田永孚的支持。

之後平四郎在熊本城下的自家成立私塾，命名為「小楠堂」（由於景仰大楠公楠木正成，故自稱小楠），小楠於是成為其號，出身今日熊本縣最南境水俁市的庄屋長男且曾就學於時習館的德富一敬（號淇水）成為其首位弟子。不識德富一敬的讀者或許會從德富這一罕見的姓氏聯想到德富蘇峰．蘆花兄弟，一敬正是這對兄弟的父親。

嘉永二（一八四九）年，有位來到九州遊學的越前藩士三寺三作，他來到小楠堂聽了幾次小楠的講課後大為傾倒，駐足熊本成為小楠堂成員。三寺曾就學於越前藩的藩校正義堂，他的另一身分是藩主松平春嶽的小姓，春嶽一直想聘任大儒前往福井講學，因此三寺遊學九州還額外肩負為藩主尋覓適當人選的任務。小楠也曾幾次應越前藩的要求撰寫關於藩校教育的意見書，透過三寺的宣傳，小楠在越前藩有著崇高名聲，連春嶽也認定小楠就是自己需要的人選。

安政四（一八五七）年三月，春嶽正式派遣藩士村田氏壽（著有《續再夢記事》）前往熊本聘請小楠前往福井為自己的政治顧問。和小楠處於對立面的學校黨成員樂見楚材晉用，因此春嶽得以聘用小楠。不過，小楠此舉等於背離熊本藩，因而受到部分藩士的怨恨，種下日後的禍根。

明治時代的**講釋師**（原指解釋書籍的內容，後來也泛指講解軍學、兵書內容的寄席演藝，明治時代改稱為講談）、曾經當選兩任眾議員的伊藤痴遊，形容接受聘任前往福井的小楠為：

> 嘉永到安政的當時，六十餘州當中，能稱得起所謂儒傑的只有三人：水戶的藤田東湖、松代的佐久間象山，再加上小楠，這三人稱為三儒傑。廣博群書，徒然是遍嘗古人糟粕的腐儒，而且還為數不少。真正的儒者，且能認清時務的相當罕見。然而這

三位大儒，個個精通天下的時局，因而稱其為儒傑。

相較於熊本藩士的不友善，越前藩士眼見藩主紆尊降貴的網羅小楠，都對小楠另眼看待。曾是其門下的三寺三作、奉藩主之命聘任小楠的村田氏壽自不在話下，藩內的秀才橋本左內、三岡八郎，甚至連春嶽的重臣中根雪江都與小楠結交，建立良好的友誼。

小楠於萬延元年針對越前藩的實情提出「經世濟民、殖產興業、通商交易」三策，呼籲春嶽務須舉藩一致。小楠的三策被稱為《國是三論》，藉由實業達到對外貿易讓藩國致富，很難想像這種見解出自儒學者，《國是三論》成為之後小楠思想的核心。

松平春嶽在文久二年幕政改革被拔擢為政事總裁職，春嶽帶著小楠前往江戶就職，視小楠為政治上的顧問，小楠起草《國是七條》以春嶽的名義作為向幕府提出的建言。其內容如下：

一、大將軍上洛。

二、暫停諸侯的參勤交代。

三、歸還諸侯在江戶的家室。
四、不局限於外藩或譜代，拔擢賢能者任官。
五、大開言路，參與天下公共之政。
六、興海軍強兵威。
七、終止相對交易行官方交易。

讀者當不難發現幕末的文久改革內容，有不少是脫胎自小楠的《國是七條》，部分內容如第四、第五條會危及到幕藩體制而未被幕府接受。第六條更成為一年多後幕府在神戶成立海軍操練所的契機。

文久二年年底，小楠受邀到熊本藩江戶留守居役宅邸作客，酒宴結束後返回越前藩邸途中遭到怨恨小楠的熊本藩士假扮的刺客襲擊，不諳劍術的小楠逃離現場，卻在現場遺漏大小佩刀。佩刀被拾獲後送往熊本藩邸，遺失佩刀屬於重罪，怨恨小楠的熊本藩士認為應判處小楠死罪。不過此時小楠屬於越前藩的客卿，應由越前藩決定小楠的懲處，愛惜小楠才能的春嶽雖免去切腹的處置，迫於形勢也不得不免除小楠的所有職務。

成為閒雲野鶴的小楠回到熊本，重拾小楠堂的私塾工作，昔日門生紛紛走避，僅有德富一敬等數名弟子歡迎恩師歸來。

元治元年二月廿三日，拜在勝海舟門下的坂本龍馬跟隨勝來到長崎，當時龍馬第二次脫藩，浪人身分的他不便與勝拜會長崎奉行，勝於是命令龍馬前往熊本與同為浪人的小楠見面。四月，手持勝海舟推薦信的龍馬，在熊本小楠堂與小楠會面，這是德富一敬僅有一次與龍馬的會面，當時一敬的長男猪一郎（日後的蘇峰，代表作為百冊《日本近世國民史》）才一歲多，次男健次郎蘆花（代表作為《不如歸》）要再過四年後才出生。

小楠豐富的學識大大吸引住龍馬，龍馬的《船中八策》中提到創設海軍、與外國通商貿易便是脫胎自小楠的《國是七條》。在部分以龍馬為主角的戲劇、漫畫常有龍馬逢人就說「在美國，連平民的後代也可以出來競選大統領」或是「美國大統領的子孫也只是平民」，龍馬這些知識的來源便是在這一次與小楠的會面中聽來的。

那小楠這些知識又是從何而來？當然與他成為政事總裁職政治顧問期間遍覽幕府與外國往來文書檔案不無關係。也因為有這段歷程，小楠不再只是儒學者，而是和勝海舟等部分幕臣一樣成為開國派。

筆者在《幕末》一書曾提及，龍馬在大政奉還隔日立即起草由關白、議奏、參議組成的新政府成員名單。令人不解的是，不管在大政奉還或是武力討幕都未表態的熊本藩（當時處在實學黨、學校黨、勤皇黨三黨論爭）竟然在參議占去兩個名額，其中一人是熊本藩主細川慶順之弟長岡護美，另一人即是橫井小楠，由此不難看出龍馬對小楠景仰推崇的程度。

雖然這分名單伴隨龍馬暗殺及之後武力討幕取代大政奉還而沒能實現，小楠仍於慶應四年四月廿三日以其學識取得三職中的參與（最年長的參與）。小楠豐富的學識使他對於新政府未來的施政有著長遠的規劃，這點是他與其他薩長土肥出身的參與最大的不同，但也因此讓小楠顯得格格不入。

小楠深知新政府若要與歐美各國平等往來，解除對天主教的禁令勢在必行，成為參與後小楠便力主盡早解除天主教禁令，不過，這一主張卻招致守舊派對小楠的殺機。

參與橫井小楠信奉洋說，要把神國日本變成耶穌邪教的國度！

此外，小楠還推崇美國的政治制度，認為共和制是最理想的政治制度，聽在守舊派耳裡更感毛骨悚然：

小楠參與對美國的共和制歌功頌德，似乎有意在我國推動。

為了保護日本不受邪教入侵，共和制的理念在日本斷絕，除掉小楠有迫切之急，於是暗殺小楠的計畫成形。

明治二年一月五日晝八時半，身著烏帽子與直垂的小楠結束一天的政務，年已六十的他，走出御所坐上駕籠準備返回自宅。來到寺町通與丸太町通交界處（京都市中京區），忽然有上田立夫（石見國鄉士）、中井刀禰尾、土屋延雄（本名津下四郎左衛門，岡山藩士）、前岡力雄（與中井為十津川鄉士）、柳田直藏（大和郡山藩士）、鹿島又之允（尾張藩士）六名刺客竄出，上田朝小楠的駕籠開了一槍，為確認小楠的生死，六人朝駕籠而來，因而與小楠的護衛拔刀決鬥。

混戰中柳田被砍一刀，負傷逃走（一月十二日傷重而死），中井去向不明。不過，中了槍傷的小楠被補上致命的刀傷，當場死去，享壽六十一歲，首級被鹿島砍下帶走，上田等四名行凶凶手數日後陸續被捕。

小楠屍首旁邊留下斬奸狀，與幕末時期的天誅事件並無差異。這是新政府成立以來首宗高級官員暗殺事件，太政官絲毫不敢鬆懈，採取嚴格徹查方針，不只徹查凶手，也徹查已死的小楠。負責徹查的刑法官（七月八日太政官制改革後為刑部省和彈正台）在小楠故鄉熊本的阿蘇神社（熊本縣阿蘇市一の宮町）神官處，發現小楠於明治元年十月遇害前曾來此地獻上親撰的《天道覺明書》。由於「覺明」音同「革命」，刑法官們從字裡行間找到小楠遇害的原因，不禁對為保衛國家而進行天誅的凶手們產生同情之心。

另一方面徹查凶手的刑法官在下切通十津川屋敷（京都市上京區新烏丸頭町）陸續逮捕上平主税、谷口豹齋、中瑞雲齋、大木主水、金本顯藏、塩川廣平等近三十名十津川鄉士，由於十津川鄉士擁有數百年勤皇的傳統，因此犯案消息一傳出，太政官也好，民眾也好，普遍相信十津川鄉士是為了守護神國日本而進行天誅。

審理期間又發生兵部大輔大村益次郎暗殺事件（請見第二節），原本意見對立的太政官與刑部省、彈正台逐漸趨於一致，明治三年十月十日全案定讞，判處如下：

梟首——上田立夫、鹿島又之允、津下四郎左衛門。

終身流放——上平主稅、大木主水、谷口豹齋。

監禁三年——中瑞雲齋、金本顯藏。

監禁百日——塩川廣平。

二、大村益次郎暗殺始末

筆者在《幕末》及《戊辰戰爭》已約略介紹大村其人，因此本節僅介紹上野戰爭結束後到遭暗殺傷重死去約一年半期間的大村益次郎。

上野戰爭結束後大村便坐鎮江戶，一直到戊辰戰爭結束都沒有在前線指揮戰役，但大村一刻也不得閒，他在江戶蒐集前線各地情報，統一作戰指揮，並把資源平均分配到前線戰場，這些工作不見得比身在前線的指揮官來得輕鬆。

因此，戊辰戰爭結束後於六月二日進行的論功行賞，大村得到一千五百石永世祿，在藩士中僅次於西鄉的二千石，以及木戶、大久保、廣澤真臣的一千八百石（皆永世祿），反倒是薩摩鐵三角之一的小松帶刀只有一千石（也是永世祿）。

大村得到一千五百石永世祿的賞賜一傳出，讓不少人為之訝異，特別是還在小松帶刀之上，包括海江田信義在內的不少薩摩藩士忿忿不已。在他們的認知裡，大村稱得上戰功的只有上野戰爭，且即使在上野戰爭大村也只有在旁吆喝的份，既不是第一個衝進敵軍陣營，也沒有拿下任何一顆敵軍大將的首級（甚至連雜兵的首級都沒有），這樣的表現得到一千五百石永世祿賞賜實在難以令人信服。

筆者在《戊辰戰爭》提及因大村來到江戶而與之交惡的海江田，相較於大村的一千五百石永世祿，海江田什麼都沒有，最後還要憑藉出身薩摩藩以及與西鄉、大久保的交情謀得彈正大忠（彈正台的支部，位於京都）一職。律令制下的彈正台屬於監察機關，在此任職的海江田等同斷絕往太政官發展的可能，海江田認為他之所以還要憑藉與西鄉、大久保的交情才能謀得彈政大忠這種閒差是因為他被解除東海道參謀的職務，而解除他東海道參謀的元凶正是大村益次郎。

都是那個醜八怪害的！

更讓海江田難以接受的是，大村在七月八日太政官改制被任命為兵部大輔，由於兵部卿仁和寺宮嘉彰親王(明治十五年以後改稱小松宮彰仁親王)只是象徵性的存在(自兵部省成立以來皆由親王、公卿出任兵部卿，唯一的例外是大內義隆)，真正實權掌控在大村手上。舉凡全民皆兵制的徵兵令制定、廢刀令的實施、鎮台的設置、兵學校的設置等維持國家常備兵力及軍官的養成，無一不能沒有兵部大輔的投入。但是徵兵令制定與兵學校的設置難以在短時間內實現，廢刀令不能驟然實施，否則必然引起士族的反彈。當下最為迫切的乃是鎮台的設置，設置的地點一定要在鎮西。先前大村曾與箱館戰爭結束後凱旋歸來的山田市之允閉門討論今後日本局勢，大村說道：

經戊辰一役，奧羽在之後的十年、二十年內難以抬頭，今後要多多留意西方。

大村所謂的西方並非歐美各國，甚至也不是清國或朝鮮，而是日本最西陲之地。他認為：

> 九州方面遲早會出現另一個足利尊氏！

建武中興第一功臣足利尊氏，未能如願從後醍醐天皇手中受封征夷大將軍，憤而掀起反旗背叛朝廷。得到關東武士擁護的尊氏率軍包圍京都，不久，在包含新田義貞、北畠顯家等將領率領各路勤王軍的反擊下，尊氏敗走九州。就在朝廷認為尊氏已一敗塗地而額手稱慶的時候，不過數月，尊氏得到除菊池氏外九州武士的擁護東山再起。擁護尊氏的九州武士迅速在兵庫上岸，在湊川（兵庫縣神戶市中央區、兵庫區）擊潰新田義貞、楠木正成，進入京都。後醍醐天皇倉皇逃往比叡山，最後落腳吉野，日本從此進入「一天兩帝、南北京」的分裂對立時代。

大村不僅預見數年後九州將會掀起一股與政府作對的叛亂勢力，他還要物色能夠平定此一亂事的人物，他看好公卿的後起之秀西園寺公望是能平定九州亂事的人物，除了西園寺具有公卿幾乎沒有的才能外，更在於西園寺出身名門，擁有太政官成員不具備的名望。

相信讀者不難猜出大村口中九州的足利尊氏即是西鄉，九州的叛亂即是西南戰爭，在明治二年六月便能清楚預見將近八年後會發生的亂事，大村對於時局的觀察入微令人佩服。

不過，大村似乎高估西園寺。西園寺雖出身公卿中的清華家，大村作出預言時他年僅廿一歲，明治三、四年間前往法國留學，西南戰爭爆發時他人還在法國，不僅沒能平定亂事，到戰爭平定時都未能返回國門。

七月廿七日，大村啟程前往京都，他此行的目的在勘查地形，尋找適合的軍事設施之地。友人木戶此時正前往箱根療養，不能同行。木戶直覺認為大村此行會遇上凶災而勸大村暫緩啟程，但大村不聽木戶的勸告，木戶只好寫信給同為長州出身的京都府權大參事槙村正直，請他保護大村。

大村在八月十三日抵達京都，數日後大村的門徒船越衛（藝州藩出身，大村死後任兵部大丞，協助山縣有朋完成兵制改革）也趕到京都，他是被木戶叫來的。木戶之所以動作頻頻，並非只是個人直覺。大村在短短二十日從宇治川經由宇治、伏見，一路勘查到大坂城和天保山，這些地方在之後數年內相繼設置火藥製造所、練兵場、大阪鎮台與造兵廠（明治五年改名大砲製造所）及兵學寮（明治三年十一月改稱陸軍兵學寮，明治五年遷移到東京，是陸軍士官學校的前身）、海軍基地，在西南戰爭期間幾乎發揮了作用。

另一方面，彈正大忠海江田信義宅邸聚集許多對即將展開的廢刀令、徵兵令抱持不滿的士族，這些不滿的士族來自各藩（也包含長州藩），在長州藩士強烈要求下，海江田決定由自家人處理大村。

九月四日，大村下榻在三條通與木屋町通交界處的旅館。如果讀者記憶猶新，元治元年七月十一日，佐久間象山在此地附近遭到河上彥齋行刺，距龍馬暗殺的近江屋也只有一個路口。大村原本派門徒去找西園寺公望，要他當晚來下榻旅館一聚，結果西園寺卻與同為公卿出身的好友萬里小路通房到祇園和相好的藝妓飲酒作樂去，幸虧如此，西園寺才沒有跟著大村喪命。

當天暮六時，浪人團伸二郎（出身長州藩）、金輪五郎（出身久保田藩）在大村下榻旅館敲門求見，旅館侍者山田善次郎前來接待，團遞出寫有「萩原秋藏」（假名）的名片給山田，山田走到二樓一間四疊半榻榻米的房間通報，房間內有大村及他的兩名學生靜間彥太郎、安達幸之助。山田問大村是否要與訪客見面，大村要山田告訴訪客明天再來。團和金輪因而得知狙擊的目標就在裡面，由其中一人向埋伏在外的其他六名刺客打暗號，一下子連同團和金輪還有太田光太郎（長州藩）、五十嵐伊織（越後長岡藩）、伊藤源助（奧州白河藩）、關島金一郎（信州農民）、宮和田進（三河吉田藩）共七名刺客聚集在玄關處，最後一名刺客神代直人（長州藩）則守在旅館外面的高瀨川河岸邊。

不知哪一人拔刀朝山田砍去，幾乎將他大卸八塊。樓上聽到山田的慘叫聲派了一名叫吉富音之助的人下來，他也是大村的門生之一。吉富一到樓下便與刺客展開格鬥，其他刺客伺機上樓行刺。忽然間二樓的燭火熄滅，刺客一進到大村的房間便拔刀亂砍，慌亂中宮和田進被砍死，究竟是被大村的門徒砍死或是被自己人砍死已無從得知。靜間和安達相繼戰死，大村也在混戰中被砍中右手、右大腿及多處地方。其餘的刺客聽到房間內無聲以為大村已經死去而迅速離開，大村掙扎到樓下先行止血。

京都府權大參事槇村正直派來的人發現大村，趕緊將他送到附近的長州藩邸，同時從大坂找來一位名為緒方平三的醫生醫治。這位緒方平三（之後的緒方惟準）並非別人，而是已故適塾創辦人緒方洪庵的次男，大村早年在適塾就學時經常背著他到處散步。

平三診斷後認為大村的病情不樂觀，建議將大村移往設備較為健全的大坂醫院（現在的大阪大學醫學部）。十月一日，兩位年僅十八歲的長州年輕人兒玉源太郎（日後的陸軍大臣、台灣總督）、寺內正毅（日後的內閣總理大臣、朝鮮總督）將擔架上的大村扛到船上，順高瀨川到鴨川，再沿淀川來到大坂就醫。

九月七日，大村遇刺的消息傳到東京，太政官無不驚愕萬分，尤以木戶最感悲憤。

新政府完了。

木戶之所以如此悲觀在於他有意擁戴擁有卓越軍事才能的大村為太政官實際的領導人，以對抗西鄉、大久保等薩摩藩，但是京都一群浪人的暴舉讓木戶的心願化為幻影。

與大村有著似有若無戀情的西博德之女楠本稻（日本第一位女蘭醫）聞訊後從橫濱趕赴大坂照料大村，另外還有荷蘭籍醫生鮑德音（Anthonius Franciscus Bauduin），再加上緒方平三以及楠本稻的女婿三瀨周三（西博德門生二宮敬作的弟子，後來成為大阪醫學校助教），這樣的醫療陣容在當時可說是最頂尖了。鮑德音認為要保住大村的性命必須切除右大腿，在當時動這種手術風險極高，加上大村是太政官，要動手術必須先呈報東京。當東京的批准令下來已是十月底，十月廿七日完成切除右大腿的手術，進入十一月引發敗血症，到十一月五日暮六時半大村去世，享年四十六歲。

大村留下兩句遺言，其一是對松下村塾出身的山田市之允說道：

大量製造四斤砲。

顯然第一句遺言是為了防範西鄉及薩摩藩的叛變。

第二句遺言對楠本稻、緒方平三、三瀨周三說道：

把我切除的右大腿骨埋在緒方老師的墓旁。

緒方洪庵埋於東京高林寺（東京都文京區本駒込一丁目），大坂的龍海寺（大阪市北區同心一丁目）是洪庵及其妻八重的合葬墓，大村的腿骨葬於此地。十一月十三日，頒布追贈大村為從三位、撫恤金三百兩的宣旨。十一月廿日，屍首運回故鄉鑄錢司村（山口縣山口市鑄錢司今宿東），之後合祀靖國神社。

幾年後木戶想到大村還這麼說道：

維新自癸丑（嘉永六年，一八五三）以來，無數烈士之中，若無大村這人，一定不會成功。

十二月廿九日，團伸二郎、金輪五郎、太田光太郎、五十嵐伊織、伊藤源助、關島金一郎等六名刺客全部被判處斬刑（另一名刺客神代直人在暗殺事件後逃亡過程中自殺），於京都粟田口刑場（京都市山科區廚子奧花鳥町）處決。

三、廣澤真臣暗殺始末

廣澤真臣生於天保四（一八三三）年，與桂小五郎同年，是藩士柏村半右衛門安利的四男，十二歲成為同藩藩士波多野直忠的婿養子並改名波多野金吾。之後進入藩校明倫館就讀。

之後金吾傾心於尊王攘夷的主張，儘管並非受教於吉田松陰，卻與松下村塾出身的桂小五郎、久坂玄瑞等人因有共同理念而結為盟友，一同致力於使尊王攘夷成為長州的藩論。

禁門之變到第一次征長之役，金吾與桂等松陰門徒一同參戰，藩內的恭順派在第一次征長之役後取得政權的同時，金吾因曾與恭順派有不同政見而鋃鐺下獄，好在椋梨藤太等恭順派領袖未將金吾視為與之敵對的強硬派而將他處刑。

不久，高杉晉作在功山寺舉兵起義，不到兩個月的時間從恭順派手中搶下政權，松陰的弟子自不用說，與他們有共同理念、政治上的盟友或是曾受恭順派迫害的藩士都重新任用，金吾因而進入藩政核心。就在桂小五郎離開藏匿超過半年的出石前夕，四月四日，藩主下令金吾改名為廣澤藤右衛門，五月六日再度改名為廣澤兵助，此後他與桂成為長州藩政的主要負責人。

廣澤在藩政上最大的亮點為代表長州與幕府代表勝海舟進行四境戰爭的議和。才在元治元年十一月因神戶海軍操練所的成員有參與禁門之變導致海軍操練所關閉、本人也被免去軍艦奉行的勝，在赤坂本冰川坂下老家蟄居一年半。四境戰爭前夕，開始為病痛折磨的十四代將軍家茂特地恢復勝的軍艦奉行職務，勝在六月廿日來到大坂，他自認能游刃有餘的勝任海戰部分，打贏這場海戰才能回報家茂對自己的信任。

誰知勝在大坂左等右等始終沒有等到派往前線指揮海戰的命令，倒是在七月廿日被將軍侍醫松本良順告知將軍病逝的消息，難掩哀慟的勝在日記寫下：

德川家，今日滅。

任誰都能看出繼承德川宗家與將軍位置的都將會是一橋慶喜，但慶喜卻只選擇繼承德川宗家。倒不是他對繼承將軍沒有野心，而是他想藉由解決與長州藩的戰爭關係以提昇自己的聲望，在聲望提昇的情形下繼任將軍，勝在這種情形下成為慶喜提昇聲望的犧牲品。

八月廿一日抵達廣島的勝，向藝州藩家老辻將曹提出與長州藩代表會面的懇求。以勝利者姿態自居的長州故意延遲與勝的會面，結果九月二日才在嚴島上面進行議和。長州的代表以廣澤兵助為首，其餘為井上聞多、太田市之進、長松幹、河瀨定四郎共五人，以寡擊眾的長州，在議和上難免會有不可一世的氣焰，對於奉命前來議和的勝多有不敬。

勝一開始就在觀察議和主要代表廣澤的舉止，他認為與其向廣澤灌迷湯倒不如帶點誇張語氣以實際的國際局勢打動他。果然在這方面廣澤一想到已經露出疲態的長州若再執意與幕府作戰下去，只會讓在旁虎視眈眈的英、法等列強有機可乘，因而決定結束與幕府的戰爭。據勝日後的回憶，他因為達成議和的目的，興奮之餘還特地到嚴島神社捐獻一把據說是南朝護良親王的短刀。

不過，勝雖達成與長州議和的目的，卻沒有讓慶喜提昇個人聲望，因此慶喜並不承認與長州的議和，而是對外宣布幕府只是暫時休兵。勝頓時成為眾矢之的，遭到長州的唾罵不說，自己也很難在幕府立足，因此，他再度與軍艦奉行失之交臂。

廣澤在長州稱得上僅次於桂的第二把交椅，但在長州之外並無太大的名氣，歷經此次議和讓他聲名大噪，連與他沒有深交的龍馬也在之後大政奉還的新政府成員名單填上他的名字。鳥羽．伏見之戰期間廣澤成為新政府的參與，之後歷任海陸軍務掛、內國事務掛、內國事務局判事、東征大總督府參謀、民部大輔、參議等職務，在京都、江戶、山口三地奔波。戊辰戰爭結束後的論功行賞，廣澤與木戶、大久保同為一千八百石永世祿，在藩士中僅次於西鄉的二千石。

戊辰戰爭期間，包含奇兵隊在內的長州諸隊擴充到五千五百餘名，然而版籍奉還的實施使長州藩的收入銳減，為了不讓藩的財政被軍事上的支出拖垮，長州有意藉由獻給新政府作為御親兵之名將軍費轉嫁新政府。不過五千五百餘名長州諸隊隊士只有二千二百五十名（編成四隊常備大隊）能成為御親兵，其餘約三千三百名隊士遭到汰除。無法成為御親兵意味著不再能領到軍餉，在戊辰戰爭期間的俸祿及戰後的賞賜金和撫恤金也跟著停止支付，不少隊士因而面臨生計問題。這些遭到汰除的隊士於明治二年十一月三十日在長州藩士大樂源太郎、奇兵隊幹部長島義輔、長州諸隊之一振武隊士藤山佐熊和銳武隊士富永有鄰（出身松下村塾）的號召下，聚集約一千二百名隊士，是為「脫隊騷動」。

明治三年一月，脫隊的隊士包圍山口藩議事館（現山口縣廳，山口縣山口市瀧町），擊敗應知藩事毛利元德之命前來解圍的干城隊，得到農民一揆的支持而擴大脫隊騷動的規模。

脫隊騷動的消息傳到東京，廣澤感到擔憂，認為「防長二州將為暴動諸隊所占」，因此向木戶建議出兵鎮壓。原本傾向和平勸說的木戶於是與山縣有朋返回山口，親自率領長府、德山、清末、岩國（慶應四年三月新政府允許從長州藩獨立）四藩藩兵鎮壓。亂事平定後，廣澤於四月五日到廿二日滯留山口，期間多次拜見毛利敬親・元德父子和木戶及兄長山口藩權大參事柏村信，所談之事應與來年的廢藩置縣有關。

明治四年一月九日，廣澤結束與友人的宴會後與小妾相擁在麴町富士見町（東京都千代田區富士見一至二丁目）私邸就寢。夜八時，突有人數不明的刺客闖入，廣澤遭刺客砍了十三刀（一說為十五刀），其中有三處位在喉嚨，當場傷重死去，享年三十七歲，而小妾只受到輕傷。

天亮後，驚魂甫定的小妾到彈正台（現在的東京檢察廳附近）報案，由於兩年內接連出現三宗暗殺太政官要員的暗殺事件，天皇為之震怒，下令司法機關盡快破案。因此彈正台最初將主動投案的小妾視為凶手，對她加以拷問，但是最終也沒能從小妾口中拷問出具有嫌疑的行為，不得已只好釋放小妾，使得廣澤真臣暗殺案成為懸案。

四、未能解決的真相

明治二年一月五日到四年一月九日，橫井小楠、大村益次郎、廣澤真臣三位新政府核心人物分別在京都、江戶兩地遭到暗殺，筆者在前三節已分別敘述暗殺事件始末。本節內容針對三件暗殺事件未能解答的部分。

橫井小楠暗殺事件大致上較無疑義，但也不是沒有疑點。從第一節的敘述可知造成小楠遇刺的原因為解除天主教禁令及企圖在日本推動共和制，在言論自由的現代是人人皆可談論的議題，在明治初年卻是嚴禁談論的禁忌。刑法官在阿蘇神社發現據說是小楠親撰的《天道覺明書》，以此認為小楠有推動革命的意圖，因而對為保衛國家而殺害小楠的凶手們產生同情之心。

小楠生平與神道似乎沒有太多交集，就算他要推動革命而撰寫趣意書，很難想像會存放在離家鄉熊本有段距離的阿蘇神社。以小楠的思想來看，他對幾近於迷信的《天道覺明書》應該不會有太大的興趣，《天道覺明書》是否真的可以確定是小楠撰寫也不無疑問。

《天道覺明書》如今已被確認為偽書，其成書時間在小楠之前，當初會將小楠認定為該書作者，或許是想將小楠妖魔化以爭取輿論對凶手的同情。當時不管在朝或在野，多數都認為凶手為保護日本才不得不行刺小楠，因此該案的判決過程進行得相當緩慢，連大村暗殺事件都已落幕，小楠案的判決還遲遲未能出爐。

三件暗殺事件中，橫井小楠案除《天道覺明書》外其他部分算是沒有太大爭議性，之後的大村益次郎案與廣澤真臣案則不然。

大村益次郎案最大的謎團在於海江田信義在這次暗殺事件扮演怎樣的角色？行凶的凶手經常出入他在京都的宅邸，海江田在大村刺殺事件很難置身事外。當然，海江田不至於親自動手，甚至也沒親口說出「殺死大村」這類的話，但行刺大村的凶手均是平時以他為首並經常出入其宅邸的浪士，很難說沒有把海江田的意志化為實際行動的可能性，或許出於缺乏直接證據而使得海江田在大村案最終沒有受到波及。雖然後來海江田也受到處分，那是因為他濫用彈正大忠的職權，因同情行刺大村的刺客阻止原訂於十二月廿日在京都粟田口刑場處決犯人。消息傳到東京引起一陣譁然，太政官立刻派大久保前往京都與海江田私下懇談。海江田雖與大久保同為幕末時期精忠組成員，兩人對於維新回天的貢獻卻不可同日而語，在威嚴與日俱增的大久保面前海江田幾乎沒有回嘴的餘地，處決延後到十二月廿九日執行。

大久保回到東京後繼續追究沒有如期處決犯人的相關責任，明治三年四月起共有古賀十郎（關於此人筆者在第七節再作介紹）等多名彈正台大巡查遭到免職，彈正台長官彈正尹九條道孝（戊辰戰爭期間曾任奧羽鎮撫使總督）及海江田分別受到三十日和五十日的謹慎處分（鑑於彈正台為保守主義者的聚集地，之後海江田雖復官卻改調他職）。

三件暗殺事件中留下最多謎團當屬廣澤暗殺事件，廣澤的小妾是唯一目擊證人，至少她應該有目擊到刺客的長相（幕末以來的暗殺事件刺客沒有蒙面的習慣）及人數，但是在彈正台拷問過程中小妾卻無一語提及關於凶手的外貌、特徵及人數，增加破案上的難度。不僅如此，由於廣澤平時謹言慎行，很難從其政治主張去推測行凶動機，因此本案自發生後便沒有破案的可能。

兩年內接連出現三宗暗殺太政官要員的暗殺事件，天皇為之動怒，頒布如下的諭旨：

> 故參議廣澤真臣遭變，朕既不能保庇大臣，又使其賊逃逸。自維新以來，大臣遇害者已及三人。此朕之朝憲未立，綱紀不肅所致，令朕甚憾焉。詔令天下嚴加搜索，必捕此賊。

天皇已經表態一定要緝拿凶手歸案，太政官只好搜索幕末以來極端攘夷派、明治以來所有反政府暴行（包含第六節的雲井龍熊事件及第七節的二卿事件）的倖存者共八十餘人加以審問，由於當時缺乏科學的方法辦案，始終無法縮小嫌犯的範圍。

隨著天皇下令破案期限的迫近，依舊沒能從八十餘人中找出真凶的太政官也感到萬分焦急，他們決定把犯人定位為有根深柢固的攘夷背景、對於新政府採取的西化政策極度不滿、有被不平士族拉攏跟著叛亂的傾向，以及本身也是個劍術高手並在過去曾有過「天誅」的記錄。如此一來，八十餘名嫌犯頓時只剩一人，他就是幕末四大人斬之一的河上彥齋。

明治四年十二月九日，河上彥齋在日本橋小傳馬町的小塚原刑場（東京都荒川區南千住二丁目，與品川區南大井的鈴森刑場及八王子市大和田町的大和田刑場並稱三大刑場）斬首伏法，漢學造詣精湛的河上留下三句辭世：

君が為　死ぬる骸に　草むさば　赤き心の　花や咲くらん

（為君捐軀　屍骸草長　料將綻放　赤誠之花）

かねてより　なき身としれど　君が世を　思う心ぞ　世に残りける

（自知此身　再無來日　念君治世　恆久懷憂）

君を思い　君の御法に　死ぬる身を　ゆめ身こりなそ　つくせ世の人

（思君法度　死而後已　唯願百姓　鞠躬盡瘁）

即使即將受到以天皇為中心的新政府的處刑，三句辭世仍充分洋溢出尊皇的熱情，在後人看來真是十足的諷刺。

五、維新之際的中川宮

在筆者《幕末》一書中朝彥親王（宮號有青蓮院宮、粟田宮、獅子王院宮、中川宮及賀陽宮）算得上出現頻繁的人物之一，然而，在《戊辰戰爭》一書，朝彥親王一次也沒出現過，反倒是其異母弟仁和寺宮嘉彰親王與輪王寺宮公現入道親王取代朝彥親王在《幕末》一書的地位。或許會有部分讀者感到疑問：為何會有這樣的情形呢？

朝彥親王最為活躍的時間為文久二年與安政大獄的受害者得到赦免後，到公武一合派為武力討幕派取代為止，這段時間朝彥親王與天皇的政治主張契合，是朝廷內最受孝明天皇信任的人。不過，慶應二年十二月廿五日孝明天皇崩御後，朝彥親王的地位出現微妙的改變。

朝彥親王得到孝明天皇的信任不代表他也能得到祐宮的信任，何況祐宮幼君即位，由外祖父中山忠能及少數公卿代為主政，這些公卿未必也信任朝彥親王。慶應三年下半年以來，政治風向丕變，公武一合先後為大政奉還、武力討幕所取代。原本大力支持公武一合的薩摩、會津二藩，不是轉向成為武力討幕，便是在《王政復古大號令》頒布時被排除在外；另外，與朝彥親王甚有過節的長州成為新政府的一員，朝彥親王不僅孤立無援，還因與長州的恩怨受到排擠。

朝彥親王與長州的恩怨可溯及到文久三年八．一八政變，孝明天皇對經常偽造詔敕、以天皇名義向守護職、所司代下令的以長州為主的攘夷派感到不悅，攘夷派甚至還要策劃天皇到大和行幸。得知天皇不悅的朝彥親王聯繫薩摩、會津等大藩，促成他們結盟，於文久三年八月十八日毅然發動排除長州等攘夷派（包含三條實美等攘夷公卿）的政變，長州及尊攘派遂與朝彥親王結下樑子。隔年，尊攘派甘冒大險進入已被逐出的京都，原因之一在於要除去眼中釘朝彥親王，不料反而遭到新選組的突襲釀成池田屋事件，進而擴大為禁門之變以及之後的長州征伐。長州後來淪為朝敵，成為各藩追討的對象可說都是拜朝彥親王之賜，不難想像，長州也好，尊攘派也好，對朝彥親王的恨意會有多深刻！

因此，當長州解除朝敵並在新政府牢牢占有一席之地，對朝彥親王而言猶如芒刺在背，想突破現狀的朝彥親王竟選擇與正在駿府謹慎的慶喜私通，朝彥親王的舉動早在新政府的監視之中。慶應四年八月，刑法官知事大原重德及判事中島錫胤（出身德島藩，明治廿九年受封男爵，主張「華族一代論」，臨終前將男爵爵位返上）奉命來到朝彥親王位於御所南邊的宅邸，親王似乎已知他們的來意，未作抵抗任由他們搜索宅邸。兩人搜出朝彥親王與慶喜往來的書信，當下即被褫奪親王身分，然後逐出京都押解到廣島幽禁。與安政大獄相比，此時的處分似乎嚴苛了點。

明治三年閏十月解除廣島幽禁，獲准返回京都，但仍必須在自家謹慎，到明治五年才完全恢復自由。明治八年，朝彥親王獲准成立新宮家久邇宮，同時成為伊勢神宮的**祭主**（伊勢神宮神官之長，在近代以前由中臣氏及其分支大中臣氏擔任。明治以後改從皇族或公爵中任命），此次任命意味朝彥親王政治生涯的結束。

附帶一提，朝彥親王與其生父邦家親王都擁有眾多子女，共有九男九女。次男邦憲王繼承幕末時既有的賀陽宮，三男邦彥王繼承新宮家久邇宮，其長女良子女王即是日後昭和天皇的皇后香淳皇后。四男守正王繼承幕末成立的梨本宮，八男鳩彥王成立新宮家朝香宮，九男稔彥王成立新宮家東久邇宮，是二戰結束後第一位首相，也是日本史上唯一的皇族內閣。

六、雲井龍雄事件

在大村益次郎暗殺事件與廣澤真臣暗殺事件之間，發生一樁未遂的顛覆政府事件，此即雲井龍雄事件。

雲井龍雄，天保十五（一八四四）年生於米澤藩一個只有六石三人扶持的貧困家庭。

十四歲進入藩校興讓館就讀，在學成績贏過家世比他還高的其他藩士而為藩主所賞識。慶應元年因優異的成績前往江戶的米澤藩邸（東京都千代田區霞關，現為法務省），同時進入幕末最有名的儒者安井息軒門下三計塾（塾名由來出自於其名言「一日之計在於晨、一年之計在於春、一生之計在於少壯時」），只用一年的時間便成為塾頭，儘管他個性恃才傲物，安井息軒也不吝於稱讚他是「谷干城（土佐藩士谷守部）之後最有名的執事長（塾頭）。」據伊藤痴遊的記載，雲井龍雄在這一年閱讀了萬卷書籍。

在三計塾就學期間，某次安井息軒要龍雄去橫濱購買毛氈。過了三天，龍雄從橫濱返回，安井息軒見他兩手空空，不像買到毛氈的樣子，便問他此次去橫濱的見聞。龍雄說道：

誠如先生所言，毛氈觸感極為柔軟，在生活上或許是便利之物，但對從未使用過的我，並不覺得有特別之處。

龍雄停頓一下，繼續說道：

我找不到與毛氈類似的物品，特別是像毛氈這樣便利之物，因此我考慮購買其他物品來替代。我試著找尋各類物品，終於找到這一珍本，希望您能接受。

說完從懷裡拿出一本書敬呈在安井息軒面前，原來是《萬國公法》的漢譯本，是龍馬最愛讀的書。安井息軒對龍雄不好珍奇異物而好實用書籍的行為感到激賞。

慶應二年，龍雄接到藩命返回米澤，未幾，又於慶應三年春奉藩命以個人身分祕密潛入京都觀察局勢。龍雄在京都可說毫無名氣，而且又是變名潛入京都，因此他絲毫不擔心會被識破真實身分。慶應三年的京都（特別在下半年）充斥大政奉還派和武力討幕派，龍雄不自覺被兩派角力吸引，拖長佇足京都的時間，從大政奉還、慶喜撤出京都，移駐大坂城及在鳥羽．伏見與薩長二藩藩軍作戰到官軍兵分三路東下江戶為止。

這段時間在京都對時局的觀察，使他看清薩摩玩弄的權謀，種下對薩摩的憤恨之情。

慶應四年六月七日龍雄回到離開一年多的米澤，不過，此時米澤藩及奧羽地區的局勢也出現前所未有的變化——陸奧、出羽、越後共有三十一個藩剛在上個月成立一個以仙台藩為盟主、旨在拒絕接受新政府動員討伐會津．庄內二藩的奧羽越列藩同盟。當時米澤藩兵多已派往越後協助越後長岡藩與新政府軍作戰，為了提振米澤藩甚至整個同盟的士氣，龍雄把滯留京都期間寫下的薩摩罪狀加以潤筆成為《討薩檄》。《討薩檄》列舉薩摩如下罪狀：

一、上暴蔑天（上天）幕（幕府），下欺罔列侯；內致百姓怨嗟，外取外國笑侮。

二、朝變夕革，遂使皇國之制度文章，至蕩然無存。

三、綱紀錯亂，下凌上替，無甚於今日。

四、劫迫列藩，調動征東之兵，矯造王命，以報私怨之奸謀。

五、假官軍之名號，稱太政官之規則，陷今上陛下於桀紂之名。

六、滅五倫、破三綱，使今上陛下之初政，超保（保元之亂）平（平治之亂）之板蕩。

《討薩檄》措辭之激烈更甚於輪王寺宮公現入道親王的令旨，不過，《討薩檄》的激烈措辭挽不回奧羽越列藩同盟在軍事上的潰敗，隨著米澤藩的降伏，龍雄也遭到禁錮的命運。隨著戊辰戰爭的結束，龍雄的禁錮也隨之解除，龍雄先是在藩校興讓館任教，之後獲邀前往東京擔任甫成立的集議院議員。

集議院是明治二年七月八日官制改革時新設的機構，其職權為接受議案諮詢，在三權分立未能落實的明治初年雖算不上登龍門的終南捷徑，卻聚集不少薩長出身者。這些薩長出身者多未在維新回天大業中立下功勳，完全沾不上邊的也大有人在，但憑藉薩長出身或與擔任高官的攀親帶戚而在新政府謀到一官半職。大抵而言，憑藉關係（不管是地緣關係或裙帶關係）任官者多半沒有真才實學，只會耍耍官威或炫耀自己充沛的人事背景，還會排擠有能力的同僚或下屬。不願與這種人為伍的龍雄寫了兩首〈題集議院的障壁〉（原文為漢文）：

天門之窄窄於甕，不容射鈎一管仲。
蹭蹬無恙舊麟騏，生還江湖真一夢。
自笑豪氣猶未摧，每經一艱艱倍來。
睥睨蜻蜓洲首尾，將向何處議我才。
溝壑平生決此志，道窮命乖何足異。
唯須痛飲醉自寬，埋骨之山到處翠。

之後辭去議員並離開集議院，成為在野之身。

下野後的龍雄成為太政官的批評者，多次在東京芝二本榎的上行寺和圓心寺（東京都港區高輪一到三丁目）二地與舊幕臣和同為戊辰戰爭戰敗者聯繫，成為對太政官不滿者的聚集地。由於龍雄的文辭雄健，且富慷慨悲歌的情感，得到不少同樣對太政官失望的士族認同。隨著響應的士族愈來愈多，舞文弄墨已不能滿足龍雄，他進而推動武力舉兵，立倡恢復封建政治以圖德川氏再起。

為述懷己志，他寫下一首「述懷」的漢詩：

生不聊生死不死，呻吟聲裡仆復起。
立馬湖山彼一時，雄飛壯圖長已矣。
我生有涯愁無涯，悠悠前途果如何。
咄咄休說斷腸事，滿江風雨波生花。

龍雄決定在明治三年六月起事。不過，多數士族響應龍雄是基於糾彈薩長的橫暴、確立新政府的計畫，而不是要武力舉兵以圖德川氏再起，因此龍雄的意圖不久便被人向太政官檢舉，明治三年四月被押解回米澤藩謹慎。

同年八月，龍雄謹慎期滿，從米澤再押解到東京，到了東京後立刻送往傳馬町牢房監禁，同時逮捕龍雄的黨羽，共有六十餘人被捕。明治三年十二月廿六日，太政官決定判處龍雄死刑，廿八日在傳馬町旁的小塚原刑場行刑，龍雄留下如下的辭世：

> 死不畏死，生不偷生。
> 男兒大節，光與日爭。
> 道之苟直，不憚鼎烹。
> 渺然一身，萬里長城。

得年廿八歲。龍雄黨羽也受到株連，太政官幾乎採取連坐的手法，其處置如下（僅列出徒刑以上的處分）：

斬罪：

會津藩士族——原直鐵（廿四歲）、簗瀨勝吉（廿七歲）。

米澤藩士族——南齋敬吉（三十歲）。

前畠山長門守家來——三木勝（三十三歲）。

常陸真壁郡横塚村——大忍坊源吾（三十四歲）。

羽州小國鄉增岡村——增岡謇吉（廿七歲）。

越後蒲原郡白根村——星野彌吉（四十一歲）、田中晉六郎（廿二歲）。

斗南藩士族——能見武一郎、自在院（年齡不詳）。

淺草本願寺——願龍寺慈觀（五十二歲）。

磐城平藩——師岡千牧（三十歲）。

前水戶藩——茂木盛朴（廿九歲）。

流刑十年：

勢州白子村農——尾崎幸吉（廿八歲）。

水戶藩前卒族——茂木廣次郎（廿五歲）。
外神田旅籠町四丁目——清水文吉（四十九歲）。
三州額田郡岡崎投町——誠言（四十七歲）。
靜岡藩士族——長谷部介（廿七歲）。
淺草德本寺役僧——龍海（三十一歲）。
斗南藩士——山田陽次郎（三十一歲）。
前松山藩——江忍之介（十八歲）。

徒刑三年：
斗南藩士——堀江源之助（四十三歲）。
西紺屋町——松尾貞次郎（十九歲）。
靜岡藩卒族——田村喜太郎（三十六歲）。
尾州中島郡片原一色村——大舜（廿六歲）。
野州安蘇郡足尾鄉新梨子村——福田直右衛門（三十九歲）。

同　赤澤村——板橋忠八（四十三歲）。
下野國河內郡芹沼村——沼尾勝藏（廿五歲）。
淺草御藏構內——市川哲之助（廿九歲）。
深川御船藏前町——芝田久太郎（三十六歲）。

伊藤痴遊對龍雄的死感到可惜，說道：

如果雲井龍雄生在長州，一定會成為像（高杉）晉作那樣的人物。如果米澤藩與長州藩處在相同立場，龍雄也一定會與晉作採取同樣的作法。

歷史沒有如果，但假設性的如果往往出於對歷史人物萬般的無奈與惋惜。

七、二卿事件

筆者在《幕末》一書第二部第十六章提到家茂病逝後，有二十二名公卿「列參」（集體進宮謁見天皇），要求解散征長軍及罷免支持德川慶喜的朝彥親王與二條齊敬關白。這二十二名公卿反對的慶喜、朝彥親王與二條關白皆屬公武一合，可視他們為尊攘派，但又不同於文久年間的尊攘派公卿（三條實美、三條西季知、四條隆謌、壬生基修、東久世通禧、澤宣嘉），此時尊攘派公卿還在太宰府。

這二十二名公卿以最年長的大原重德為首，挑戰已盛行多年的公武一合，然而卻遭到孝明天皇的斥責，二十二名公卿全遭到謹慎的處分，若不是四個月後天皇崩御，恐怕還得繼續「謹慎」下去。隨著祐宮的即位確定武力討幕的方針，被處以謹慎的二十二名公卿不僅解除處分，當中大原重德、中御門經之、高倉永祜、岩倉具定等人還受到新政府的重用。

不過，並非二十二名公卿所有人都能得到重用，一位名為愛宕通旭的年輕公卿在王政復古後曾短暫擔任議定及神祇官權判事，在太政官改制前後遭到汰除。遭到汰除的愛宕對新政府、對太政官當然會有微詞。

幕府時代江戶號稱有超過百萬的人口，大概有一半數量為武士（包含家眷）。進入明治時代雖改名東京，武士也改稱士族，依然占有東京人口的半數左右。東京的士族未必認同太政官的種種政策，隨著與世界諸國頻繁的往來，加上幕府時代武士特權相繼遭到剝奪，都加深士族的反太政官傾向，此類士族被稱為不平士族。

東京是不平士族最主要的據點之一，光在這一地便有好幾個不平士族擁戴的領袖，如前節提到的雲井龍雄，本節提到的愛宕通旭也是其中之一。在一般人的印象中，公卿與表裡不一、色厲內荏、口蜜腹劍等成語幾乎畫上等號。其外表猶如女人般以鐵漿塗黑牙齒，甚至有的還在臉上塗白粉。說起話來語調陰陽怪氣，配上猥瑣的表情無異於中國的宦官，與奈良、平安時代朝廷股肱的公卿形象相去甚遠。雖然公卿普遍而言有上述的缺點，但武士擁戴公卿並非沒有前例，如幕末時的姉小路公知與武力討幕前夕的岩倉具視，都有一定數量的武士擁護。

雲井龍雄事件後，愛宕在家僕的幫助下離開東京，暫時避居京都，認識另一位對太政官抱持不滿的公卿外山光輔（幕末官職為宮內大輔）以及不平士族的主要人物——長州藩士大樂源太郎、久留米藩大參事水野正名、軍務總裁小河真文。儘管每股勢力反太政官的原因不盡然相同（如外山光輔是反對遷都東京、水野正名及小河真文則是厭惡太政官對外開放而導致物價喧騰），不過反政府這一共同目標讓他們緊密結合，彼此約定在明治四年起事。

愛宕於明治四年二月四日返回東京，然後開始聯絡東京境內及奧羽諸藩不平士族準備起事。不過，愛宕的行動早在進入東京時便已被太政官掌控，三月十二日，愛宕的家來比喜多源二被捕，十四日，愛宕與另一家來安木劉太郎同時被捕。京都方面，外山光輔及家來高田修、青蓮院門跡家來三宅瓦全、桑田競、生源寺希琥、山本貫之等近二十人已在三月七日在京都被捕。

兩位公卿被捕後，太政官的威脅只剩下久留米藩。太政官一邊以四條隆謌為巡察使調動長州、熊本二藩藩兵從日田（江戶時代為天領，明治初年置日田縣，現為大分縣日田市）沿筑後川攻入久留米，三月十三日兵臨久留米城下，逮捕大參事水野正名及軍務總裁小河真文等藩的首腦人物，不戰降伏久留米藩。另一邊由彈正台搜索位在東京的久留米藩邸（東京都港區三田一丁目），接收該藩邸，軟禁久留米知藩事有馬賴咸（明治八年被迫隱居，讓出家督給四男賴匡），逮捕位在藩邸的多數藩士，使原本可能爆發的士族反亂消弭於無形。

除了京都、日田、東京三地外，一些與愛宕通旭有書信往來的士族多半遭到逮捕，總計多達三百三十九名，已故的石井孝教授引用戰前學者田中時彥的著作說道：

安政大獄以來最大的大獄。

負責這一大規模疑獄的是兵部省「實際」負責人兵部少輔山縣有朋，他得意洋洋的說道：

一時都下肅然，大平修飾來之大決斷。

接下來的八、九個月針對三百多名「國事犯」進行漫長的審理，小河真文、久保田藩士初岡敬治等人於明治四年十二月三日判處斬首罪。愛宕通旭、外山光輔二卿也在同一日行刑，不過卻判處二卿切腹，公卿切腹在千餘年歷史中是極為罕見之事，切腹的地點也非常弔詭，竟然在二條城內芙蓉之間（從二丸御殿車寄進入二丸御殿內，旁邊為敕使之間、若松之間和三之間）。十二月四日古賀十郎斬首，至於久留米藩大參事水野正名則送往弘前藩監禁，翌年十一月九日在弘前病逝。

明治二年到四年一連串的暗殺事件及士族反亂讓太政官反思：要遏止類似事件的再次發生太政官不僅要有武力，還要有維持治安的機構。前者在同年西鄉復出的同時，已徵得薩、長、土三藩藩主的同意獻上約一萬名兵力作為太政官的兵力。後者為警察制度，當時日本並無這種制度（新選組雖也負有維持京都治安的任務，但新選組顯然與警察的形象差異太大），必須要等到明治七年薩摩藩士川路利良設置東京警視廳後才確立日本的警察制度。

結束本章的敘述後，下一章正式進入明治四年。明治四年有兩件必須一提的大事件，一為下一章的重點廢藩置縣，另一為下下章的重點岩倉使節團。這兩大事件不僅影響明治時代，甚至進而影響到現代日本，值得筆者多花點篇幅為讀者詳盡介紹。

第五章

廢藩置縣

一、廢藩置縣的準備

第二章曾提到版籍奉還是「邁向廢藩置縣的過渡時期」，雖是過渡時期，這一年多各地不斷出現農民一揆，不滿太政官的士族趁農民一揆而蜂起（如第四章提及的雲井龍雄事件與二卿事件），士族反亂又加劇農民一揆的暴動。如此惡性循環下，加上版籍奉還只是廢藩置縣的過渡，明治二、三年的稅收可以想像對太政官只有杯水車薪的程度。

完成版籍奉還後，由岩倉具視、大久保利通為首的太政官主導朝廢藩置縣之路邁進。明治三年八月底，大久保參議與在東京的同藩志士吉井友實（時任民部少輔）、川村純義（兵部大丞）、黑田清隆（開拓次官）、村田新八（藩兵隊長）等人閉門討論，得出的結果於九月二日晚上寫信給岩倉大納言，提到近日要來拜見談論「一大事件」。岩倉似乎已猜到此一大事件與廢藩有關，翌日向三條右大臣知會後隨即夜訪大久保。

兩人加上江藤新平與大隈重信連日的討論，九月十日由太政官公布「藩制改革」，具體要點如下：

一、藩分為三級。十五萬石以上是為大藩；五萬石以上未滿十五萬石是為中藩；未滿五萬石是為小藩。

二、每藩置藩事（稱為知藩事）及大參事不超過二人，視需要置權大參事。少參事不超過五人，視需要置權少參事，但小藩不置。

以上名額見於職員令

大屬、權大屬、少屬、權少屬、史生

以上分課專務猶如會計、軍事、刑法、學校、監察之類，上述官員之名額可視大中小藩之需要而置。

三、以藩高（石高）十萬石為例，一萬石為知藩事家祿，剩餘九萬石中取九千石為海陸軍資（海陸軍各半）。剩餘八萬一千石充作藩廳費及士卒俸祿。

四、有功增祿或有罪褫祿及一切死刑朝裁可上奏請准，一時之賞及流刑以下之罪可先蒐集待到年末再行提出。

五、士卒族外再無等級。

六、正權大參事有一人在京集議院開會即可視為議員，半年後交替則廢止議員之稱呼。

七、廢止公用人稱呼，視其事務大小改稱為參事或屬等。

八、知藩事每三年朝集一次，每次滯京三個月，但因國家重大事件的朝集不在此限。

九、歲入歲出為每年十月到翌年九月，歲末時向政府提出明細書。

十、確立償還以前藩債的年限，安排知藩事家祿、士卒俸祿及藩廳費用的償還資金。

十一、確立藩札兌換的目的。

綜觀上述不難發現「藩制改革」部分條文在版籍奉還後一段時間內已得到落實（如更改藩主名稱為知藩事），而預定作為廢藩置縣目標的部分條文與當初版籍奉還時對藩主的承諾已有所不同。如第八條規定的「知藩事每三年朝集一次，每次滯京三個月」，相信讀者可以從這一條文看出幕府時代參勤交代的影子。

也由於新制定的「藩制改革」較版籍奉還嚴苛，為防範部分知藩事反抗嚴苛的「藩制改革」，甚至進而反叛，太政官有必要擁有自己的武力。另外讀者從前章內容可知部分被排除在政權核心外的士族對太政官產生怨恨，他們要不暗殺新政府機要（如橫井小楠、大村益次郎、廣澤真臣），要不擁立在不平士族中擁有聲望的人物反抗太政官（如雲井龍雄事件與二卿事件）。不管是為了讓廢藩能順利推動，或是防範士族反亂事件，太政官都必須建立一支武裝部隊。不過，武裝部隊的人員要從哪裡來？戊辰戰爭幾乎耗盡太政官的財政，而企圖建立徵兵制的大村又遭到不平士族狙擊而死，徵兵制的確立雖不會因為大村的死而終止，但是建立武裝部隊顯然更迫在眉睫，太政官的因應之道只有從倒幕主力中徵集藩兵以應當下之急。

可惜的是，能夠召集倒幕雄藩出兵組成武裝部隊的人此時並不在太政官，為此岩倉甘願以大納言之尊偕同木戶以天皇敕使的身分，遠赴薩摩向「這個人」勸說成立保衛帝都親兵的重要性。筆者在此所指的「這個人」是前四章都未正式登場的西鄉吉之助。

二、北越戰爭後的西鄉

離開北越這一令西鄉傷心之地後，到明治三年岩倉以敕使身分出訪前，這一段時間的西鄉在做些什麼呢？

筆者在前作《戊辰戰爭》第九章提到西鄉在薩摩日當山溫泉療養期間，接到藩命率領包含二弟吉二郎在內的薩摩藩兵前往北越戰場支援，結果體驗初陣的吉二郎陣亡。無法將亡弟屍體運回薩摩，西鄉只得在吉二郎陣亡之地將其安葬，九月廿七日交代麾下黑田清隆善待開城投降的庄內藩士後返回薩摩。

回到薩摩後的西鄉謝絕仕宦的邀請，逕自到日當山溫泉療養。當時薩摩藩正在進行太政官於明治元年十月廿八日公布的藩治職制（諸藩或多或少有在推動，但成效不一），太政官規定的藩制改革要點為增設執政、參政、公議人，目的在於藉由拔擢人才達到削減藩主權力的目的。約在同時（明治元年秋、冬之際），從戊辰戰爭凱旋歸來的薩摩將領如川村純義（外祖父為西鄉生母之弟，在會津戰爭擔任薩摩藩兵小隊長）、野津鎮雄（參與鳥羽・伏見之戰、會津戰爭，以及來年的箱館戰爭）、伊集院兼寬（西鄉首任妻子すが之弟，之後任海軍少輔）等人因立下戰功大大增加在藩內的發言權，這些過去受限於低微的家格而不受重視的藩士，如今主動向藩主島津忠義（慶應四年一月十六日從茂久改名忠義）提出不拘門閥、唯才適用的要求。

附帶一提，當時薩摩藩士的家格從高到低大致可分成十個等級：

御一門——計有加治木、垂水、重富、今和泉四家（廢藩後另外成立玉里家，也稱為玉里島津家），每家石高都在一萬四千石以上，相當於一萬石小大名。

一所持——擁有獨自的領地和外城並具有擔任家老的資格，計有帖佐島津家、日置島津家、宮之城島津家、都城島津家、知覽島津家、永吉島津家、佐志島津家、新城島津家、花岡島津家、川上氏、伊佐新納氏、川邊新納氏、桂氏、樺山氏、北鄉氏、喜入氏、種子島氏、肝付氏、禰寢（小松）氏、入來院氏、敷根氏共二十一家。

一所持格——擁有獨自的領地但無外城，也無擔任家老資格，有伊地知氏、伊集院氏、稅所氏、村田氏等約二十家。

寄合——出自御一門、一所持等家格中的次男或三男等無繼承家業資格所成立的新家格，共計約五十家上下。

寄合並——相當於寄合的家格，但僅限於一代，沒有固定的數量。

以上為薩摩藩上士家格。

無格——計有龜山氏、山家氏二家。

小番——曾在家老底下服務的藩士之後裔，計有伊東、奈良原等約七百六十家。

新番——四代藩主島津吉貴在位期間（一七〇四～一一）制定的新家格，共廿四家。

御小姓與——家祿為數十石的下級武士，精忠組成員多出自這一等級，計有西鄉、大久保、川村、野津、大山、東鄉等共約三千家。

與力——準武士身分。

以上稱為平士。

向藩主提出不拘門閥、唯才適用的要求只是弦外之音，川村、野津、伊集院等將領真正的目的，在於憑藉他們在戊辰戰爭立下的功勳就任參政、執政、公議人等職務，直接參與藩政。長久以來只是名義上的藩主島津忠義無法看出川村等人的真正用意，但忠義的父親久光卻立刻看穿川村等人的背後有西鄉的意志，他意識到某種程度的危險性。

安祿山這廝竟藉這些年輕將領之口要來奪我島津家之權嗎？

於是久光命令人在東京的參與大久保返回薩摩。

就在薩摩藩主島津忠義、長州藩主毛利敬親、土佐藩主山內豐範、佐賀藩主鍋島直大四人，於明治二年一月廿日聯名向朝廷上表版籍奉還建白書（請見第二章第一節）之後，天皇派了兩名敕使前往長州與薩摩，其中前往薩摩的是正使柳原前光和副使大久保利通。

二月十四、十五兩日，大久保陪同柳原以敕使的身分向昔日主君久光．忠義父子，轉達天皇的手詔慰問島津家長年來的勤王功業，並以獎賞久光勤王的名義要久光上京。久光聽聞天皇手詔的內容後感激涕零，在敕使柳原前光於廿二日返回東京後，不顧身體微恙亦於廿六日上京答謝皇恩。

這次大久保滯留鹿兒島只有十餘天的時間，因此他完成敕使的使命後，以薩摩藩士身分於十六日起介入藩政改革。大久保在這天的重臣會議上與小松帶刀、桂久武（家老，由羅騷動中切腹的赤山靭負之弟）、吉井友實取得共識，向忠義建議任命伊地知正治為政體調查主任得到同意，意味薩摩即將繼齊彬之後進行再一次藩政改革。大久保在當日晚上召集川村、野津、伊集院等將領來到大山巖的宅邸，向他們提到白天重臣會議的結果，要他們捐棄與守舊派（久光、伊地知貞馨、奈良原繁）在政見上的成見，共同致力於打破門閥、登用人才。大久保比川村等人至少年長五歲以上，而且他又是在座唯一的太政官成員，散發出的威嚴令川村等人難以抗拒。

翌日大久保透過伊地知正治在藩主面前提議下令主張公武一合的守舊派島津圖書（久光次男，忠義同母弟，名久治，時任家老）、伊地知貞馨、奈良原繁等人去職，島津圖書等人在十八日以病為由辭去職務為忠義批准。二月廿日，在參政、執政、公議人之外新設軍務、會計、糺明、監察諸局，任命伊地知正治、桂久武、橋口彥二、大迫貞清（戊辰戰爭期間從軍，明治七年以後轉任文職，歷任靜岡縣令、警視總監、元老院議官等職務）、伊集院兼寬、黑田清綱（與同藩的黑田清隆並無血緣關係，明治時代有名的洋畫家黑田清輝是其養子）等人為參政，內田政風（幕末曾任薩摩藩的京都留守居役）為公議人，以大山綱良、橋口與一郎、島津伊勢（筆者在《幕末》一書提過的家老諏訪甚六）等人為新設諸局總裁，藩的實權及藩政改革的重任便落在上述諸人身上。

在藩實力者的建議下，忠義由村田新八帶領於廿二日親自前往日當山溫泉拜訪在此地療養的西鄉。西鄉深感藩主親自造訪，當下接受邀約返回鹿兒島城下，廿四日正式成為薩摩藩的參政。廿四日當晚，大久保來西鄉宅邸晤談，此時晤談的主要內容應該集中於版籍奉還，還未到廢藩置縣的程度，接著在廿六日大久保與久光參拜完以齊彬為主祭神的照國社（現照國神社，鹿兒島市照國町）後一同上京。

擔任參政的西鄉將關注的焦點放在國境北邊的蝦夷地上，多次向新政府請命自願率軍前往箱館作戰。五月一日，等不到太政官回覆的西鄉以桐野利秋為大隊長，率領槍隊一大隊、砲隊一小隊（大約一千名上下）離開薩摩，五日在東京品川灣登陸。當時布局指揮箱館戰爭的是坐鎮東京的大村益次郎，前章提到大村曾說過「經戊辰一役，奥羽在之後的十年、二十年內難以抬頭，今後要多多留意西方」，他要門生留意西鄉或許便是基於此次西鄉未得太政官同意逕自率軍進入帝都。如果西鄉懷有二心，一聲令下，槍隊一大隊、砲隊一小隊的兵力不費吹灰之力便可挾持毫無兵力的太政官。

西鄉向大村告知來意後，大村當下便給西鄉潑了冷水：

閣下所率的部隊還未抵達箱館前戰事已經結束。

自幕末以來，有過數次指揮軍隊經驗的西鄉不認同大村的判斷，仍執拗的向太政官請命前往箱館參戰，得到太政官許可後於五月七日從品川灣出發。果不出大村的預測，西鄉軍還在半途中的五月十八日，榎本的箱館政權已向黑田清隆、增田虎之助等新政府軍參謀降伏。

沒想到真被那位寡言的先生給說中了。

無仗可打的西鄉悻悻然率軍折回，滯留東京時遇上太政官對戊辰戰爭的封賞，西鄉受到二千石永世賞典祿的賞賜，之後西鄉立即引軍返回薩摩，之所以不願久留東京，想必與無顏見到大村有關。

西鄉返回薩摩途中新政府接受各藩提出版籍奉還，七月八日進行官制改革，但這些都與處在邊陲的薩摩藩和西鄉無關。七月，忠義提拔西鄉為大參事，大參事的職權猶在參政、執政、公議人之上，也大於新設的軍務、會計、糺明、監察諸局，忠義把西鄉推上這一職務，顯然有要他全權負責薩摩藩政改革的用意。

石高號稱七十七萬石的薩摩藩，全境（包含大隅諸島、吐噶喇列島、奄美群島）分為一百二十餘個鄉邑，這些鄉邑大則三萬石，小則兩、三千石。這些鄉邑有一大部分作為島津一族或功臣（如御一門、一所持或一所持格）的私領地，小部分的藩主直轄地由藩廳選出的地頭來管理。西鄉改革的目標其一為廢除島津一族或功臣的私領地，具體作法為一門眾削減至一千五百石、一所持削減至三百石、一般諸士（平士）則以二百石為上限，不及這個數字不做刪減。明治四年針對島津一族或功臣及一般諸士進行調查，前者從原本的二十萬二千三百七十六石大幅縮減至二萬六千零十三石，後者則從二十六萬九千三百二十八石略增至三十二萬六千七百三十七石，可見西鄉的改革收到豐碩的成果。

西鄉的另一改革目標為廢除複雜的身分階級，凡是居住在城下的武士（可細分為上士及平士）或外城士（鄉士）一律統稱士族。不論私領地或直轄地，按境內**士分**（江戶時代擁有正規武士身分者，擁有苗字資格與允許帶刀的特權）的人數組成由地頭管轄的常備隊。

由以上的敘述來看，西鄉的改革涉及到藩政及兵制，這是他與同時間其他藩的藩政改革最大不同之處，其他藩多只涉及到藩政層面而未及於兵制。

明治二年西鄉剛推動兵制改革時，薩摩藩只有城下步兵四大隊（每一大隊包含八小隊）和四砲座（一砲座即一砲隊，包含六分隊，一分隊十人），分別以桐野利秋、篠原國幹、川村純義、野津鎮雄四人為大隊長。到明治三年一月包含城下城外在內共一百三十一個小隊及三分隊，總兵力為一萬兩千零六十七人，另外還有遊軍、學館兵士一千零八十二人，以及樂隊一百零八人，共計一萬三千二百五十七人。到明治四年四月，砲隊人數超過六百人，與步兵人數合計約有一萬四千人。

適逢此時（明治三年一月）在山口發生脫隊隊士包圍議事館，人在東京的大久保寫信央求西鄉前往山口當地視察，視需要予以協助率領藩兵的木戶、山縣等人平亂。西鄉於是偕同村田新八、桐野利秋、大山巖、池上四郎於二月六日到下關、山口等地視察，已經看出脫隊騷動大勢已去的西鄉，拒絕脫隊隊士援助的要求，在沒有落實大久保的視需要予以協助木戶、山縣等人的情形下，脫隊騷動由木戶等人率領長州幾個支藩藩兵自行平定。平定脫隊騷動後，西鄉前往山口謁見藩知事毛利元德，同時也與平定亂事的木戶、山縣等人會晤，木戶對西鄉此次到來不提供任何援助感到不滿。其實西鄉也沒有對叛亂的脫隊隊士提供援助，之所以招致木戶的不滿應與木戶自幕末以來便對薩摩採取敵視的態度有關，加上剛去世不久的大村留下了要多製造四斤砲以防範九州勢力的遺言。自身的親身經歷、木戶本身的神經質性格加上至交好友的遺言，很難不讓木戶對此時的西鄉抱持強烈的警戒心。

這個身材壯碩的巨漢難道不是出於刺探長州的虛實才來的嗎？

西鄉於二月十七日返回薩摩，繼續埋首於兵制改革的推動。

七月廿七日，薩摩出身的集議院徵士橫山安武攜帶寫下的《時弊十條》建白來到集議院，將其貼在集議院的門扉上（東京都千代田區大手町一丁目），然後走到附近的津藩邸（西鄉之後撰寫的橫山安武碑文誤植為津輕藩）前切腹死諫，得年廿八歲。

《時弊十條》大致內容如下：

一、輔相大臣為始，侈糜驕奢，上暗誘朝廷，下不察飢餓。

二、大小官員，外張虛飾，內事名利。

三、朝令夕替，萬民抱狐疑迷方向。

四、增道中人馬賃錢達五分之一，總的不察人情事實，不拘人心歸附與否，刻薄之所置。

五、不尊直而尊能，故上下不論廉恥，輕薄之風日增。

六、為官不求人，而為人求官，故諸局不盡心於己任，視職事如仕事。

七、勝酒食之交，而薄義理之交。

八、對外國人條約之立方輕卒，多生物議沸騰之事。

九、不立黜陟之大典，進退多出於愛憎。如春日某乃廉直者，卻數度以私恨陷於冤罪。

十、上下交征利而國危。今日在朝之君子公平正大者實有幾人。

橫山正太郎何許人也？他於天保十四（一八四三）年生在鹿兒島城下，是藩士森喜右衛門有恕的四男。安政四（一八五七）年過繼給藩校造士館助教橫山安容為養子而改名橫山正太郎，成為當時還未掌握薩摩藩權柄的島津久光的小姓。元服後正太郎改名安武，深得久光信任的他成為久光五男悅之助（元服後改名忠經）的**守役**（負責守護大名嗣子，或執行該任務的人，有時也負責教育的任務），因而來到東京。

明治三年一月長州藩脫隊騷動吸引了橫山安武的目光，丟下悅之助自行前往山口觀看，此舉讓久光甚為不悅，安武便自行辭去悅之助的守役返回薩摩。到了五月，安武又自行前往京都，想拜在春日潛庵（即《時弊十條》第九條所指的春日某）門下學習陽明學，不過春日潛庵此時獲罪謹慎蟄居，因此安武只得前往東京，此時大概是明治三年六、七月間。

橫山安武在東京到死諫為止最多只有一個月左右的時間，可見其為人正如時任參議的佐佐木高行在其日記《保古飛呂比》的記載：

真忠臣義士。

大久保利通也在其日記寫下：

忠志可感。

橫山的死，太政官贈予一百兩作為祭祀料，藩知事島津忠義深為感賞，另贈一百五十兩為祭祀料，總計二百五十兩撫恤金。對一介薩摩士族而言的確是破格的待遇，但太政官並未針對橫山安武提出的《時弊十條》做改變，看在道德上律己甚嚴到潔癖的西鄉眼裡，他覺得橫山的死並沒有達到振聾發聵的成效。兩年後，已經出仕太政官並成為留守政府中最具實力的西鄉，親自撰寫橫山的弔唁文時如此寫道：

精神貫日華夷見，氣節凌霜天地知。

西鄉如此器重橫山應該與橫山也是積極的征韓提倡者不無關係。西鄉在留守政府裡是極力主張征韓的代表人物，不過，西鄉主張的征韓與明治十年代在朝鮮半島「製造」藉以干涉朝鮮內政的事件如壬午事件（日文稱為「壬午軍亂」或「壬午事變」）、甲申事件（日文稱為「甲申政變」或「甲申事變」）在程度上並不完全相同。

太政官對橫山安武的死諫除了發出鉅額的祭祀料外，並未有任何作為以改變現狀；不過對薩摩武士而言，橫山以切腹死諫的方式表達對太政官驕奢腐化的現狀做出最沉痛的抗議，在橫山死後兩個月（明治三年九月）發生「薩兵引揚（撤離、撤回）事件」。

為預防類似明治二年五月西鄉率領槍隊一大隊、砲隊一小隊便能直搗東京的事情再度發生，該年八月起薩、長、土三藩各出一大隊前往東京守備皇居並維持帝都治安。各藩以六個月為期再從自藩派出藩兵輪替，明治三年二月起，佐賀藩也出一大隊加入輪替。同年九月，到期輪替的薩摩藩不等自家藩兵到來便擅自離開駐地越中島（東京都江東區越中島）返回薩摩。對於薩摩藩兵開小差的脫序行為，太政官不僅毫無作為，也不敢公開譴責，唯一的作為是任命大納言岩倉為敕使，偕同大久保前往薩摩把西鄉「請」到東京。太政官認為，只要西鄉坐鎮東京，薩摩藩兵對太政官再怎麼不滿也不至於逃離東京。

三、設置御親兵

明治二年六月廿八日，西鄉三弟從道與山縣有朋奉命前往歐洲考察陸軍，歷時約一年，兩人行跡遍布俄國、英國、法國、普魯士、奧國、比利時、荷蘭等國。明治三年八月二日途經美國從橫濱上岸，二十天後，沒有任何實務歷練的從道被任命為兵部權大丞，與已故兵部大輔大村益次郎的繼承人山田顯義（亦任兵部大丞）不合的山縣有朋，在廿八日成為山田的上司兵部少輔。

從道上任兵部權大丞不久遇上「薩兵引揚事件」，為徹底解決該事件並建立效命新政府的軍隊，從道願意跟隨大久保返回薩摩勸兄長前來東京。岩倉一如前文所述被任命為敕使，木戶也被大久保說服隨行前往，大久保與岩倉敕使前往薩摩，不僅要勸說西鄉，還要勸說久光及忠義父子，至於木戶則是返回長州勸說已經讓位的前藩主毛利敬親和現任藩主毛利元德，薩長同時並進務求一舉成功。

為取得太政官的支持，木戶必須先行安撫右大臣三條實美，不得不對三條說些「會進行維持現狀達十年、十五年、二十年的漸進改革」等違心之論。另一方面，大久保在十月十日及十三日兩次與時任民部大輔的大木喬任（佐賀藩）及木戶參議進行密商。大久保尤其感到與木戶意氣投合，因為他們談的不僅是建立軍隊國家化這一淺層目標，還包含完成廢藩後的太政官改組（包括參議與省卿的分離、淘汰冗官、民部與大藏二省分離、強化培養君德等事項）。

大久保與木戶於十一月廿九日從橫濱乘船出發，他們到京都與半個月前以養病為名先行前往關西的岩倉會合，十二月十五日再從大坂出航，十八日抵達薩摩，由藩知事島津忠義與大參事西鄉親自迎接。廿日大久保以幕末志士的身分去拜訪西鄉，懇請西鄉一定要看在一起建立的新國家份上，讓薩摩藩兵前往東京保衛帝都並到東京任官。

西鄉和大久保因為專長領域不同（西鄉主要負責軍事，大久保則為內政），戊辰戰爭期間聚少離多，西鄉自明治元年九月以來幾乎以薩摩為舞台，和已是太政官要員的大久保當然會因為距離的關係及主事的事務領域不同而有所疏遠。如今，這位自幼熟識且又一起為維新回天大業奮鬥的好友不遠千里自東京而來，懇求自己前往東京坐鎮穩住各方士族幾欲反亂的情緒，足見大久保十足的誠意。

西鄉沒花太多時間考慮便點頭同意，他決定應大久保的邀請到東京任官。翌日，兩人前往照國社祭拜亡君齊彬，難掩興奮之情的岩倉提筆疾書給人在東京的三條右大臣，當中提到：

……特別是如西鄉者，確實在為朝廷之事、天下之儀憂心，務必與長土等同心合力，否則百年之後必然後悔，亦辜負當世之人傑。

從上述文詞中不難想像西鄉前往東京一事，對岩倉甚至整個太政官猶如吃下定心丸。不過，也請讀者謹記此時岩倉是如何誇獎西鄉，日後西南戰爭蜂起的消息傳到東京時，岩倉的反應可不是這樣子喔！

儘管西鄉口頭上已答應大久保，惟，仍應按照程序進行。十二月廿三日，岩倉以敕使身分進入鹿兒島城，正式向島津忠義提出借重西鄉的長才，忠義與岩倉祭拜照國社後同意西鄉前往東京任官，但，理應出席的久光卻以生病為由缺席。沒有得到久光的同意，此行便說不上圓滿完成，岩倉打算擇日再主動拜訪久光。不料，久光隔日便主動來到岩倉下榻的旅館求見。久光首先為前日的缺席向岩倉致歉，然後從岩倉手中接下天皇的敕語，接著他說出岩倉最想聽到的話——同意西鄉前往東京任官，並說若來春病情有所改善他也會前往東京。

昨晚還在苦惱要擇日拜訪久光，務必讓他同意放行西鄉前往東京，結果久光卻在今日主動上門允諾岩倉難以開口之事，岩倉為完成使命而有如釋重負之感。然而，久光在前來岩倉下榻的旅館的前一晚，已經找上西鄉要他承諾此行前去東京絕對不會推動廢藩置縣，也不會推動任何有損薩摩藩權益的施政。久光對此還不完全放心，又找來昔日的心腹、如今在太政官獨當一面的大久保，得到兩人的保證後久光才在隔日有恃無恐主動找上岩倉。

已完成最棘手任務的岩倉興高采烈的在薩摩迎接明治四年，回到薩摩的大久保趁著難得的假期返家與長男彥之進（當時十二歲，日後因父親的功勳受封侯爵的大久保利和）、次男伸熊（當時十歲，日後的牧野伸顯，養父在北越戰爭戰死，雖過繼到牧野家仍在大久保家生活）、三男三熊（當時六歲，日後的大久保利武，之後成為兄長的養子繼承侯爵，其長男為有名的史學家大久保利謙）共享天倫。

明治四年一月五日，敕使岩倉一行（包括西鄉、大久保、西鄉從道、川村純義、池上四郎）抵達三田尻。六日，木戶與長州藩大參事杉孫七郎及山縣前來迎接，七日，一行人應毛利父子之邀前往山口。十日，西鄉和大久保謁見毛利父子，大久保說到今年政治上將會進行重大變革，務請兩位大人支持。毛利父子同意大久保的說詞，敕使一行在長州的工作基本上在這一天便已完成，剩下的只是一些細節上的瑣事。岩倉敕使、西鄉從道、川村純義於十五日從三田尻搭船返回東京，西鄉、大久保、木戶、杉孫七郎、山縣有朋、三好重臣、池上四郎等人在十六日搭船繼續往下一個目的地土佐而去，十七日在土佐的浦戶港上岸。

當時土佐藩大參事為板垣退助，權大參事為福岡孝弟，兩人共同執掌藩政，西鄉等人認為這兩人便能決定一切。筆者在《戊辰戰爭》曾多次提及板垣，他在戊辰戰爭期間立下的功勳不僅使他在知名度上超越後藤象二郎，還因此成為土佐藩大參事，他和福岡同意土佐派兵戍衛帝都，於是薩、長、土三藩政要無異議通過獻上藩兵給新政府。

一月廿一日西鄉、大久保等人與板垣分批離開土佐，在神戶聚集期間，大久保接到太政官傳來廣澤真臣已在月初遭到行刺遇害的消息。廿九日西鄉、大久保、木戶、板垣、山縣等人從神戶出發，結束將近兩個月的旅途。大久保和木戶自去年十、十一月便輾轉於東京、京都、大坂、薩摩、長州、土佐、神戶等地，相信此時他們的內心一定因為三藩獻兵和廢藩置縣即將實現而感到無比的踏實。

二月八日晚上在右大臣三條實美的宅邸裡，薩、長、土三藩政要通過以設置親兵為主題的會談，次日太政官也決定設置親兵。十三日對外宣布三藩獻上的親兵由兵部省統轄，當時的兵部卿有栖川宮熾仁親王並無領導統御之能，大村死後繼任的兵部大輔前原一誠與山縣有朋不合已在去年離職求去，亦即三藩親兵實際上將聽命兵部少輔山縣有朋。

西鄉、木戶、板垣隨即動身返回自藩率領藩兵前往東京。

由於西鄉在明治二、三年間推動兵制改革時，已建立一百三十一個小隊及三分隊，共一萬兩千零六十七人的藩兵，他從中挑出約四分之一的精銳兵力組成步兵四大隊與四砲隊，選出種田政明、樺山資紀等人為大隊長，於四月廿九日與島津忠義一同來到東京，至於曾允諾親自前來的久光則繼續稱病。

五月十八日板垣亦率領一支可觀的藩兵抵達東京。長州方面由於「就這麼去做吧！」的老公毛利敬親於三月廿八日病逝（享年五十三歲），毛利元德為處理他的後事而延誤上京的時間，使得長州藩兵直到六月十二日以後才陸續進入東京。

總計三藩所出的藩兵編制如下：

薩摩——步兵四大隊、砲兵四隊。

長州——步兵三大隊。

土佐——步兵二大隊、騎兵二小隊、砲兵二隊。

上述兵力大約八千人(而非通說的一萬人),薩摩共出了三千一百七十四名,是三藩中出力最多的,這三藩藩兵稱為御親兵。有了御親兵為後盾,太政官便敢於推動廢藩置縣,不過,在推動廢藩置縣之前,大久保先落實他太政官改組的工作之一——參議與省卿的分離。

到明治四年六月廿五日為止,參議共有大久保、佐佐木高行、齋藤利行(土佐)、木戶、大隈重信共五人。薩、長、肥都是一個名額,唯獨土佐擁有兩個名額,大久保以導致參議間的失衡為由,多次要佐佐木和齋藤其中一人辭職,但不管是佐佐木或是齋藤都拒絕辭職。於是大久保在六月廿五日這天主動辭去參議,並要佐佐木、齋藤、大隈三位參議也一同辭職,只有木戶因貢獻藩兵有功留任參議,另一貢獻藩兵有功的西鄉也在同日被任命為參議,六月廿五日起太政官的參議只剩西鄉和木戶兩人。

四、廢藩置縣

七月四日，曾到歐洲考察一年的兵部少輔山縣有朋親眼目睹日本與歐洲的差距，在與同藩的鳥尾小彌太（戊辰戰爭中從鳥羽．伏見之戰起轉戰各地，結束後被紀伊藩聘用參與軍制改革）、野村靖（松陰四天王中的入江九一之弟）表達自己的憂心以及對政治現狀的危機感：二月十三日宣布三藩獻上的御親兵歸兵部省統轄，但實際上自己管得動的只限於原長州藩兵。此外，四月廿三日新置東山道、西海道兩鎮台，前者為鎮撫東北而設，本營置於石巻（宮城縣石巻市），分營置於福島、盛岡；後者為鎮撫西國而設，本營置於小倉，另於博多、日田置分營。

東山道鎮台是為防範不滿太政官的奧羽諸藩而設置，但由於奧羽諸藩對太政官普遍抱持不滿，雖說設置鎮台，實際上並無兵力。西海道鎮台顯然是針對前一年久留米藩意圖擁立愛宕通旭、外山光輔二卿而來，其兵力為熊本、佐賀二藩各出一大隊。西海道鎮台距離東京遙遠不說，兵部省也很難把觸角伸進，山縣的憂心主要針對西海道鎮台，他認為只要實現廢藩，兵部省便能達成全國兵力的統一。

出身長州的民部少輔井上馨亦有同樣感觸，山縣認為要完成廢藩必須得到西鄉、木戶兩位參議的同意才行，於是，與木戶交情較深的井上說服木戶，而山縣則去說服西鄉。兩人的說服都得到肯定的答覆，木戶從山縣口中得知西鄉的答覆後欣喜異常，按耐住振奮的心情在日記寫下：

西鄉斷然同意廢藩，我大大為國家感到慶賀，國家的前途推進到這一地步值得高興！

七月九日晚，木戶邀請西鄉、大久保、西鄉從道、大山巖、井上、山縣等六人來到位於九段坂下的自宅裡，根據木戶的日記，當晚討論的話題為廢藩，而且是「與諸氏談論至十二字（十二時）」。廢藩在這七人已成共識，若光只是廢藩不至於談論到半夜，大久保的日記記載得較為具體，整理後有以下諸項：

一、關於政府的體制，木戶有意讓土佐、佐賀二藩也在參議中占一名名額，亦即薩、長、土、肥各有一名參議。木戶屬意土佐由板垣、佐賀由大隈擔任參議，但大久保並不同意木戶的提議。

二、一旦廢藩，藩知事（原藩主）勢必得辭去現職，該如何安排他們的出路？

三、廢藩置縣必須由天皇親自頒布，該在何時由何人上呈給天皇頒布？

四、萬一有藩知事反對廢藩又該如何處理？

這四個議題在當晚談論到半夜，數日後才完全解決，筆者在本節先談後三項，下一節再談第一項。

七月十四日晝四時，適逢薩摩藩知事島津忠義、長州藩知事毛利元德、佐賀藩知事鍋島直大、土佐藩知事山內豐範代理人板垣退助參朝，天皇對他們四人發布敕語，內容為嘉獎四藩當年率先提倡版籍奉還的行為，然後命令他們察天下之大勢以翼贊廢藩置縣。接著天皇召見尾張藩知事德川慶勝、熊本藩知事細川護久、鳥取藩知事池田慶德、德島藩知事蜂須賀茂韶，對他們下達與先前內容大致相同的敕語。晝八時，天皇命三條右大臣向在京五十六名藩知事宣讀才剛完成的廢藩詔書：

朕惟際更始之時，欲內以保億兆之安，外以對峙萬國，宜名實相符，政令歸一。朕曩聽納諸藩版籍奉還之議，新命知藩事，使各奉其職。然數百年因襲之久，或有其名而實不舉者，將何以保安億兆，得對峙萬國？朕深慨之。今廢藩為縣，是欲去冗就簡，除有名無實之弊，無政令多岐之憂也！汝群臣其體朕意。

詔書主旨雖為廢藩，內容還旁及保全萬民、與諸外國對峙的國家課題及去除有名無實和政令多歧的弊害。

廢藩的詔書宣讀後立即展開廢藩，到七月底盡廢全國二百六十一藩，改置一使（開拓使）三府（東京、大阪、京都）三百零二縣，竟然比廢藩前還要多出四十餘個行政區！太政官下令進行合併，十月廿八日起到十一月廿二日合併成一使三府七十二縣：

北海道　開拓使

東　北　青森縣（三十八萬石）、盛岡縣（二十四萬石）、一關縣（四十二萬石）、仙台縣（五十五萬石）、磐前縣（四十二萬石）、福島縣（四十七萬石）、

若松縣（三十四萬石）、秋田縣（四十三萬石）、酒田縣（二十三萬石）、
山形縣（四十五萬石）、置賜縣（二十八萬石）

關東

東京府（十五萬石）、埼玉縣（四十八萬石）、入間縣（四十萬石）、
木更津縣（五十二萬石）、印旛縣（四十六萬石）、神奈川縣（三十三萬石）、
足柄縣（二十六萬石）、櫪木縣（五十二萬石）、宇都宮縣（四十一萬石）、
群馬縣（四十四萬石）、茨城縣（五十一萬石）、新治縣（六十一萬石）

中部

靜岡縣（二十五萬石）、濱松縣（三十七萬石）、山梨縣（三十一萬石）、
長野縣（四十五萬石）、筑摩縣（三十八萬石）、岐阜縣（七十三萬石）、
名古屋縣（六十六萬石）、額田縣（五十六萬石）、新潟縣（六十萬石）、
柏崎縣（五十四萬石）、相川縣（十三萬石）、新川縣（六十八萬石）、
七尾縣（四十六萬石）、金澤縣（四十六萬石）、福井縣（五十四萬石）、
敦賀縣（二十三萬石）

近畿

京都府（三十八萬石）、大阪府（二十五萬石）、堺縣（四十六萬石）、
大津縣（四十五萬石）、長濱縣（四十萬石）、和歌山縣（四十萬石）、

奈良縣（五十萬石）、度會縣（三十四萬石）、安濃津縣（五十三萬石）、
兵庫縣（十六萬石）、豐岡縣（四十六萬石）、飾磨縣（六十五萬石）

中國　鳥取縣（四十萬石）、島根縣（二十八萬石）、山口縣（八十九萬石）、
濱田縣（十八萬石）、廣島縣（四十九萬石）、北條縣（二十六萬石）、
岡山縣（四十二萬石）、深津縣（五十一萬石）

四國　松山縣（二十四萬石）、宇和島縣（二十二萬石）、香川縣（三十萬石）、
名東縣（四十四萬石）、高知縣（四十九萬石）

九州　長崎縣（二十九萬石）、熊本縣（四十八萬石）、八代縣（三十六萬石）、
伊萬里縣（四十九萬石）、三潴縣（五十三萬石）、福岡縣（六十五萬石）、
小倉縣（三十六萬石）、大分縣（四十三萬石）、美々津縣（十四萬石）、
都城縣（四十三萬石）、鹿兒島縣（三十二萬石）

明治五年起又陸續對行政區域做更動，較大的變動有：明治十二年廢止琉球藩改置沖繩縣；明治十五年廢止開拓使改置札幌縣、函館縣、根室縣；明治十九年廢止上述三縣改

設北海道廳，明治廿一年起合併成一道三府四十三縣（戰後東京府才改為東京都）。附帶一提，明治廿三年日本因為帝國議會成立而進行第一回眾議員選舉，雖有嚴格的財產限制，但設籍在北海道和沖繩縣並無選舉權。

翌十五日，召集大臣（當時只有右大臣三條實美）、大納言（岩倉、德大寺實則、正親町三條實愛）、參議（西鄉、木戶）及各省長官卿及次官大輔少輔進宮，當眾人因廢藩而對之後去向高聲議論時，據當時人也在現場的（辭去參議改任司法大輔）佐佐木高行在《明治聖上と臣高行》的記載：

一直沉默聽著各方議論的西鄉，突然大聲說道：「今後各藩若有異議，我必將率軍予以擊潰。」眾人面面相覷議論聲瞬間凍結。

十六日，剛接任外務卿的岩倉向各國公使發函，內容為日本已廢除幕府時代的藩，改為縣制。

七月廿日，岩倉接見英國駐日代理公使亞當斯（Francis O. Adams）並向他陳述廢藩置縣的經過。亞當斯聽完岩倉的陳述後讚嘆道：

在我歐洲，進行如此的大變革，至少需花數年，若無兵馬之力斷不可行。然貴國只以一紙敕書便收二百七十餘藩之實權，樹立國家統一之基礎，是世界未曾有之大業。此乃神蹟，非人力之所及。

駐日公使巴夏禮於該年初獲賜假期返國，由亞當斯代理公使。亞當斯只看到廢藩的結果才說出這段話，若是親身經歷幕末及戊辰戰爭洗禮的巴夏禮或薩道義，想必不會這樣說。

廢藩置縣被稱為是「明治維新以來最大的改革」，幕藩體制至此徹底解體，日本也從已故的信夫清三郎教授口中的「神政絕對主義」進入「啟蒙絕對主義」。廢藩置縣可說是被稱為「維新三傑」的西鄉、木戶、大久保攜手合作才予以實現，若無三人的合作無間，廢藩置縣能否在明治四年不流血的情形下完成不無疑問。可惜的是，這三人在維新回天後的攜手合作僅此一次，之後兩年多三人在征韓和征台的見解上出現對立而形同陌路。

太政官也派出信使將廢藩的消息傳達到薩摩，島津久光對西鄉、大久保沒有履行承諾而斷然實行廢藩的行為感到憤慨，但如今手邊已沒有任何權力的他也無法制裁人在東京的西鄉與大久保，唯一能做的也只有在鹿兒島自家別邸磯庭園（現名仙巖園）鳴放一晚上的煙火以發洩不平之氣。忠義把新政府賞賜的十萬石賞典祿分賜一半給久光，讓久光成立新分家玉里島津家。明治十七年7月7日久光以玉里島津家當主身分在《華族令》受封公爵，島津家也成為第一個擁有兩個公爵爵位的家族（第二個是德川家，德川宗家與德川慶喜家也都擁有公爵的爵位）。

據說日後久光經常將這句話當口頭禪掛在嘴上：

對主君不忠的人，有可能會效忠皇室嗎？

久光口中「對主君不忠的人」不只西鄉，還包括大久保。

五、官制改革II（太政官重組）

早在明治三年十月十日及十三日，大久保在與大木喬任、木戶等人會談時，不僅針對廢藩，還把目標著眼於太政官的改組上，如今已達成廢藩，太政官的改組勢必將成為下一個施政重心。

不過，太政官的改組並非在廢藩後才開始，早在六月廿五日除木戶以外的參議都辭職，同時任命西鄉為參議的那一刻便已展開。大久保和大隈於廿七日轉任大藏卿和大藏大輔，佐佐木高行則於七月九日轉任新成立的機構司法省次官（大輔），另一新成立的機構工部省於六月廿八日任命土佐的後藤象二郎為首任次官（大輔）。七月十四日正式頒布廢藩置縣的詔書，太政官在這一天有較大的變動，岩倉、德大寺實則、正親町三條實愛三位大納言都在這日辭職，大木喬任民部大輔、大隈大藏大輔也在這日辭職。

版籍奉還後的太政官制（二官六省）在七月廿九日這天廢止，新制太政官由正院、左院、右院組成。正院乃天皇親臨之地，是統轄政務的機構，成員有太政大臣一人及納言（八月改為左右大臣）、參議若干名。太政大臣輔翼天皇，總判庶政，掌祭祀、外交、宣戰、媾和、訂約之權，並統治陸海軍。納言次於太政大臣，若大臣缺席時得代理其事。參議參與大政，可議決太政官庶政，並輔佐大臣、納言。

正院之成員如下：

太政大臣——三條實美（明治四年七月廿九日）

左大臣——缺

右大臣——岩倉具視（明治四年十月八日上任）

參議——西鄉隆盛（明治四年六月廿五日）

木戶孝允（明治四年六月廿五日）

板垣退助（明治四年七月十四日）

大隈重信（明治四年七月十四日）

左院執掌立法之事項，議長由參議兼任或從一等議員中任命，除執掌議事裁判等事項外，還兼有正院諮詢機關的性質。議員分為三等，名額不固定，另有書記。

左院成員如下：

議長——後藤象二郎（明治四年九月廿日上任）

副議長——江藤新平（明治四年八月十日上任）

右院由各省長官卿及次官大輔構成，職責為起草當務的法案及審調各省的議事。版籍奉還後採行的是神祇、太政二官及民部、大藏、兵部、刑部、宮內、外務六省，實施兩年下來發現無法因應實際的政務需要而做了若干調整，如六月廿八日新設立工部省、七月九日合併刑部省與彈正台為司法省、七月十八日新設立文部省、七月廿七日把民部省併入大藏省（詳情請見第六節）、八月九日把神祇官降為神祇省。

七月廿九日時右院共有大藏、兵部、宮內、外務、工部、司法、文部七省及開拓使，包含神祇省在內之八省之卿、大輔及開拓使成員名單如下：

大藏卿——大久保利通（明治四年七月廿九日）

大藏大輔——井上馨（明治四年七月廿八日）

兵部卿——缺

兵部大輔——山縣有朋（明治四年七月十四日）

宮內卿——德大寺實則（明治四年九月十五日上任）

宮內大輔——萬里小路博房（明治四年七月廿九日）

外務卿——岩倉具視（明治四年七月十四日，十月八日去職擔任右大臣，改由副島種臣接任）

外務大輔——寺島宗則（明治四年七月廿九日）

工部卿——缺

工部大輔——後藤象二郎（明治四年六月廿八日，九月廿日去職擔任左院議長，改

由伊藤博文接任）

司法卿——缺

司法大輔——佐佐木高行（明治四年七月九日）

文部卿——大木喬任（明治四年七月廿八日）

文部大輔——江藤新平（明治四年七月十八日，八月十日去職擔任左院副議長，空出大輔職務）

神祇卿——不置卿

神祇大輔——福羽美靜（明治四年八月九日上任）

開拓長官——東久世通禧

開拓次官——黑田清隆

上述七省（或加入被降級的神祇省共八省）中，以大藏省所管轄的事務最為廣泛、繁重，底下的機構也最多，共計十一寮一司：

一等寮——造幣、租稅

二等寮——戶籍、營繕、紙幣、出納、統計、檢查

三等寮——記錄、驛遞、勸農

一司——正算司

除下轄單位眾多外，大藏卿對奏任官以上的地方官人事有干預之權。或許是看準大藏省的權限，大久保才願意辭去參議轉任大藏卿，即使不任參議，大久保擁有的權限略輸參議而君臨眾省之首。

此次官制改革一併廢除以往（包括明治二年那次）官位相當（某某官相當於幾位位階），從正院、左院到右院的官職都定下官等，總計十五等。太政大臣、左右大臣、參議、議長、各省卿為一等官，除太政大臣月俸八百圓外，其餘一等官月俸六百圓。副議長及各省大輔

為二等官，月俸四百圓。大內史、各省少輔為三等官，月俸三百圓，以上一到三等為敕任。四等官（月俸二百八十圓）到七等官（月俸一百圓）稱為奏任，八等官（月俸七十圓）到十五等官（月俸十二圓）稱為判任。

此次官制改革直到明治十八年12月22日實施內閣制為止，除機構名稱變更或新增（如明治五年兵部省分為陸軍省與海軍省，以及同年神祇省改名教部省、明治十四年增設農商務省）以及若干制度變動（如省卿可否兼任參議）外，大致上沒有太大變動。

上述出缺職務在數個月內陸續補上，唯一例外的是左大臣，到內閣制實施為止，大部分時間裡左大臣一職呈現空缺。熟悉日本官制的讀者應該知道左大臣大於右大臣，以岩倉在維新回天的功勳來看，即使當上左大臣也不為過。如果連岩倉都只能任右大臣，夠格當上左大臣的人想必屈指可數。事實上岩倉是故意屈就右大臣，空出左大臣虛位以待島津久光，虛位以待的原因是為了平息久光因廢藩置縣而累積的怒氣。

不過，更主要的原因是久光若出任左大臣勢必得離開薩摩前往東京，如此一來便不會為九州不平士族擁戴。在太政官眼中，有兩個人最好以出仕名義將其置於東京以就近監視，其一是西鄉，另一則是久光。只要這兩人都在太政官的監視下，便可不用擔心被不平士族所擁立。如今西鄉已為大久保說動擔任參議，太政官擔心的對象只剩下久光，因此岩倉甘願屈就右大臣，無非是希望打動久光。

雖然此刻久光不為所動，不過在之後的某一時間點，久光為太政官說動出任左大臣。

六、民部、大藏二省的分合

太政官改組過程中，民部、大藏二省時分時合，紛紛擾擾持續近兩年，除兩省職權相近、難以確切劃分外，更大的原因在於背後派系的傾軋。在談及這兩省的分合過程之前，不妨先透過《大寶律令》了解民部、大藏二省職權的範圍。

民部省執掌戶口、田畑、山川、道路、租稅等事務，其唐名為戶部。律令時代民部省的重要性次於中務、式部、兵部三省，其長官民部卿多由納言以上的公卿兼任，下設主計、主稅二寮。

主計寮負責徵收諸國年貢、調庸（年貢以外的雜物與雜役）之額，歲入與歲出的決算。

主稅寮負責諸國的正稅、田租、倉廩的出納，與主計寮同為重要且業務繁重的單位，因此二寮的長官頭和次官助多由熟練吏務的**大外記**（隸屬於太政官少納言，相當於四等官中的主典。職務為校勘中務省內記起草的詔敕、草擬太政官上奏的奏文，以及恒例的公事及臨時的叙位。定額三名，官位相當於正六位上到正七位上）、**大夫史**（隸屬太政官弁官局，相當於四等官中的主典。可細分為左大史、右大史、左少史、右少史，定額各兩名，合稱八史。職務為太政官對外文書，處理諸司諸國庶務，官位相當於正六位上，亦有晉升至五位的大史，通稱為大夫史）或**諸道博士**（指式部省大學寮的學科紀傳、明經、明法、算道四科博士，分別為文章博士、明經博士、明法博士、算博士）擔任，長官及次官必須有一人由**算博士**（隸屬式部省大學寮，執掌地方送往中央貢物的計算。最初，官位相當於從七位上，之後為正七位下，定額二名。直屬部下有得業生二名、算生三十名、史生八名、使部二十名、直丁二名。之後由三善、小槻二氏世襲）兼任。

「大藏」一詞由來甚早，據說神武即位時已成立收藏神物（祭神的供物）與官物（朝廷的財物）的齋藏，由齋部氏負責管理。履中天皇在位將神物與官物分開收藏，神物依舊放在齋藏，但官物移至新設的內藏，由當時渡來人阿知使主及王仁負責管理。雄略天皇在位設立大藏，收藏諸國上貢的貢物，由功臣後裔蘇我滿智（蘇我稻目的曾祖父）負責管理。

大藏省最初的職權為管轄稱為大藏的朝廷倉庫，職權逐漸擴大為朝廷金銀、錢貨、貢物的出納和保管，及諸國和民間度量衡、買賣價格的制定。最初，大藏省下轄典鑄、掃部、漆部、縫部、織部五司，奈良末期到平安初期期間典鑄、漆部二司併入中務省內匠寮，縫部司併入中務省縫殿寮，掃部司與宮內省內掃部司整合為掃部寮，九世紀初期僅存織部司。織部司執掌錦、綾、紬、羅的織染及生產，其長官為正，官位相當正六位下，次官為佑，官位相當正八位下。

從以上筆者說明來看，律令時代民部、大藏二省職權幾乎沒有重疊的部分，大致說來，民部省的職權重於大藏省。

明治二年七月八日剛完成官制改革時，太政官有意以民部省作為各省之首，因此任命越前藩老公松平春嶽為民部卿。可是民部、大藏二省職權類似，難以確切分割，八月十一日松平春嶽竟然又兼任大藏卿。不僅如此，民部大輔大隈重信、民部少輔伊藤博文也兼任大藏大輔和大藏少輔，還聘任井上馨為大藏大丞。而且，大藏省分走民部省執掌的租稅、土木、郵遞、礦山等權力，加上本身執掌的金穀出納、俸祿、造幣之權，大藏省很快蓋過民部省，成為太政官最具權勢之省。

在松平春嶽、大隈重信與伊藤博文兼任民部、大藏二省主要職務的情形下，民部、大藏二省在明治二年便已形同合併，稱為民部大藏省。但大隈不因此而滿足，不斷招聘有能之士進入民部大藏省，特別是非薩、長、土、肥出身以及有佐幕背景而失去仕宦之路的舊幕臣及佐幕派諸藩，在這種情形下舊幕臣澀澤榮一、前島密、赤松則良、杉浦讓等技術官僚相繼被延攬進來。

民部大藏省不斷累積實力，連參議佐佐木高行都說道：

> 今日情況，民部大藏省權力強大，有壓過太政官之勢。

大隈的積極作為讓大久保參議感到右院的權勢將大過正院，於是大久保和副島種臣、廣澤真臣、佐佐木高行、齋藤利行等參議聯合起來向三條右大臣、岩倉大納言施壓。岩倉雖然極富智謀，但出身公卿的他在武士出身的參議逼迫下現出投機本性，選擇屈服於大久保等人。

明治三年七月十日，民部大藏省一分為二，同時兼任民部、大藏卿的伊達宗城辭去民部卿而就大藏卿，民部卿於是出缺。大隈辭去民部大輔，專任大藏大輔，民部大輔由大隈的同鄉大木喬任接手。伊藤博文和吉井友實則辭去大藏少輔，專任民部少輔，大藏大丞井上馨在當年十一月升任為大藏少輔。

大久保將大隈、井上留在大藏省，而將伊藤、吉井移至民部省，顯然有弱化二省的意味。大久保認為大隈之所以敢挑戰太政官，應該是背後有人支持之故，不久之後他查出為大隈撐腰的人是木戶，大久保隨即改變策略，先讓木戶成為參議，然後岩倉、大久保、廣澤三人以民部省御用掛的身分監督該省，此舉的用意為即使大木、伊藤、吉井專任民部省也無法掌控該省實權。

同年九月二日大久保再把大隈也提拔為參議，讓他離開大藏省，從明治三年圍繞在民部大藏省的種種舉動來看，大久保無疑取得勝利。

接下來如前節所提，在廢藩置縣前大久保、大隈辭去參議，轉任大藏卿、大藏大輔，大久保此舉乃借重嫻熟大藏省事務的大隈協助他合併民部省。七月十四日廢藩置縣的同一日，民部省併入大藏省，大藏省因而成為擁有十一寮一司的巨大機構，最適合擔任這一巨大機構之長的人捨大久保外再無別人。協助大久保完成合併民部省的大隈也完成使命，在大久保的推薦下返回正院重新擔任參議。

廢藩置縣完成後的下一樁大事為岩倉使節團出訪，它的出訪目的為何？有多少人跟隨這一使節團出訪？使節團出訪哪些國家？逗留多少時間？取得怎樣的成果？使節團返回後面臨怎樣的挑戰？以及此次出訪對於日本有怎樣的影響？這些都是下一章要談到的。

第六章

求知識於世界——岩倉使節團出訪

一、使節團出訪的原由

或許部分讀者認為岩倉使節團是日本繼十六世紀天正遣歐使節團後，再一次向歐洲派出的使節團。然而，據大久保利謙編纂的《岩倉使節の研究》一書指出，一八六〇年代幕末時期，幕府對歐美共派出五次正式使節團，分別是以新見豐前守正興為正使的萬延遣美使節團（成員數將近八十人）、以竹內下野守保德為正使的文久遣歐使節團（成員數約三十六人）、以池田筑後守長發為正使的文久遣法使節團（成員數約三十五人）、以小出大和守為正使的慶應遣俄使節團（成員數約二十人），還有以德川左近衛權少將昭武為正使的慶應遣歐使節團(成員數不詳)。

使節團成員除正使、副使出自幕臣外,不少隨行人員都是當時頂尖的蘭學者,本身在蘭學領域已有足夠的知識自不在話下,作為使節團成員讓他們有機會實際到外國體驗、增加見聞。像是作為萬延遣美使節團和文久遣歐使節團成員的福澤諭吉,除了在舊金山留下一張與美國少女合影的照片外,還將這兩次前往歐美的見聞寫成《西洋事情》、《西洋旅案內》兩部著作,《西洋事情》和《文明論之概略》、《勸學》(《学問のすゝめ》)同為福澤在文明開化時期(一八七二~七六)對日本民眾影響最鉅的三部著作。

萬延遣美使節團出於與美國交換修好通商條約的批准書而派遣,文久遣歐使節團出於批准與英、法、荷、普魯士、葡萄牙等國的修好通商條約,以及兩都(江戶、大坂)兩港(兵庫、新潟)開港開市延期交涉,慶應遣俄使節團與文久遣歐使節團的目的幾乎一致,只是對象改為俄國。這三次使節團共通點均為修好通商條約的批准,只有第三次文久遣法使節團是針對橫濱鎖港進行交涉,第五次慶應遣歐使節團是以慶喜代理人身分(因此才以慶喜之弟德川昭武為正使),請求法皇拿破崙三世派出軍事顧問團,為幕府訓練步、騎、砲等近代陸軍兵種,以及財政上對幕府的支援。萬延遣美使節團交涉的修好通商條約是日美修好通商條約，文久遣歐使節團和慶應遣俄使節團交涉的，則是日英、日法、日荷、日俄以及從上述條約的片面最惠國待遇條款衍生出的日普、日葡修好通商條約。日美、日英、日法、日荷與日俄修好通商條約合稱《安政五國條約》，對日本而言是個不平等的條約（《日美和親條約》只開放下田和箱館二港及提供薪炭、食物及淡水，並不視為不平等條約）。

《日美修好通商條約》第十三條規定：自簽字後算起第一百七十一個月，若雙方政府有意且兩國在一年前傳達就本約連同《日美和親條約》條文修改的意願做成附件文書，則雙方可各自委任官員進行修約談判。條約中規定的第一百七十一個月換算成格列高里曆為1872年7月4日，若以和曆計算則是明治五年五月廿九日。

明治三年對剛成立的太政官乃多事之秋的一年，雖是如此太政官仍致力於不平等條約的修改（條約改正）以期達到日本的完全獨立。負責與外國交涉的外務省於明治四年二月聘用大學大丞兼集議院判官神田孝平，以及刑部省中判事津田真道（原本要借重的是西周，但西周已經在幫兵部省調查、制定徵兵制，遂改借調津田），借重他們的外語能力以及啟蒙思想的專業。之後外務大丞中野健明、外務少丞田邊太一、外務文書司權正渡邊洪基、外務大佑柴田昌吉與大庭景孝也都加入一同起草《擬新定條約草本》的工作，並增設改正交涉準備專任取調（調查之意）掛等相關單位。

明治四年一月，與芳川顯正（德島藩出身，致力於銀行制度的確立）、福地源一郎前往美國調查財政幣制的民部少輔伊藤博文提出建議，必須為來年的條約改正預做準備，最好能派遣使節赴美。伊藤此時的看法認為派遣個別使節（一到數人）進行條約交涉便可取得若干成果，對於派遣使節團並不是很積極。三月十九日任命參議大隈重信、大藏省租稅權頭吉田清成（薩摩藩出身，慶應元年薩摩藩派往英國的留學生，大藏省官僚）為各國條約改定御用掛，大隈上任後，想起幕末時曾在長崎教過他且現為太政官顧問的荷蘭人奎多・博貝克（Guido Herman Fridolin Verbeck），曾於明治二年為他擬定具體的遣外使節團計畫，如今大隈覺得正是派出遣外使節團的時機，而以各國條約改定御用掛身分向太政官提出。

二、使節團的出訪目的及其成員

大隈不提要向各國派遣使節還好，一提反而太政官及各省官僚爭相出訪，到廢藩置縣後，想出訪的人數竟達到四十餘名之多。原本應該只是以大隈為首的數名使節，結果竟膨脹為包含大使、副使、書記官、理事官、隨行通譯、留學生在內超過百人的龐大使節團，而原先提出出訪的大隈反而被排除在外。大隈在明治二十八年六月由立憲改進黨黨報局出版的《大隈伯昔日譚》有如下的回憶：

派遣使節一事，原係由余所提出，余亦希望可任使節，余以為斯時內閣大人物，政治之原動者而被囑以重託的木戶、大久保應留下致力於內政之整飭。然世事出人意表，理應留下的木戶、大久保出訪，想出訪的余卻留守在內，因此當內外衝突之際不得不肩負掌控權勢之大任（昭和四十四年十月早稻田大學出版部推出復刻版，因原版內容繁多只保留一半內容）。

明治四年下半年，大久保、木戶出訪已成定局，但是使節團大使的人選卻遲遲未能產生，雖然這兩人在太政官舉足輕重，不過若要派往國外訪問（或與談、交涉）各國首相或其他大臣，分量顯然有所不足。在這種情形下，太政官正院及右院要求岩倉外務卿為使節團大使的呼聲日益升高，九月十五日天皇敕命任命岩倉外務卿為特命全權大使。同日，三條太政大臣依敕命草擬派遣使節事由書，由於全文甚長，節錄部分內容如下：

……雖自政體變革之初，即有收復已失權利之心，不再有受凌辱侵犯之事，竭力實現平等互惠。然而先前的條約未改，舊習弊害未除，各國政府及各國在日公使猶視為一東洋特殊國體政俗而差別看待，於談判時施以慣技。我國法律理應推及者不能推及至彼，理應歸我之權利者不能歸及於我，理應遵從我規章者不能使彼遵從之，理應依從我稅法者不能使彼依從之。縱使我有自主處理之條規，亦須與彼商議之。其他涉及內外相關之事皆不能對等看待，盡東西平等之通義。更有甚者，公然之談判亦因公使之喜怒而遭致困難。……

不過，當時日本正與清國交涉《日清修好條規》（請參第十六章第一節），外務卿岩倉不宜在此時離開，而且太政官也考量到外務卿的頭銜凸顯不出特命全權大使的規格，因此在十月八日將岩倉提昇至右大臣，外務卿則由漢學造詣深厚的前參議副島種臣接任。

岩倉接任右大臣的同時，太政官及右院各省也在挑選隨行人員，這一使節團當時及後世多以特命全權大使岩倉之名稱為岩倉使節團。據學者們的研究指出，岩倉使節團出訪的目的有三：

(1)訪問與幕府時期的日本締結修好通商條約的國家，向其元首進呈國書。
(2)與各國政府協商幕府時期締結的修好通商條約內容的修正預備交涉（條約改正）。
(3)為改革和健全國內體制親自見識、調查歐美各國先進的文物和制度。

十一月初，使節團的出訪成員已經確定，其名單如下：

特命全權大使、副使、理事官及隨行人員

使節團職務名	**姓名**	**出發時的官職**	**出身年齡（虛歲）**
特命全權大使	岩倉具視	右大臣	公卿四十七歲

副使	木戸孝允	参議	長州三十九歲
副使	大久保利通	大藏卿	薩摩四十二歲
副使	伊藤博文	工部大輔	長州三十一歲
副使	山口尚芳	外務少輔	佐賀三十三歲
一等書記官	田邊太一	外務少丞	幕臣四十一歲
一等書記官	何禮之	文部省少教授	幕臣三十二歲
一等書記官	福地源一郎		幕臣三十一歲
二等書記官	渡邊洪基	外務少記	越前廿五歲
二等書記官	小松濟治	外務省七等出仕	會津廿四歲
二等書記官	林董三郎	外務省七等出仕	佐倉廿二歲
二等書記官	長野桂次郎	外務省七等出仕	幕臣廿九歲
二等書記官	柴田昌吉*	外務大記	幕臣三十歲
三等書記官	川路寬堂	外務省七等出仕	幕臣廿八歲

四等書記官	安藤忠經	外務大錄	鳥羽廿六歲
四等書記官	池田政懋	文部省大助教	佐賀廿六歲
大使隨行	中山信彬	兵庫縣權知事	佐賀三十歲
大使隨行	五辻安仲	式部助	公卿廿七歲
大使隨行	野村靖	外務大記	長州三十歲
大使隨行	內海忠勝	神奈川縣大參事	長州廿九歲
大使隨行	久米邦武	太政官權少外史	佐賀三十三歲
大使隨行	安場保和	大藏省租稅權頭	熊本三十七歲
理事官	田中光顯	大藏省戶籍頭	土佐廿九歲
隨行	若山儀一	大藏省租稅權助	幕臣三十二歲
隨行	阿部潛	大藏省七等出仕	幕臣三十三歲
隨行	沖守固	大藏省七等出仕	鳥取三十一歲
隨行	富田命保	大藏省租稅權大屬	幕臣三十四歲

隨行	杉山一成	大藏省檢查大屬	幕臣廿九歲
隨行	吉雄永昌	大藏省十一等出仕	幕臣廿九歲
理事官	東久世通禧	侍從長	公卿三十九歲
隨行	村田新八	宮內大丞	薩摩三十六歲
理事官	山田顯義	兵部大丞	長州廿八歲
隨行	原田一道	兵部省大教授	鴨方四十二歲
理事官	田中不二麿	文部大丞	尾張廿七歲
隨行	長與專齋	文部省中教授	大村三十四歲
隨行	中島永元	文部省七等出仕	佐賀廿八歲
隨行	近藤鎮三	文部省中助教	幕臣廿三歲
隨行	今村和郎	文部省中助教	土佐廿六歲
隨行	內村良藏	文部省九等出仕	米澤廿三歲
理事官	肥田為良	工部省造船頭	幕臣四十二歲

隨行	大島高任	工部省礦山助	盛岡四十六歲
隨行	瓜生震	工部省鐵道中屬	越前十九歲
理事官	佐佐木高行	司法大輔	土佐四十二歲
隨行	岡內重俊	司法省權中判事	土佐三十歲
隨行	中野健明	司法省權中判事	佐賀廿八歲
隨行	平賀義質	司法省權中判事	福岡四十六歲
隨行	長野文炳	司法省權少判事	高槻廿七歲

*柴田昌吉於明治五年一月十九日遭到免職

不是岩倉使節團成員而自費跟隨前往的有：

隨行	香川敬三	宮內省理事官隨行心得	水戶三十三歲
隨行	高辻修長	宮內省理事官隨行心得	公卿三十二歲

進入明治五年五月，又追加以下人員成為使節團成員：

三等書記官	吉原重俊		薩摩廿八歲
三等書記官	杉浦弘藏		薩摩三十一歲
理事官	由利公正	東京府知事	越前四十四歲
隨行	岩見鑑造	東京府二等譯官	幕臣三十一歲
隨行	河野敏鎌	司法少丞	土佐廿九歲
隨行	鶴田皓	司法省明法助	佐賀三十八歲
隨行	岸良兼養	司法省權中判事	薩摩三十六歲
隨行	井上毅	司法中錄	熊本三十歲
隨行	益田克德	司法大錄	幕臣廿一歲
隨行	沼間守一	司法省七等出仕	幕臣廿九歲
隨行	名村泰藏	司法省七等出仕	幕臣三十三歲

隨行	川路利良	司法省警保助兼大警視	薩摩三十九歲

另外，左院也在明治五年派出視察團前往歐美考察，其成員如下：

各國視察	西岡逾明	左院中議官	佐賀三十八歲
各國視察	小室信夫	左院少議官	丹後三十四歲
左院理事官	高崎正風	左院少議官	薩摩三十七歲
各國視察	鈴木貫一	左院中議生	彥根三十歲
左院理事官隨行	安川繁成	左院少議生	上野三十四歲

此外，還有為數與使節團成員不相上下的留學生：

留學生姓名	**出身**	**年齡**	**留學國家**
黑田長知	前福岡知藩事	三十三歲	歐洲、美國

金子堅太郎	福岡縣士族	十九歲	美國
團琢磨	福岡縣士族	十四歲	美國
伊達宗敦	前仙台知藩事	廿歲	英國
鍋島直大	前佐賀知藩事	廿六歲	美國、英國
前田利嗣	加賀前田家第十五代當主	十四歲	英國
前田利同	前富山知藩事	十六歲	法國、英國
毛利元敏	前長府知藩事	廿三歲	美國
大村純熙	前大村知藩事	四十一歲	歐洲
鳥居忠文	前壬生知藩事	廿五歲	美國
吉川重吉	前岩國知藩事吉川經健之弟	十二歲	美國
錦小路賴言	堂上半家錦小路家當主	廿一歲	美國
清水谷公考	堂上羽林家清水谷家嗣子	廿七歲	俄國
武者小路實世	堂上羽林家武者小路家次男	廿一歲	德國

坊城俊章	堂上名家坊城家嗣子	廿五歲	俄國、德國
萬里小路正秀	堂上名家萬里小路家八男	十四歲	俄國
松崎延麿	堂上松崎家當主	十四歲	德國
日下義雄	會津藩士族	廿歲	美國
平田東助	米澤藩士族	廿三歲	俄國、德國
中江兆民	高知縣士族	廿五歲	法國
大久保利和	鹿兒島縣士族	十三歲	美國
牧野伸顯	鹿兒島縣士族	十一歲	美國

大凡有錢有勢的王公貴族到遠地讀書，一定會有跟隨在旁的陪讀侍從，使節團亦不例外。幕府時代藩主或世子遠赴歐美留學，順便帶上幾個聰明、精通外語的家臣，除了陪讀外亦可負起照料之責。這些大名或世子的隨行者如下：

松村文亮	鍋島直大	三十二歲	美國
田中永昌	鍋島直大	三十一歲	歐洲
百武兼行	鍋島直大	三十歲	英國
中島精一	前田利嗣	廿一歲	法國
澤田直溫	前田利嗣	三十八歲	英國
關澤明清	前田利嗣	廿九歲	英國
堀嘉久馬	前田利嗣	不詳	英國
陸原惟厚	前田利同	三十一歲	法國、英國
河內宗一	毛利元敏	廿三歲	法國
三浦芳太郎	毛利元敏	不詳	德國
松浦恕行	大村純熙	三十六歲	歐洲
湯川賴次郎	大村純熙	不詳	歐洲
田中貞吉	吉川重吉	十五歲	美國

土屋靜軒　吉川重吉　三十三歲　美國

上述大使隨行、理事官隨行、自費隨行、明治五年加派的司法省隨行、左院隨行外的其他私人隨行者，另外工部省、兵部省及開拓使亦派出留學生。私人隨行者的成員如下：

岩倉具綱	岩倉隨行（具視養子）	三十一歲
福井順三	岩倉隨行	不詳
日置兵市	岩倉隨行	廿二歲
松方蘇介	岩倉隨行	廿二歲
山口林之助	岩倉隨行	不詳
山本復一	岩倉隨行	三十二歲
佐佐木兵三	木戶隨行	不詳
坂井秀之丞	大久保隨行	不詳

高島米八　伊藤隨行　十四歲
山縣伊三郎　伊藤隨行（山縣有朋養子）　十五歲
川村勇　山口隨行　十三歲
相良猪吉　山口隨行　不詳
山口俊太郎　山口隨行（山口長男）　九歲

工部省、兵部省及開拓使派出的留學生成員如下：

松田金次郎　工部省派遣留學生　廿七歲
水谷六郎　工部省派遣留學生　不詳
江川英武　兵部省派遣留學生　十九歲
森田留藏　兵部省派遣留學生　廿八歲
來見甲藏　開拓使派遣留學生　不詳

土肥百之　開拓使派遣留學生　不詳
上田悌　開拓使派遣留學生　十六歲
吉益亮　開拓使派遣留學生　十五歲
山川捨松　開拓使派遣留學生　十二歲
永井繁　開拓使派遣留學生　十一歲
津田梅　開拓使派遣留學生　八歲

明治時代以來太政官已派出部分官費留學生，這批留學生接到岩倉使節團即將出訪的消息後，奉命到使節團途經的各地與其會合。這些已在外國留學的留學生並不在筆者上述的名單中，若再加入這些留學生，岩倉使節團成員則有將近一百五十人之多。

部分中文書籍形容岩倉使節團「是明治政府派遣了『一半的政府』前往歐美」，從筆者列出的使節團成員名單來看，說是「一半的政府」恐怕言過其實。岩倉使節團更值得注目的是有大批奏任官和判任官等技術官僚以大使隨行或理事官隨行的身分出外，如果只是出於使節團出訪的第一和第二個目的，並不需要這麼多技術官僚，連帶地使節團成員也不會膨脹到百人以上，可見「調查歐美各國先進的文物和制度」一開始便被使節團列為重要目標之一。

使節團與留守政府成員簽署並捺印十二條不得任意變更內政和人事的協定（全文請見第七章）後，岩倉大使與四名副使在出訪前留下一張極其珍貴的照片。照片中只有岩倉大使看著左前方，至於四名副使雖看著鏡頭卻各懷心事。四名副使皆身穿西服、西裝褲（木戶還打上領帶），手持大禮帽，腳穿皮鞋，剪去髮髻，不看容貌光是行頭可說是十足的西洋人。乍看之下身著**羽織袴**（最初見於室町時代，江戶時代起成為武家日常穿著，中期後普及至庶民，幕末以來迄今成為日本代表性的禮服）、留著髮髻與傳統日本人無異，然而手上拿著大禮帽、腳穿皮鞋坐在木椅上的岩倉大使真有說不出的滑稽。

十一月十二日（格列高里曆12月23日）晝四時，多輛搭載使節團成員的馬車停在橫濱港。晝四時半，使節團成員與美國公使迪龍（Charles Egbert Delong）在轟轟作響的禮砲聲與眾人的祝賀聲中，登上美國太平洋郵船會社（Pacific Mail Steamship Company）所屬的蒸汽船亞美利加號（America，排水量四五五四噸）。下午，亞美利加號鳴笛起錨，接著船隻緩緩移動，最終橫濱港與皓皓白雪的富士山一同消失在使節團成員的視線。

三、橫貫美洲大陸

亞美利加號出東京灣後，大抵上保持北緯三十度的方位持續向東航行。據大使隨行之一久米邦武編纂的《特命全權大使米欧回覧実記》（計美國廿卷、英國廿卷、德國十卷、法國九卷、義大利六卷、俄國五卷、比利時三卷、荷蘭三卷、奧地利三卷、瑞士三卷、瑞典二卷、丹麥一卷、維也納萬國博覽會二卷、歐洲總論五卷、西班牙及葡萄牙一卷、從馬賽歸航返日七卷，共計一百卷，以下簡稱《米欧回覧実記》）記載，十一月十七日（格列高里曆12月28日），航行至東經一百五十八度、北緯三十度的亞美利加號，使節團全員在船上以酒歡慶天皇的大嘗祭。四日後，亞美利加號在中途島（當時已是美國領土）西北方通過國際換日線，這一日正好是格列高里曆1872年1月1日。

十二月六日（格列高里曆1872年1月15日），在太平洋上航行二十餘日的亞美利加號在桑港（舊金山）靠岸，對大使、副使、理事官及大使隨行等人而言，觸目所及的人事物倍感新鮮，這些新鮮的人事物成為久米邦武撰寫《米欧回覧実記》的素材。例如，久米看到美國夫婦手牽手在街道散步非常訝異，不僅如此，美國女性地位之高在日本也是看不到的，久米特地把所見到的事實記載下來：

……穿這種奇怪衣裳的婦人在上下樓梯的時候，為了不至於踩到下襬，丈夫要負責捧起下襬的工作。此外，搭馬車的時候，丈夫也要抱著妻子的腰間上車，上車後還要在她的大腿上蓋上毯子，戴上手套時要將她的手指放進來，就坐時要先把椅子拉開讓她坐下等等，這種自始至終都在從事東方侍女工作的風俗過於引人注目。之後被招待到各處富豪的莊園，一就坐於饗宴的餐桌上，總是會看到女主人坐在主位負責接待賓客，主辦者則坐在末位做著執事的工作，而這是合乎禮儀的。……（譯文引自田中彰著，何源湖譯，《明治維新》，玉山社）

十二月十四日（格列高里曆1872年1月23日）晚上，舊金山市政府在格蘭大飯店舉行使節團歡迎會，大廳懸掛日之丸旗與只有三十七顆星星的星條旗（當時科羅拉多、北達科他、南達科他、蒙大拿、華盛頓、愛達荷、懷俄明、猶他、奧克拉荷馬、新墨西哥、亞利桑那、阿拉斯加、夏威夷等十三州還未建州）。在這種情形下，使節團應該回應美國政府而以岩倉大使代表日本政府對美國官員、民眾進行演講才是，然而，四十七歲才首次出國的岩倉大使並不具備英語演說的能力，副使木戶及大久保也有同樣情形。於是，曾在文久三年與井上聞多到英國留學半年的伊藤博文挺身而出，代替岩倉大使以還算流利的英語向超過三百名舊金山市政府官員、企業家、市民進行演講。

伊藤首先感謝作為使節團一員的他來到舊金山後，所到之處無不受到熱烈對待一事感到致謝。然後伊藤點出這場演講的主旨：日本至今已持續進行多次改革，不過舊金山當地除使節團一行外幾乎沒有日本人可以正確傳達日本改革的成果，言下之意是要由伊藤自己負起向舊金山市民傳達日本改革成果的任務。

伊藤進而談到美國是最早與日本締結條約的列強，基於相互理解的友誼增進通商關係，而伊藤本人即是奉天皇之命為保護兩國國民之權利及利益而努力，同時也期待將來兩國國民能有更進一步的結合。

接著伊藤話鋒一轉，談到日本國民透過閱讀、聽聞以及在國外視察，大致了解各國政體、風俗及習慣等一般知識，而且還及於外國習慣及禮儀。今日我國政府及國民最為熱切的期盼，便是達到各先進諸國享有的文明最高點。對此，日本在陸海軍、科學及教育等方面採用外國制度，由於與外國貿易的往來，廣泛的知識也源源不絕的自由流入。不過，伊藤認為日本在精神方面的改良更為顯著。

伊藤愈講愈顯眉飛色舞，接著又滔滔不絕的提到，日本在數千年來對於專制政治絕對服從，但日本人民在不知何謂思想自由的情形下，僅因伴隨物質上的改良便理解長時間以來不被允許的權利，與之而來的內戰（指戊辰戰爭）不過是一時之間的現象。為何伊藤會這樣說呢？他的回答是因為封建時代的大名們自主性的奉還版籍，因此數百年來堅若磐石的封建制度在未發一彈、未滴寸血的情形下，在一年內即遭廢除。

伊藤把日本完成廢藩歸因於政府與國民的協調有以致之，並且樂觀的說道今後將採取一致的步調在和平的路程上繼續前進。在中世紀可是沒有不經歷戰爭就能打破封建制度的國家，伊藤認為日本能不流血的完成廢藩正是精神上的進步凌駕在物質上的改良之最佳證明。說到此，伊藤略作停頓，若能再振興國內的女子教育，期望將來能自然而然地培養出比現在更為優秀的智能，因為日本至今仍沒有足以誇稱的創造力，但是若能以經驗為師並學習文明諸國的歷史，取長避短，可望獲得更為實質的智慧。

再來伊藤提到自己，說自己在不到一年前曾來華盛頓調查美國的財政制度，得到美國財政方面官員的幫助及提供意見，自己才能將調查的內容詳實回報以完成使命。如今自己是新設工部省的長官，便是得力於當初在美國訪問時官員提供的建言在回國後得到採用之故。接下來伊藤以開始在日本國內建設的實業為例，說道日本已開始在國內的東西方鋪設鐵道，電線在數月內也已架設近一千英里之多，燈塔也陸續在日本的海岸設置，接著是造船廠也開始興建，這些設施都能助長日本文明的開展，這都是出於美國及其他列強的幫助，日本必須對這些國家致上深深的感謝。

伊藤又說道，不管作為使節或是個人，他最大的希望是能夠帶回對日本有益的事物，以及對國家恆久的進步發展做出貢獻的資料。在責無旁貸的肩負保護國民的權利及利益的義務，同時期盼能增進對外通商並力求增強我國的生產力，也希望能在穩固健全的基礎上助長產業活動。

最後伊藤以「點綴我國國旗中央的紅色圓形，已不能視為宛如禁錮帝國的封蠟，將來會回歸實質上的本意，蛻變成東昇旭日的高貴徽章，並與全世界的文明各國為伍，而且將活躍於前列及上層之中」，結束被外國人稱為「日之丸演說」的演講。

維新回天後，伊藤先後擔任外國事務局判事、兵庫縣知事、大藏少輔兼民部少輔及工部大輔，因職務需要接觸不少外國人。如演說內容提及，伊藤甫於去年十一月到今年五月在美國進行財政幣制調查，幾年下來聽說讀寫能力都飛快提昇，此時的伊藤英文已非文久三年留學英國時的洋涇濱程度。

之後數日使節團陸續參觀法院、羊毛紡織廠、各種製造廠、各級學校及私人公司，當時日本並不存在這些機構，使節團的各等書記官不斷揮筆疾書，詳細記載參訪單位為使節團做的解說，就像海綿般飢渴的吸收這些知識。

十二月廿二日（格列高里曆1月31日），使節團結束在舊金山半個月的行程，移往舊金山東北方的沙加緬度（Sacramento，加州首府），搭乘蒸氣火車馳騁在犧牲無數華工才竣工的第一條橫貫大陸鐵路（First Transcontinental Railroad）上。中途在當時還未建州的猶他領地首府鹽湖城（Salt Lake City）受阻於海拔超過四千公尺的洛磯山脈降下的大雪，受大雪之苦被迫封閉鐵道使得使節團困在鹽湖城十八日。使節團在這段期間去參觀預定計畫之外的耶穌基督後期聖徒教會（The Church of Jesus Christ of Latter-day Saints，俗稱摩門教），由於使節團成員對於天主教、新教、摩門教三者的差異沒有足夠的認識，一看到摩門教行一夫多妻制（1890年後禁止）以為在日本的天主教徒也是如此，使節團在鹽湖城迎接明治五年的到來。

一月十四日（格列高里曆2月22日），使節團一行搭乘火車穿過洛磯山脈來到第一條橫貫大陸鐵路終點站——位於內布拉斯加（Nebraska）州的奧馬哈（Omaha），再轉乘其他鐵道於一月十八日（格列高里曆1872年2月26日）來到約八百公里外的中部大城芝加哥。不過，芝加哥並不在使節團規劃參訪、考察的計畫中，僅僅停留一日後便再搭火車於一月廿一日（格列高里曆2月29日）來到考察、交涉的重點站——首都華盛頓。

四、日本最早的女留學生

跟隨使節團前來美國的留學生在華盛頓踏上他們的留學之旅，與使節團及其他將前往歐洲留學的留學生道別，值得一提的是開拓使派遣的上田悌、吉益亮、山川捨松、永井繁、津田梅五位女留學生。這五位女性年紀最大的上田悌不過才十六歲，全團年紀最小的津田梅更是只有八歲。即使是現代，八歲成為留學生的例子並不多見，就算有，也會有家人親屬陪同，那麼，津田梅是在怎樣的情形下八歲便隻身前往幾千公里之外的美國留學呢？

首先，筆者簡單列出五名女性的出身：

上田悌——幕臣上田畯（時任外務中錄）之女

吉益亮——幕臣吉益正雄（時任秋田縣典事）之女

山川捨松——會津士族山川重固（已故）之女

永井繁——幕臣永井久太郎養女

津田梅——佐倉士族津田仙之女

從五人的出身可以看出彼此間的共通點：不管是幕臣之女或是會津、佐倉士族之女，在戊辰戰爭都屬於敗戰的一方。適逢剛於明治四年五月從歐美視察返國的開拓次官黑田清隆，在美國視察時與農務局長克普隆（Horace Capron）相談甚歡，在黑田的央求下，克普隆辭去農務局長一職，接受黑田的聘任成為開拓使顧問。黑田鑒於歐美女子教育的普及，但在當時日本只有傳統的**寺子屋**（江戶時代農民、町人子弟接受教育的場所，其入學及畢業並無一定年限，大多在六、七歲學習，十二、十三歲左右畢業。其學費亦無統一標準，大多在一年中收五次左右束脩，任教於寺子屋的師資多為浪人、鄉士、僧侶、神官，甚至也有守寡的武家女性。寺子屋這一名稱多見於京都、大坂等上方地區，江戶等關東地區稱為手習指南所。雖然寺子屋只教授識字、算術等實用學問，但對於近代日本教育的普及有莫大貢獻)而無以實學為授課內容的女子教育，克普隆遂向黑田建議派遣女留學生到外國留學，待其學成歸國即可作為女子教育的師資。黑田採納克普隆的提議，並上呈到太政官作為開拓使的政策向士族(而非一般民眾)廣為宣傳。

不過，幾乎貫穿整個幕府時代的禁教政策，以及江戶中期以後國學與水戶學結合而衍生出尊王攘夷的學說，長時間累積下來日本人對外國人的敵視，不是開拓使一紙派遣女留學生到外國留學的政策，便能在一夕之間改變。

結果，只有上述五名士族呼應黑田的政策，願意將自己的女兒派遣到外國留學，在戊辰戰爭中屬於戰敗陣營的他們，認為唯有接受教育才能翻轉自己的地位，到外國留學不失為翻轉地位的契機。五名士族中的津田仙在幕末時曾有到美國的經歷，認為將女兒送往外國留學有助於學習獨立自主，讓女兒在自由、民主的環境下學習，一定能有助於日本女子教育的推動。而令黑田失望的是，沒有一個來自薩長土肥的家庭。

這五名即將到外國留學的少女破格受到昭憲皇后召見，皇后授予她們歸國後致力於婦女模範的訓勉文並予以口頭嘉勉。當中吉益亮在明治五年十、十一月左右因為眼疾放棄留學，上田悌選擇與她一同返國，五名女留學生中年紀最大的兩位中途放棄，反而是年紀較小的三位留在美國完成學業。

山川捨松即筆者在《戊辰戰爭》提到的會津藩家老山川浩之妹，由於會津藩在戊辰戰爭期間及戰後都受到最嚴重的處分，因此會津士族都有強烈出人頭地的念頭以洗雪戊辰之恥的意識。如捨松的長兄山川浩除著有《京都守護職始末》外，還曾在西南戰爭期間率領會津士族以官軍身分前往九州參戰，因功授階陸軍大佐，最後以陸軍少將、陸軍省總務局制規課長除役。

捨松另一位兄長山川健次郎，與捨松同一年獲選為官費留學生，前往美國耶魯大學留學，取得物理學位後返國任教東京開成學校（東京大學前身），之後歷任東京帝大（明治十九年東京大學改名東京帝國大學）、京都帝大、九州帝大等校總長，還取得東京學士會院會員（相當於中研院院士）的資格。

《戊辰戰爭》第十章豆知識曾分享過柴五郎的遺書手札，會津藩獲准恢復家名另建斗南藩時柴五郎剛好十歲，在冰天雪地的斗南藩度過兩年。明治六年考進草創階段的陸軍幼年學校，明治十一年成為陸軍士官學校（簡稱陸士）第三期學生，司馬遼太郎的著作《坂の上の雲》主人公之一秋山好古是他的同期同學。日清戰爭後，柴五郎因軍功進階陸軍中佐，同時成為日本駐清國公使館駐在武官。明治三十三年，發生庚子拳亂，當拳匪包圍北京各國駐清大使館時，柴五郎一面保護各國國民，一面率軍與拳匪作戰，同時又約束下屬不得參與其他國家軍隊劫掠北京民眾的行為，因而得到包括清國在內各國軍民的盛讚。大正年間，柴五郎晉升陸軍大將，是會津藩出身的第一人。

捨松告別使節團後前往康乃狄克州（Connecticut）紐哈芬市（New Heavn）就讀高中，寄宿在公理會（Congregational Church）牧師貝肯（Leonard Bacon）夫婦家裡，這段期間捨松受洗成為教徒，胞兄山川健次郎留學的耶魯大學也在同一城市，宗教與親情成為捨松心靈上的慰藉。之後捨松前往紐約州就讀瓦薩學院（Vassar College），與闊別數年的永井繁同校。明治十五年學成歸國，雖然此時捨松年僅廿三歲，但在當時已過適婚期，沒有媒人上門撮合親事。

上天雖然關上捨松的門，卻也為她開了一扇窗。外語流利的捨松在參加永井繁的婚禮上認識曾到歐洲考察和留學而同樣外語流利的參議兼陸軍卿大山巖，大山此時喪妻年餘（元配為薩摩藩士吉井友實之女），捨松在言談舉止中流露出當時日本女性幾乎看不到的自信，大山深為捨松的特質吸引而與之交往。

大山克服兩人年齡的差距（相差十八歲）贏得捨松的芳心，然而，大山要前往捨松家談親事時遇上一個比年齡差距更大的難關：對會津士族而言薩摩是不共戴天的仇人，雙方別說是結為親家，便是坐在一起也是不可能。

薩摩是讓我會津淪為朝敵的仇人，豈能與之結親？

捨松家人從當主山川浩以下一致反對這門親事，雖是如此，大山和捨松彼此仍不離不棄，終於感動捨松的家人，在明治十六年同意他們的婚事。

成為大山夫人後的捨松必須放棄與永井繁、津田梅一起致力女子教育的承諾，以官員夫人身分協助井上馨外務卿推動**鹿鳴館**（井上外務卿聘請英國建築師在舊薩摩藩上屋敷建造的西式建築，作為迎接外賓的賓館，以〈詩經．小雅．鹿鳴〉篇名命名，但漢化的館名下卻是歐化的布置。井上外務卿耗費鉅資蓋了這棟建築物，是為了讓外國使節認為日本已進入開化階段，夜夜由政府高官及地方仕紳的夫人和名媛，以招待各國外交使節為名而舉辦宴會及舞會，大山夫人捨松、陸奧宗光後妻亮子以及岩倉具視三女戶田極子，因出色的容貌、高雅的談吐被封為「鹿鳴館之花」）外交。

明治三十年，筆者在第四章第一節提到的德富一敬次男健次郎蘆花與其妻前往逗子（神奈川縣逗子市，在鎌倉東邊）的旅館避暑時，收容了一位無處容身的病後婦人，這位婦人得知蘆花是作家後，便對其說出一則淒美的愛情故事作為收容自己的謝禮。蘆花將聽來的故事改寫成小說，此即他最有名的著作《不如帰》。

《不如帰》女主人公十九歲的浪子與其夫海軍少尉川島武男新婚燕爾、形影不離，武男經常跟著軍艦航行世界各地，透過魚雁往來一解夫妻間的相思之情。不久，日清之間因朝鮮問題進行戰爭，武男接到徵調從佐世保鎮守府前往清國作戰，一向身體纖弱的浪子被證實罹患肺結核，隨即被武男的母親擅自離異（離婚）。返回生家的浪子雖有父親片岡中將的安慰，但是繼母繁子夫人卻始終不給浪子好臉色，左右為難的片岡中將遂帶著浪子前往京都散心。

在山科車站時浪子與武男搭乘的列車錯身而過，兩人短暫交會卻不能互訴衷腸，徒呼負負。原本中將攜同浪子前往京都是為了散心，結果卻加重浪子的病情，提前結束京都之旅，返回東京後不久浪子便香消玉殞。

以上簡單介紹了《不如帰》的內容，浪子的原型為大山巖與亡妻澤子的長女信子，片岡中將的原型是大山巖，川島武男的原型是與大山巖同為薩摩藩出身的維新元勳三島通庸長男彌太郎，繼母繁子夫人即是捨松。由於《不如帰》是明治後期的暢銷小說，難免會出現讀者入戲的情形，捨松留給同時代人並非本身具備的堅忍果敢性格，反而是小說中悍妻惡母的形象要來得深。

幕臣永井久太郎養女永井繁生家為佐渡奉行雜役益田孝義，使節團中理事官隨行之一益田克德是其兄長。她另有一位兄長名益田孝，留學歸國後先是任職大阪造幣寮、之後加入三井物產，是三井從御用商人蛻變成戰前四大財閥之首的關鍵人物。

繁五歲被幕府軍醫永井久太郎收為養女，明治五年留在華盛頓的寄宿家庭。之後就讀位於紐約州的瓦薩學院專攻音樂，意外與闊別數年的捨松同校（但不同系）。明治十四年接到開拓使命其返國的命令，此時繁年僅廿歲。當年秋天回國後改名繁子，翌年便在親友介紹下，與同樣有出國留學經驗的海軍中尉瓜生外吉（出身金澤藩支藩大聖寺藩，大正元年晉升海軍大將）結婚，婚後繁子任教於東京女子高等師範學校教授音樂，同時亦任教於東京音樂學校（東京藝術大學音樂學部的前身），是日本最早舉辦鋼琴獨奏會的音樂家。

津田梅在美國少**弁務使**（明治三年閏十月二日設置，相當於駐外公使，分為大、中、少三等，明治五年十月十四日廢除）森有禮的安排下，寄宿在華盛頓西北方喬治城（Georgetown）一位畫家夫婦的家庭，明治六年受洗成為教徒，此時津田梅才十歲。寄宿家庭夫婦為津田梅安排相當緊湊的學習計畫，舉凡鋼琴、英語、拉丁語、法語、自然科學、心理學、藝術都在學習計畫中，天性聰穎的津田梅游刃有餘，都有一定程度的基礎。明治十四年收到開拓使命其返國的命令，雖然津田梅來到美國已經十年，但還未完成高中學業，因此延期到隔年女校畢業後才與山川捨松一同返國。

津田梅返國後改名梅子，由於自幼在美國留學，梅子的英語反而比日語好，儘管梅子不只一次向伊藤博文、井上馨表明想盡早投入女子教育的事業，但加強日語能力及適應日本的民情風俗是梅子的首要之務。在這方面，伊藤幫了梅子一把，請梅子到家裡擔任自己的英語家教及通譯（巧合的是，伊藤夫人也叫梅子）。

明治十八年，學習院女子部獨立成華族女學校，在伊藤的推薦下，梅子在該校任教英語。華族女學校，一如其校名只限招收華族的千金，惟，此時的華族已非筆者在第二章所提幕府時代的公卿與諸侯，而是記載在明治十七年頒布的《華族令》中的華族。除維新元勳外，幾乎都是平安時代以來（最晚在江戶時代）的名門望族。

梅子在華族女學校任教三年多，相當於廿三到廿六歲的年紀，有感於日本女子教育的重要，梅子決定將畢生心力都奉獻於此，因此她數度回絕上門遊說的親事。為了彌補自己專業上的不足，梅子在留學時認識的友人愛麗絲（Alice Mable Bacon，捨松的寄宿家庭貝肯牧師之女，接受捨松和梅子的推薦來日任教）的鼓勵下，梅子決定再赴美國留學，完成大學學位。

梅子第二次留學歷時約三年（一八八九～九二），取得布林莫爾學院（Bryn Mawr College）學位後返回日本，先後於明治女學院、東京女子高等師範學校任教，明治三十三年在眾多友人的幫助下於東京麴町區（現在的千代田區）創立女子英學塾（戰後改稱津田塾大學），自任塾長。女子英學塾有別於華族女學校，沒有華族、平民之別，日本近代女子教育到女子英學塾成立才終於步上正軌。

為感念梅子對於近代女子教育的貢獻，預定於二〇二四年發行的新紙鈔中以梅子作為五千圓的人物肖像。

五、使命受挫

本節再將關注的焦點置於使節團身上。

一月廿一日，抵達華盛頓的使節團在少弁務使森有禮的帶領下，搭上馬車直驅阿靈頓（Arlington）飯店。連日長途驅車在數日休息後已完全解除疲勞的岩倉正使與四名副使，在森少弁務使的的引領下，一月廿五日（格列高里曆3月4日）正式會見美國第十八任總統格蘭特（Ulysses Simpson Grant）與國務卿費雪（Hamilton Fish）。據說岩倉大使與四名副使一行引起眾多圍觀者，還登上隔日報紙的頭條。引起眾人側目的原因倒不是日本陣容龐大的使節團，而是大使與副使的服裝太過滑稽，因為身著**狩衣**（原本是公家狩獵時穿的服裝，隨著時代演變逐漸成為正式服，甚至也成為官階四位的武家禮服，明治時代以後成為神職人員的便服）的岩倉大使，與身著**直垂**（原為武家社會的男性服裝，可細分為印有家紋的「大紋直垂」、作為下級武士禮服的「素襖直垂」、著於鎧甲之下的「鎧直垂」，江戶時代限定四位以上的大名才能穿用）的四名副使，佩刀拜會身著燕尾服的美國總統及國務卿，並遞上國書。

堂堂特命全權大使竟然因為服裝問題登上外國媒體頭版，讓岩倉在美國留學的次男具定及三男具經感到難為情，要求岩倉務必剪掉頭上的髮髻。岩倉與其他四名副使雖在與格蘭特總統及費雪國務卿初次會面鬧了大笑話，但是總統及國務卿盛重且殷勤的招待，讓他們對即將展開的條約改正交涉充滿期待。二月三日（格列高里曆3月11日），岩倉大使與四名副使首度與國務卿坐下來進行條約改正交涉，岩倉大使正要開口對數日前的款待致謝作為開場白，國務卿費雪卻搶先說道：

閣下既是特命全權大使，可有攜帶賦予締結條約權限的全權委任狀？

外交並非岩倉的強項，他無法理解何以國與國的交涉需要全權委任狀而當場愣住，不僅如此，連一個半月前以「日之丸演說」大出風頭的伊藤也亂了方寸而狼狽不堪。岩倉眼見費雪要以特命全權大使沒有全權委任狀為由結束走人，情急之下只好要他倚重甚深的大久保專程回國向外務省請示全權委任狀。

大久保指定伊藤與二等書記官小松濟治等人急忙搭上火車橫貫美洲大陸，再從舊金山搭蒸汽船於三月廿四日返回東京，翌日前往正院向副島外務卿及寺島宗則外務大輔要求全權委任狀。副島外務卿雖從大久保千里迢迢趕回的舉動得知全權委任狀的重要性，卻無從得知其急迫性，而且他認為大久保專程返回要求全權委任狀已侵害外務卿的權限而不願積極配合。因此，儘管大久保引頸翹望的等待全權委任狀卻每天都在失望中度過。大久保不禁寫信給人在美國的三等書記官（同為薩摩出身）杉浦弘藏，抱怨外務省工作效率差。在等待全權委任狀的同時，大久保和伊藤以自身在華盛頓因服裝問題鬧出笑話，向太政官建議以西式服飾取代和服中的狩衣、直垂為正式禮服，以免同樣的笑話在歐美各國不斷上演。

大久保與副島外務卿角力的結果在五月十七日由太政官判定前者獲勝，不僅給予全權委任狀，還附帶和歐美各國合同簽字或單獨簽字的權限。終於取得全權委任狀的大久保原班人馬以及寺島大弁務使(四月廿五日辭去外務大輔),從橫濱上船前往美國,在六月十七日(格列高里曆7月22日)重返華盛頓。大久保、伊藤離去後,木戶一肩扛起談判首席之責,與費雪國務卿展開多達六次談判,然而,費雪國務卿早已抱定不與日本簽訂平等新約而不作任何退讓。另一方面,在等待大久保、伊藤返回期間,使節團到安納波里斯(Annapolis,馬里蘭州,境內有海軍學院)、紐澤西、紐約、西點(West Point,紐約州,因西點軍校而聞名)、紐約州境內與加拿大安大略省(Ontario)國境間的尼加拉大瀑布、薩拉托加郡(Saratoga,紐約州)、波士頓、春田市(Springfield,麻薩諸塞州)等地考察,其收穫遠超過條約改正交涉。

照費雪國務卿在談判前所說的話來看,在大久保、伊藤回國向外務省索取全權委任狀期間,他不應與使節團任何成員進行談判,但實際上這段期間他卻與木戶談判六次(儘管並沒有取得共識),看在森有禮少弁務使的眼裡會覺得木戶越權,在舉手投足上表現出對木戶的不滿。

取得全權委任狀的大久保在返回華盛頓當日的下午,顧不上時差問題繼續與費雪國務卿交涉,希望日本政府能在關稅協定、港埠規則、居留地規則等方面有自主決定的權利,在領事裁判權方面則要求在國內法典與裁判所設施完備時予以歸還。費雪卻以日本國內法制尚未達到完備、日本政府對國民的威信不夠為由拒絕條約改正，不僅如此，費雪還反過來要求日本全面開放內地、開放所有沿岸貿易以及信教自由。

雙方的落差如此之大，雖非專業外交官出身，但好歹與費雪交手過六次的木戶悲憤的在日記寫下這一天的心情：

> 余等百餘日的苦心，二氏（大久保、伊藤）特意歸國，竭盡種種議論，往來五千里之海路、三千里之山路，皆成水泡。故為國處事，其始便不可不謹慎、沉默思慮。余等抵達此地，倉促之際面臨此事以致有諸多遺憾。……

之後使節團一行再到費城（Philadelphia，位於賓夕法尼亞州）、紐約、普羅維登斯（Providence，羅德島州首府）、洛威爾村（Lowell，麻薩諸塞州，以工廠眾多聞名）、波士頓等地考察，不再與美國進行條約改正交涉，然後在七月三日（格列高里曆8月6日）搭乘英國籍蒸汽船奧林帕斯（Olympus）號橫渡大西洋前往英國。

原本使節團預計在六個半月內參訪美、英、法、西班牙、葡萄牙、比利時、荷蘭、德、俄、丹麥、瑞典、義大利、奧地利、瑞士等十四國，再加上四個月的航行時間，於明治五年結束前返回日本，但是因為全權委任狀之故，使得使節團光在美國便已耗去了半年以上的時間。

在北大西洋航行十日後，奧林帕斯號先在七月十三日（格列高里曆8月16日）在愛爾蘭（當時整個愛爾蘭島都是英國領土）南部女王鎮（Queenstown，1920年起隨著愛爾蘭獨立更名為柯芙，Cobh）靠岸，翌日正式登陸在英格蘭西北部的利物浦（Liverpool）。

使節團旋即搭火車前往倫敦，在下榻的皇宮酒店（Palace Hotel）安頓好後，便想謁見維多利亞女王並呈上國書進行條約改正交涉。不巧的是，女王此時人在蘇格蘭避暑，但，更令使節團猝不及防的是，奉命接待他們的是此時返國休假的駐日大使巴夏禮。英國對於日本使節團的到來及條約改正的交涉似乎已早有準備，其回覆也幾乎與美國一致，不外是日本國內法制尚未達到完備、日本未到達文明國家之境，反對日本片面廢除領事裁判權及恢復關稅自主權。此外英國拒絕日本要求與法國一同撤出橫濱的駐軍，還拒絕日本延後支付下關事件（元治元年英、法、美、荷四國聯合艦隊進攻長州的軍費）賠款的要求以及解除天主教的禁令。

所有日本提出的要求先後遭到英、美的拒絕，使節團有了這樣的感慨：

要讓列強吐出嘴上的肥肉，沒有和他們一樣的實力不可能做到。

料想其他國家一定也是作出與英、美同樣的回覆，使節團不得不中止條約改正交涉，出訪的第二個目的最終宣告失敗。條約改正此後成為歷任外務卿（外務大臣）責無旁貸的使命，隨著與列強交涉次數的頻繁，日本也慢慢領悟到條約改正並非一蹴可幾，不可能一次要列強廢除所有項目，因此一項一項逐條談判、逐步廢除受到的桎梏。從岩倉開始，歷經副島種臣、寺島宗則、井上馨（前文提及的「鹿鳴館外交」正是井上任職外務卿期間）、大隈重信、青木周藏、榎本武揚、陸奧宗光、小村壽太郎等多位外務卿與外務大臣的努力，終於在明治四十四年第二次桂太郎內閣完全恢復關稅自主權，條約改正幾乎歷經整個明治時代才終於完成。

六、使節團的考察成果

使節團的使命之一是「調查歐美各國先進的文物和制度」，主要以英國為對象，雖為取得全權委任狀而在美國超出預期的停滯，使節團也不願因而刪減在英國的行程。在確定中止條約改正交涉後，使節團全部心力都放在考察英國的文物制度上，不僅參觀、見習令英國致富的工業革命產物及工廠，也關心政治、法律、兵制、公司等制度。

使節團對英國的巴力門（Parliament，指具有最高立法權的議會）興趣濃厚，根據《米欧回覧実記》的記載，在巴夏禮帶領下，使節團親眼見證第一次威廉．格萊斯頓（William Ewart Gladstone，任期1868年12月3日～1874年2月17日）內閣的議會政治：

九月四日晴　午後，前往西敏市的巴力門，巴力門乃大英聯合王國議政堂，……由人民公選之議員執立法之權，是歐洲一般的通法，在政治上最與支那、日本迥異之處。此法之行濫觴於羅馬時代，並隨時代而變化，然始終重視貿易，由之產生合辦會社之習俗。支那、日本之人民原有農耕自生習慣，以修身為政治之主義，不甚重視財產。

立法上欠缺以為基準的主義，不知民權、物權為何物，反而壓抑之，以此為變風移俗之良模，故治國安邦之論常忽視財產上之問題。且又君子、小人之判然有別，使國家逐漸陷於貧弱。因東西洋相隔遙遠，民眾習慣差異必然造成政治形態迥異，然方今世界舟楫相通、貿易往來，欲維護國權、保全國益，莫過於使國民上下一心，首重財產，以致富強，此不惟應深切注意，更應此而生立法權。

使節團在七、八月間多集中在倫敦及其近郊，到八月廿七日離開倫敦為止，使節團一行只有三個晚上不在倫敦過夜，這三個晚上是考察倫敦西南方的軍港樸茨茅斯（Portsmouth）及附近的布蘭德福德（Blandford）。

八月廿七日使節團離開倫敦北上，參訪諸如利物浦、曼徹斯特（Manchester）、格拉斯哥（Glasgow）、愛丁堡（Edinburgh）、紐卡素（Newcastle）、布拉福（Bradford）、哈里法克斯（Halifax）、謝菲爾德（Sheffield）、伯明罕（Birmingham）、科芬特里（Coventry）、沃里克（Warwick）、伍斯特（Worcester）等工商大城，考察造船廠、木棉工廠、煉鐵廠、絹織及毛織工廠，足跡遍及英格蘭及蘇格蘭。

木戶在明治二年提出征韓論，據現在文獻記載是最早的。但木戶自在英、美見識到最先進國家的制度與文物後，絕口不提征韓。滯留美國期間已留意到美國憲法的翻譯與研究，到達英國後刻意召來正留學德國的青木周藏，與他討論憲法，隨著討論的深度加深而擴及到地方自治、土地制度及宗教問題，明治六年返國後一躍成為內治優先的急先鋒。大久保對英國的工廠感到興趣，他在寫給此時在瑞士日內瓦（Geneva）留學的大山巖的信中提到：

不管到哪裡參觀，均不見地上產品，只有煤與鐵。成品皆由他國輸入，再輸出到其他國去。工廠的繁忙之前已曾聽聞，此次親見益信傳聞所言，所到之處皆是黑煙沖天，大小工廠遍布，從中可看出英國富強的原因。

與木戶相較，大久保顯然對於利物浦的造船廠、曼徹斯特的木棉廠、格拉斯哥的製鐵廠抱持更大的興趣，他在十月十五日寫給西鄉及吉井友實的信裡提到：

……想盡辦法造橋鋪路，力求沒有馬車以至於火車不能到的地方。

返國後大久保與木戶同樣主張內治優先，但木戶的內治優先主要是地方自治方面，而大久保則是針對殖產興業，恨不得將在歐美所見的設施全部移植到日本來。身為大藏卿的大久保與工部大輔伊藤博文（明治六年十月以後為工部卿）攜手合作致力於日本的工業化，因職務之故（個性也是一大原因）伊藤與大久保走得更近，反倒疏遠長州的老大哥木戶，此次岩倉使節團的出訪可說是一大關鍵。

十一月五日（格列高里曆12月5日），使節團一行終於謁見到結束避暑、從蘇格蘭返回的維多利亞女王，並呈上國書。對於已經中止條約改正交涉的使節團而言，謁見女王並呈上國書只是出於禮節，已無實質意義。十一月十六日（格列高里曆12月16日），使節團結束在英國四個月的行程，穿越多佛海峽（Strait of Dover）前往位於歐陸的法國。

使節團在法國只逗留巴黎一地，時間兩個月。當時法國正值普法戰爭（1870年7月至1871年5月）戰敗後，為抵抗普魯士陸軍包圍巴黎，法國爆發革命，成立第三共和。第三共和以允許普魯士軍在巴黎進行凱旋式及國王威廉一世進入凡爾賽（Chateau de Versailles）宮鏡廳加冕為條件，與普魯士簽訂停戰協定。停戰協定簽訂後巴黎解除危機，但在此期間成立的巴黎公社（Paris Commune）並未隨之解散，固然第三共和本身的危機管理能力令人質疑，巴黎公社的成員也夾雜不少共產黨員、工人階級，他們的訴求得不到滿足而成為新亂源。

筆者在第二節使節團成員提及明治五年又加入東京府知事由利公正及河野敏鎌等數名司法省官僚，他們九月從横濱啟航，歷時約兩個月抵達法國濱地中海的大城馬賽港（Marseille）。再從馬賽港搭乘火車北上前往巴黎與使節團成員會合，已故歷史小說作家司馬遼太郎的著作《宛如飛翔》（《翔ぶが如く》）便是從司法省官僚之一的川路利良在火車上的旅途開始談起。

馬賽到巴黎將近八百公里，以當時蒸汽火車的時速來看坐上十幾個小時也不足為奇。在火車上的川路突然感到內急，看不懂也不會講法文的他不可能向旁邊的乘客問廁所在哪，而且以當時日本人的常識可能也不知道火車上會有廁所。忍耐已到極限的川路，隨手拿起手邊一份横濱發行的日文報紙，將其攤開，再躡手躡腳的拿過一件毯子，蓋在身上。然後移動到報紙上，褪下褲子盡情解放。

完事後，川路將攤開的報紙把排泄物包起來，隨手往車窗外一丟，然後與其他司法省同僚一起在巴黎車站下車。

然而，次日沼間守一怒氣沖沖拿著當地的法文報紙找上川路，沼間念出報紙角落的一則報導：

巴黎附近，有人從火車上丟出用報紙包裹的大便，正好命中養路工人，養路工人拿著命中他的報紙前往警局告狀。警局中有略通日文的警察，認出那是日文報紙，因而判斷投擲大便的人應是日本人。

沼間讀完報紙的報導後，對川路怒道：

身為日本人，你不覺得可恥嗎？

這位指著川路痛罵的沼間可不是川路同藩的友人，筆者在《戊辰戰爭》提到上野戰爭結束後，不願臣服新政府的傳習隊由幕府陸軍步兵頭大鳥圭介帶領逃出江戶，轉戰關東各地，幕臣出身的步兵頭並沼間守一正是其中之一。宇都宮、今市之戰結束後沼間前往會津，之後轉往庄內藩傳授西式戰法，結果沼間還沒訓練完成，庄內藩已向新政府降伏，沼間還被庄內藩士逮捕，遣送至江戶關押。在前往江戶的船上迎來明治二年，沼間若有所感的吟道：

ああ、たった六十余州か、けさの春
（嗚呼！六十餘州匆匆過，今朝之春）

如此悲壯的詩句並不適合沼間，因為明治二年還沒過完他已獲釋，時間之短可能連他自己也頗感意外。明治五年四月廿五日，江藤新平就任司法卿，從幕臣中發掘沼間並予以任用，沼間因此從幕府時代的步兵頭並搖身變為司法省七等出仕。

明治五年十一月廿六日（格列高里曆12月26日），使節團謁見鎮壓巴黎公社的第三共和總統梯也爾（Marie Joseph Louis Adolphe Thiers）並呈上國書，一如謁見維多利亞女王一樣，只是出於禮節而無實質意義。

木戶在明治六年1月16日（從這一年起日本採用格列高里曆）參觀巴黎下水道，在日記裡記下其感想：

那趣向之妙、規模之宏大，實叫人嘆為觀止。他們在地下打通一條通道，以鐵管自上下左右引來清水，而傳信的線也全在這條通道中。其下則是下水，彷彿一條河流，而其左右有路，或行車或浮舟，蔚為一世界奇觀。

2月17日，使節團離開巴黎，由於西班牙先前爆發革命，女王伊莎貝拉二世（Isabel II）出亡，國內陷入無政府狀態，使節團放棄前往西班牙及葡萄牙（這是《米欧回覧実記》西班牙及葡萄牙合計一卷的原因），逕自前往比利時首都布魯塞爾（Brussels）。使節團之後的行程只在德國、義大利及瑞士滯留約三週的時間，其餘諸國只滯留數日到兩週。

七、俾斯麥的一席話

使節團在比利時只停留八日（2月17日～24日）便前往下一個考察國荷蘭，使節團在荷蘭考察海牙（Den Haag）、鹿特丹（Rotterdam）、萊頓（Leiden）、阿姆斯特丹（Amsterdam）

四個城市，共停留十二日（2月24日～3月7日）後進入東鄰德國。

儘管當時德國在普法戰爭戰勝法國，但在日本眼裡與自己同樣都屬「小國」，與已參訪過的比利時、荷蘭同一等級，因此使節團進入德國境內後直驅首都，穿越柏林的象徵孛蘭登堡門（Brandenburg Gate），在3月11日謁見德國皇帝威廉一世（Wilhelm Friedrich Ludwig），同時也拜會完成德國統一的兩大功臣首相俾斯麥（Otto Eduard Leopold von Bismarck），與參謀總長且又是元帥的毛奇（Helmuth Karl Bernhard von Moltke），雖然此舉與先前在英國、法國一樣只是禮貌性拜會，但威廉一世邀請使節團主要成員（岩倉、大久保、木戶、伊藤、山口五人）晚上前往帝國劇場欣賞歌劇。儘管在《米欧回覧実記》的記載上清楚寫道「歌劇，是諸種戲劇中的最上等，猶如我之猿樂（能樂）」，但是，不管對岩倉大使或其他四位副使而言，歌劇都不是他們能夠鑑賞的戲劇。

3月15日，俾斯麥首相突然邀請岩倉大使與四位副使到其私宅晚餐，飯後帶領他們到別室簡單講解德國歷史，說到德國之所以能排除千難萬障而有今日之盛況，是因為不依賴任何列強，國家的自立自強有其必要。

接著《大久保利通傳》下卷收錄俾斯麥對五人的一番話：

方今世界各國可謂皆以親睦禮義相交，然而，這不過是表象而已，其實情為強弱相凌、大小相侮。予幼時，我普魯士之貧弱諸公盡知，親身經歷小國之悲，至今思之，腦中仍懷憤懣之情，久久不去。彼所謂之公法乃保全列國權利之常典，大國之爭利在於己有利時甚少要求執行公法，但若予己不利，動輒翻臉示以兵威，根本不守常規。小國孜孜憂慮於辭令和公理，不敢有所逾越，以期保全自主之權利，若遇上對方簸弄凌侮之政略，每每不能自主也。是以慷慨而起，努力振興國力，為使國家在外交上取得與他國對等之權利而奮勵起愛國心。積數十年之力，終於在近年才實現所望，此亦各國保全其自主權利之志願。然而，各國皆謂當國之兵用於四境，徒招致他國憎惡之心，誇耀軍略、掠人國權之非議。殊不知這並非我國本意，我國只愛重自國，希望各國自主，能對等往來，不相侵越，不失公正之域。從前之戰爭，皆為保全日耳曼之國權，不得已而用兵，世之識者務必諒察。近聞英法諸國貪圖海外屬地，爭其物產，擅用武力，諸國皆苦其所為。畢竟歐洲諸國之往來不足置信，諸公亦不應放下油斷之念。予生於小國，熟知其情態，尤能了解其處境，予不顧世之非議保全國權之本心亦不外於此。是以當今日本雖欲親睦相交之國甚多，但重視國權自主之國如日耳曼者，可謂是對日本親睦國中尤為最親睦者。

俾斯麥的一席話自始至終扣緊「國權」、「小國」，為剛結束封建體制且同為「小國」的日本指點出一條應行且可行之路。日本在明治四、五年之際，大量翻譯引進介紹歐美各國政治體制的書籍，天賦人權、三權分立之說，再加上當時日本最具吸引力的啟蒙思想家如福澤諭吉、津田真道等人成立明六社的鼓吹，一時之間，成立上下兩院制議會及頒布憲法之說甚囂塵上。

已從俾斯麥的話中領悟小國生存之道唯有伸張國權的岩倉等人，對於天賦人權、三權分立之說以及成立議會、頒布憲法等民權思想與主張絲毫不感興趣，對於數年後如火如荼的自由民權運動更是嗤之以鼻，甚至動用國家機器、傾全國之力予以撲滅。

俾斯麥的一席話赤裸裸揭示出大國沒有所謂的親睦禮義——那是用來約束小國，大國的「親睦禮義」說穿了即是強弱相凌、大小相侮。日本此次派出大規模使節團前往歐美各國的目的之一，即為交涉幕府時期與之簽訂的修好通商條約，但是在與美、英兩國交涉時見識到大國的真面目，因此俾斯麥的話深深引起岩倉等五人的共鳴。他們奉俾斯麥的話為真理，致力於成為與歐美各國並進的大國，然後再把身為小國期間受到大國種種不公平的對待，加倍奉還給成為大國之後對待的小國，並如德國一樣美化自己的行為。之後對清國及朝鮮的侵略一如幕府時期歐美各國對日本的施壓，而昭和前期的大東亞共榮圈一如普魯士統一全境、保全日耳曼之國權，日本給人的印象是擅長模仿他國的國家，然而，日本不僅在文物制度上，就連在侵略他國也是學得有模有樣。

當晚聆聽俾斯麥一席話的五人中，應該屬大久保與伊藤的感觸最深。大久保回到飯店後一連數日都還沉浸在無比的振奮，他在21日將當下受到的感動及心情傳遞給人在日本的西鄉與吉井友實：

……滯留普國柏林。……當國（德國）大異於歐洲其他國家，仍保有純樸之風。尤其是有名的俾斯麥、毛奇等大先生輩出，我不禁對這個國家感到特別的親切。先前已聽聞此政府的種種風說，實地目擊發現並沒有太多不同之處，這是因為人民非常信任俾斯麥，不管何事都不出此人之方寸。……

因為俾斯麥而使使節團對德國改觀，從翌日起，使節團從早到晚參觀德國的官廳、兵營、法院、監獄、醫院、學校、博物館、美術館，並尋訪史跡、名勝，此外還針對各部門及其職權進行專門的調查研究。

返回日本後，大久保似乎擺出向俾斯麥學習的作風，以贏得日本人民的信任好掌握改造日本的所有權力。不過，若說模仿俾斯麥最為徹底的恐怕是當晚在座的另一人伊藤，他在大久保去世後成為第二任內務省長官內務卿（關於內務省這一機構，第十三章再詳細敘述）。明治十五年3月，伊藤奉敕命率團前往歐洲考察憲政，伊藤首站便選擇德國，除聆聽德國憲法學者為其講授憲法制度外，還特地拜會近十年前讓他及使節團其他成員大開眼界的俾斯麥。此時俾斯麥已近七十歲，但依舊深得威廉一世及德國人民的信任而牢牢實實坐穩首相寶座。

伊藤在歐洲考察憲政期間長年的右大臣岩倉病逝，當初聆聽俾斯麥一席話的五人中，除伊藤外只剩山口尚芳還健在。不過，山口只是區區參事院（內閣法制局的前身）議官，而伊藤隱然已是政壇第一把交椅，因此，返國後伊藤開始自稱「東洋俾斯麥」。

「東洋俾斯麥」這一稱號在當時日本極具新鮮感，在太政官內一傳十、十傳百，很快便傳到天皇耳裡。之後某次伊藤入宮謁見天皇，談完政事後，天皇虧了伊藤一下：

據聞卿似乎以東洋俾斯麥自許！

不過天皇生前也曾被稱為「東方大彼得」（「彼得」指的是俄國沙皇彼得大帝），若以這點來看，明治天皇和伊藤博文似乎不相上下。

八、使節團返國

大久保寫信給西鄉和吉井之前，3月19日，使節團已收到留守政府的電報，內容為速召大久保、木戶兩位副使返國，因為留守政府正面臨內外交逼的困境。內有司法卿江藤新平對陸軍大輔山縣有朋和大藏大輔井上馨的咄咄逼人，利用職權彈劾兩人犯下的弊案迫其辭職，外則有樺太、朝鮮、台灣三地外交糾紛亟待解決。

雖然電報要大久保、木戶二人盡速返國，但兩人均不為所動，大久保堅持結束德國的行程後才願意踏上歸途。3月28日，使節團結束在德國所有行程，離開柏林朝下一個目的地俄國前去，大久保也在當日由在地留學生兼通譯的河島醇（薩摩藩出身，日後首位日本勸業銀行總裁）引領下，前往法蘭克福（Frankfurt）一邊暢遊古城一邊行進至巴黎郊外聖日耳曼，與在法國考察或留學的薩摩人大山巖、川村純義、村田新八、高崎正風、川路利良、前田正名（大藏省、農商務省的官僚）、中井弘（滋賀縣知事、貴族院議員）聚會後，再搭乘火車到馬賽轉搭蒸汽船返國，5月26日回到東京。

木戶對薩摩人一向沒有好感，此次出訪大大加深他與大久保之間的裂痕，木戶好幾次在其日記痛斥大久保獨斷。對大久保推崇不已的俾斯麥，木戶似乎也沒有給予正面的評價，反而認為兩人是一丘之貉才會彼此欣賞。甚至對於此次出訪始終跟在大久保身後、猶如跟班的伊藤，木戶也不假辭色，說他過於輕佻，沒有大臣的器量。

因此，當木戶得知大久保結束德國行程後返國的決定時，木戶立即決定與使節團前往俄國，待結束俄國行程再自行返國，如此便可省去將近兩個月的歸途上與大久保共處的尷尬。

由於俄國幅員廣大，使節團只挑選一個最具代表性的城市參訪，即當時俄國的首都且是西化最深的聖彼得堡（Saint Petersburg）。在臥舖火車上睡了兩晚，使節團終於來到聖彼得堡，放眼望去盡是富麗堂皇的王宮官衙及貴族宅邸，給使節團留下鮮明深刻的印象。但久米邦武不以為然，他以獨具的眼力在《米欧回覧実記》寫道：

曾有評論：英、法、比、荷，人物富豪出自平民多於貴族，故全國繁盛，民權亦盛。德國（包括奧國）、義大利，貴族之富超過平民，故文物雖可觀，全國不免貧窮，因而君權盛於民權。至於俄國全為貴族之文明，人民全同奴隸，財貨為上等人壟斷，處於專制壓迫之下，故俄國之貿易不能振作，掌控於外人之手，其利益為外人獨占。觀諸聖彼得府之商店，觸目所及皆大商店，但盡為日耳曼人。

4月3日，使節團謁見統治世界最大領土的沙皇亞歷山大二世（Alexander II），受到隆重招待，當時使節團一定想不到三十年後兩國會兵戎相見，而包括已經離開的大久保在內，只有伊藤活到見證日俄開戰之時。

使節團在俄國參觀農業博物館、屬於東正教(Orthodox Church)的彼得保羅大教堂(Saints Peter and Paul Cathedral)、造幣寮、帝國公共圖書館(現為俄羅斯國家圖書館)、軍服裁縫場、礦山學校博物館等機構,並在4月9日為皇太子亞歷山大大公(之後的亞歷山大三世)接見,整體說來氣氛還算融洽。

4月14日,使節團離開聖彼得堡,與來時一樣在臥鋪上睡了兩晚,但回時之路並不在柏林下車,而是到德國北部大城漢堡(Hamburg)下車,木戶在這裡與使節團道別,踏上返國之途,在7月23日回到東京。

使節團當晚在漢堡過夜,17日搭車往更北方的基爾(Kiel),在那搭乘渡船前往丹麥,十日內參訪丹麥、瑞典兩國,並謁見其國王克里斯蒂安九世(Christian IX)與奧斯卡二世(Oscar II)。丹麥、瑞典在今日屬於高度已開發國家,在全球幸福指數的排名甚至高於英、美、法、德等國,但在十九世紀的歐洲政治舞台上影響力不及前四國,因而久米邦武在《米欧回覧実記》將其列為小國。

5月1日,使節團結束北歐的參訪,返回漢堡,使節團行程已近尾聲,還剩下義大利、奧地利、瑞士三國。5月3日,使節團啟程南下法蘭克福、慕尼黑(Munich),先是穿過阿爾卑斯山到義大利參訪，前後歷時廿五日。6月2日從義大利東北部大城威尼斯（Venice）前往奧地利首都維也納（Vienna），維也納從該年5月1日起舉行為期一百八十六天的第五屆萬國博覽會（也稱為世界博覽會或國際博覽會），使節團滯留奧地利期間（6月3日～18日）分別在6日、9日、14日及17日前去萬博會場普拉特公園（Prater Park）參觀。

日本對萬國博覽會並不陌生，慶應三年派出以德川昭武為正使的慶應遣歐使節團，除請求法皇拿破崙三世派出軍事顧問團到日本訓練軍隊及對幕府的財政支援外，德川昭武在澀澤榮一等人的陪同下參觀在巴黎舉辦的第四屆萬國博覽會。不過，參觀第四屆萬博的日本人限定於慶應遣歐使節團成員，這一使節團幾乎都來自幕臣或旗本，對公卿及諸藩藩士而言，第五屆萬博才是他們的萬博初體驗。

在使節團成員的刻板印象裡，認為「大國」才具有競爭力，因此萬博應該充斥大國的製品，不僅量多，而且質精。然而，他們卻實地目擊到比利時、瑞士、匈牙利等「小國」商品凌駕在「大國」之上，這對使節團造成極大衝擊，《米欧回覧実記》感嘆道：

> 噫！此等競爭是太平時期的戰爭，是開明之世最要務之事，宜應深切注意！

6月19日，使節團來到瑞士的蘇黎世(Zurich)，21日謁見總統保羅．策雷索萊(Paul Ceresole)。使節團在瑞士考察蘇黎世、伯恩(Bern)、琉森(Lucerne)及日內瓦四地，儘管已是參訪的最後一站，使節團仍是勤訪於小學校、自然博物館、聖彼得大教堂(St. Pierre Cathedral)、美術館、植物園、議事堂以及瑞士聞名世界的鐘錶工廠。

7月14日，使節團離開日內瓦，踏上返國的路途。他們進入日內瓦西南方、法國境內的里昂(Lyon)，即使返國在即，使節團仍抽出時間在16日參觀生絲改良場、織絹場、染絲廠，17日再前往馬賽搭乘法國籍船隻奧爾號郵輪返國。

奧爾號郵輪穿過薩丁尼亞島(Sardinia)和科西嘉島(Corsica)之間的博尼法喬海峽(Strait of Bonifacio)，在拿坡里港暫停靠岸補充薪炭、淡水後，繼續航行來到埃及。由於大幅縮短亞洲到歐洲航運的蘇伊士運河(Suez Canal)已在1869年竣工，大型蒸汽船便能從地中海經此航行在紅海、印度洋上，前述由利公正、沼間守一及川路利良於明治五年來法以及大久保利通、木戶孝允的返國都是循此路線。

8月2日繞過阿拉伯半島最南端的亞丁港(Aden，現屬葉門共和國)，進入印度洋。之後陸續停靠加勒(Galle)、新加坡(因霍亂流行而未登岸)、西貢(現為胡志明市)、香港、上海、長崎而於9月13日回到東京，結束長達一年又九個月的對外參訪。雖然未能達成條約改正的目的（與其說是各國政府不願放棄嘴裡的肥肉，倒不如說是日本政府太過一廂情願），但是使節團一年九個月的出訪仍然收到甚大（說超出預期也不為過）收穫。

首先，使節團見識到英美列強之所以能干預包括日本在內的亞洲各國事務，不光是因為船堅炮利，親自到歐美各國去看才知道最關鍵的原因在於這些國家不僅船堅炮利，國家或人民也普遍富裕。然而，歐美國家及人民富裕的原因與國土大小沒有絕對的關係，好比英國，若扣除掉海外殖民地，其國土面積與日本不相上下，然而日本才剛脫離封建制度，百廢待舉，而英國卻是世界首富。使節團認為是歐美各國普遍實施資本主義及發展工業的緣故，日本若要跟上英國腳步，必須也實施資本主義及大力發展工業。

其次，歐美各國能普遍實施資本主義及發展工業在於他們有綿密的法制，包括鼓勵人民從事資本主義或發展工業等相關事業的法律，及保障從事這些事業的人民在不違背法律的情形下其財產及生命的安全。不過，包括日本在內的東亞國家長期普遍都有當權者即為法律的傾向，要剪除這種傾向有兩個方法，其一是立法限制當權者的權限，適當剪除當權者的權柄才能保障資本主義和工業的發展，此即君主立憲制的精神。其二是推動文化教育。日本雖自幕府時期以來廣設寺子屋，但寺子屋只教授識字及簡單的算術，無助於人民增長更深層的智識，因此必須針對傳統以儒學（也包含古學、國學）為主的教育進行改革。

使節團這次出訪面臨到選擇「小國」或「大國」的抉擇，以當時日本的綜合國力選擇「小國」或許不失一條可行之路，使節團在維也納萬國博覽會也見識到同為「小國」的比利時、瑞士、匈牙利以精巧質美的物品造成轟動。利用「小國」的優勢發展出具特性的商品，進而占有一席之地，這才是「小國」的生存之道。日本卻選擇英、美、法、德、俄的「大國」之路，歷經明治、大正兩代的發展而成為屈指可數的「大國」，可是人民生活普遍比「小國」還要窮困，一味的與一等強國競逐軍備的結果，造成自我的毀滅。

在使節團出訪的同時，太政官也留下一部分成員在國內，留守國內的太政官稱為留守政府，筆者下一章的主題為留守政府，向讀者介紹使節團出訪的同時，留守政府做了哪些事情？在哪些方面留下怎樣的政績？而在哪些方面有了怎樣的紛爭？為何要提前召回大久保和木戶？這都是下一章的重點。

第七章

留守政府

一、使節團與留守政府成員的約定

明治四年十一月六日，即將出國參訪的岩倉使節團成員與留守的太政官成員達成以下十二條協定：

今般，一舉派出特命全權大使，洵為不容易之大事業，事關全國之隆替、皇運之泰否。中朝之官員與派出之使員，若能內外照應、氣脈貫通，一致勉力則事成。萬一出現議論之矛盾、目的之差違，將誤國事、釀國辱。是以，列出要旨之條件，委任擔當之諸官聯名調印，一一遵守，不容違背。

一、遵奉御國書及遣使旨趣，一致努力，不應造成議論矛盾、目的差違。

二、國內外重要之事須時時互相報告，一個月兩次的書信必不可缺。

三、為處置國內外應對事務，特別任命大使事務管理之官員處理之。來年大使歸國後，任職日本國內事務之官員與理事官輪替後再將其派往國外。

四、大使使命完成歸國後，將在各國考察的事項經商議及參酌後，應實際付諸實行。

五、各理事官親眼所及的考察事項之方法，在商議及參酌後，應漸行實地實施。若有未考察者，代理事官應予以承接，使其完備。

六、內地事務在大使歸國後將採取大規模改正，是以其間盡量不進行新規改正，若有不得不進行之改正，應照會已派遣在外之大使。

七、廢藩置縣的處置基於歸內地政務於純一之故，應按條理逐步發揮實效，以為改正之立足點。

八、諸省長官之缺額不另外任命，由參議兼任之，不更動目前之規模。

九、諸官省不論敕任、奏任、判任均不增加名額，若不得已必須增員，必須陳述情由交由裁決。

十、諸官省除現今聘僱之外國人外，不得再行僱用，若不得已必須僱用，必須陳述情由交由裁決。

十一、右院排定之會議若遇到休會中，應由正院下命令決定每個會期日。

十二、上述每一條皆須遵守不可有違，若有變更之需要，必須知會國內外後再作決定。

使節團把這十二條協定交給留守政府，要他們務必遵守。當時留守政府有如下成員：

太政大臣　三條實美

參議　西鄉隆盛

參議　大隈重信

参議	板垣正形（退助）
左院議長	後藤象二郎
左院副議長	江藤新平
外務卿	副島種臣
文部卿	大木喬任
宮內卿	德大寺實則
神祇大輔	福羽美靜
外務大輔	寺島宗則
大藏大輔	井上馨
兵部大輔	山縣有朋
司法大輔	宍戶璣
宮內大輔	萬里小路博房
開拓次官	黑田清隆

使節團當初預估的行程為參訪費時六到六個月半、來回航程約四個月，總計行程約十到十個月半。不料，在美國被全權委任狀打亂整個行程，使得原本有望在十個月半內結束的行程延長至一年九個月。既然行程延長一倍，留守政府各部門開始如脫韁野馬般不再遵守當初的十二條約定。留守政府雖以三條太政大臣為尊，實權則操掌在西鄉、板垣、大隈三位參議之手，這三位參議都想有所作為，於是留守政府便推動大量改革。如引進歐美學制、推動徵兵令、地租改正、廢除身分限制，讓平民也能擁有苗字、採用格列高里曆、制定國立銀行條例、廢除兵部省改設陸軍省和海軍省、整頓司法制度、中止對天主教的彈壓、廢除神祇省改設教部省……可說自太政官成立以來改革的數量都不及留守政府來得多，之所以如此，固然與三位參議想有所作為的心態有關，然而，更重要的原因為留守政府各部門間的內鬥，隨著時間的拉長，內鬥逐漸白熱化為對立。

多年之後，大隈對留守政府有如下回憶：

……盡速將使節派遣至各國說服，讓雙方（指使節團與留守政府）在條約改正上意見一致不僅是當時的急務，也是為了剷除不管在內政做什麼都會引起薩長軋轢、官吏衝突，以致在處理裁斷上極為困難的諸般改革及改新的弊端，因此要盡可能將這些人派往國外。所謂「山中無老虎，猴子稱大王」（原文為「鬼の留守に洗濯」），因此要趁這期間斷然實行充分的改革及整頓，總之，要盡速且盡量的派遣更多人出去，就演變為派遣多達將近百人的地步。

不過，大隈這番話頗有為自己不能成為使節團一員辯解的意味，他這段回憶不能盡信。關於留守政府的政績，筆者在本章會先介紹其中一、兩項，其餘部分留待後文再作介紹。

二、從兵部省分出陸軍、海軍二省以及設置近衛兵

幕末時期，部分的藩（不管規模如何）擁有自己的海軍，「海軍」在幕末是幕臣、大名甚至志士、浪人盡知的名詞。可是進入明治時代，太政官竟然沒有專責海軍的部門，這是因為強調王政復古，所以沿襲律令時代的名稱兵部省。不僅如此，也沿襲任命親王為兵部卿

的慣例在明治二、三年任命仁和寺宮嘉彰親王及有栖川宮熾仁親王為前後任兵部卿（中務、式部及兵部從平安中期起任命親王為卿成為慣例）。然而，此時距律令時代有千年之遙，許多律令時代的名稱已不合時宜，第五章提到的民部、大藏二省的分合是一例，本節的主題從兵部省分出陸軍、海軍二省亦是一例。

兵部省遵照傳統任命親王為兵部卿，但也遵照傳統由兵部大輔掌控實權。首任兵部大輔由在戊辰戰爭中立下大功的大村益次郎擔任（山田顯義則為兵部少輔），但大村因計劃徵兵制而遭不平士族狙擊，於同年十一月病逝。之後兵部大輔一職由同樣出身長州的前原一誠繼任，但在明治三年九月，前原便因與山縣在徵兵制有不同意見而辭官下野，辭官後返回故鄉的前原，在幾年後成為太政官的隱憂。

明治四年六月廿五日，隨著廢藩置縣即將到來，太政官也將進行大變革，各省卿及大輔先行辭職，有栖川宮熾仁親王也在此時辭去兵部卿。七月十四日實行廢藩置縣，山縣重新被任命為兵部大輔，但不再從親王中任命兵部卿，山縣因而成為兵部省實際的長官。原兵部大丞川村純義翌日被任命為兵部少輔，至於兵部大丞則有山田顯義、鷲尾隆聚（公卿）、船越衛、西鄉從道等四人。

隨著陸海軍分工愈趨精細，兵部省先是下設陸軍部及海軍部，兩部裡的將官要求獨立設省的聲浪始終未曾平息。進入明治五年二月廿七日，山縣徵得留守政府同意後，太政官廢除兵部省，將陸海軍部獨立成陸海軍二省，兵部大輔山縣有朋改稱陸軍大輔，依舊是陸軍省的實際掌權者。海軍省由薩摩出身的川村純義為長官，但因海軍省是新機構，川村的官銜只有到海軍少輔（五月十日舊幕臣勝海舟出任海軍大輔）。

兵部省轄下的大坂陸軍兵學寮於同年十二月遷移至東京，明治八年陸軍幼年學校（簡稱陸幼）與陸軍士官學校（簡稱陸士）分別從兵學寮獨立。值得一提的是，首任陸軍幼年學校校長是筆者在《戊辰戰爭》提及的五稜郭建造者武田斐三郎，首任陸軍士官學校校長是出身柳河藩的曾我祐準。另外，原陸軍部所屬的糾問、造兵、武庫三司也移轉至陸軍省。明治二年成立於東京築地（東京都中央區）的海軍操練所，於明治三年改稱海軍兵學寮，明治九年再改稱海軍兵學校。

三月九日，山縣陸軍大輔奏請太政官廢除御親兵之名稱，改稱近衛兵。山縣的理由為御親兵負責保衛帝都、警護天皇，是直屬國家的軍隊，應有超越幕府時代的藩國意識。然而自從去年由西鄉、木戶、板垣率領獻上的薩、長、土三藩藩兵為御親兵以來，御親兵始終沒有擺脫封建意識，對個人或藩國比對國家還要忠心。三月十七日，山縣陸軍大輔兼任近衛都督（同時又是陸軍中將），西鄉從道陸軍少輔兼任近衛副都督（同時又是陸軍少將）。

必須注意的是，此時的近衛兵與明治廿四年12月14日山縣成立的近衛師團不完全相同，雖同樣都以保衛帝都為己任，近衛兵的編制沿襲幕末以來的大隊、小隊編制，封建意識濃厚，當西鄉因征韓下野時，近衛兵中薩摩出身的將官大多跟隨西鄉離去。明治廿四年山縣廢除鎮台，改代以師團，近衛兵遂改稱近衛師團，受陸軍大臣管轄（而非天皇）。平時與近衛兵一樣肩負保衛帝都、警護天皇，戰時會與其他師團對外作戰（如日清、日俄兩役近衛師團皆曾派赴前線作戰，乙未戰爭更是由北白川宮能久親王率軍赴台）。近衛師團以步兵為主力，此外還有騎兵、砲兵、工兵及輜重兵，充分展現出近代化軍種的特色。

第五章第四節曾提到，明治四年四月廿三日（獻上御親兵後兩個月）山縣成立東山道鎮台與西海道鎮台，八月廿日（廢藩後約一個月）廢除東山道鎮台與西海道鎮台的名稱，改置東北（明治六年1月9日起改稱仙台鎮台）、東京、大阪、鎮西（明治五年四月一日起改稱熊本鎮台）四鎮台。

海軍方面於明治九年暫時劃定東海與西海兩鎮守府，軍事迷熟知的橫須賀、舞鶴、吳、佐世保四鎮守府的成形在明治末期，因已超出本書敘述範圍而略去不提。

三、天皇行幸西國、九州

明治五年五月廿三日曉七時，天皇身著黑色燕尾服且附有金屬扣掛飾的服飾騎馬離開皇居，到達**濱離宮**（最初屬於甲府藩下屋敷，德川綱豐繼任六代將軍後成為德川將軍的別邸，改名濱御殿。維新之際收為皇室離宮，隸屬於宮內省，二戰結束向民眾開放，改名濱離宮恩賜庭園，成為都立公園）的中島御茶屋下馬休憩。身旁聚集右院各省長官與次官，他們有的是來送行，有的是天皇行幸的隨行成員。說到天皇行幸已非首次，筆者在《戊辰戰爭》曾提及祐宮於慶應四年三月廿日在大久保利通的主導下行幸大坂四十餘日，在第一章也提到改元明治後，九月廿日天皇在岩倉具視、中山忠能、伊達宗城的伴隨，以及長州、土佐、岡山、大洲四藩共約三千三百名兵力警備下，從京都出發行幸東京。可見儘管天皇此時還很年輕，卻已有多次到各地行幸的經歷。不過，此次天皇行幸的目的地比起到大坂和東京，路途更為遙遠，所到之處也更為偏僻，是明治天皇六大行幸的第一次。

據說此次行幸出自陸軍省的建議，但到底是陸軍大輔山縣有朋或陸軍少輔西鄉從道，抑或其他陸軍省官員的建議則不清楚，至於行幸目的有以下三點：

(1)讓天皇視察全國各地的地理、民情、風俗等。

(2)讓天皇早將校們一步，率先指揮船艦巡視沿海地區。

(3)藉由天皇行幸，讓那些尚不清楚維新改革方向的人民認識到政府的「進步開化」。

近明六時，天皇在濱離宮搭乘接駁船來到品川沖，海軍將校已在品川沖等待迎接，各船艦艦長則在品川沖附近護衛天皇的安全，三條太政大臣前來送行。近朝五時半，天皇搭乘的龍驤艦（英國製木造蒸汽船，排水量二五三〇噸）在二十一響禮炮的祝賀下，跟隨在前導艦第一丁卯艦、第二丁卯艦（皆為英國製木造蒸汽船，排水量一二五噸）之後緩緩駛出品川沖，日進（荷蘭製木造蒸汽船，排水量一四六八噸）、春日（英國製木造蒸汽船，排水量一〇一五噸）、筑波（英國製木造帆船，排水量一九七八噸）、孟春（英國製鐵骨木皮蒸汽船，排水量三五七噸）、雲揚（英國製木造蒸汽船，排水量二四五噸）、鳳翔（英國製木造蒸汽船，排水量三一六噸）六艦緊跟在後。此次隨幸成員之一且負責撰寫行幸行程《隨幸私記》（收錄於《明治文化全集》第一卷皇室篇，本節的日期及行程均依據該書）的宮內少丞兒玉愛二郎一時有感，吟道：

旭日曈曈映錦旗，海門萬里穩如池。
砲聲霹靂電光閃，正是龍船捲浪時。

這位兒玉愛二郎何許人也？他是長州藩出身——正確說來是長州恭順派出身，是筆者在《幕末》第十二章曾提到行刺井上聞多的刺客之一。

隨行在天皇身旁的人員連同海軍士官兵及近衛兵共超過五百人，較為重要的有：

參議　西鄉隆盛

陸軍少輔　西鄉從道
陸軍大尉　西寛二郎
海軍少輔　川村純義
海軍大佐　伊東祐麿（龍驤艦長）
海軍大尉　井上良馨
海軍少佐　福島敬典（日進艦長）
海軍少佐　澤野種鐵（鳳翔艦長）
海軍中佐　本山漸（筑波艦長）
海軍大尉　伊東祐亨（春日艦長）
海軍大尉　松村安種（雲揚艦長）
海軍大尉　瀧野直俊（孟春艦長）
海軍大尉　磯邊包義（第一丁卯艦長）
海軍大尉　增田廣豐（第二丁卯艦長）

宮內卿　德大寺實則
宮內少輔　吉井友實
宮內少丞　兒玉愛二郎
宮內省五等出仕　加藤弘之
侍從長　河瀨真孝
侍從番長　醍醐忠順
侍從番長　高島鞆之助
侍從　米田虎雄
侍從　有地品之允

西鄉參議是這次隨行成員中官階最高的人，可以預見他在這次的天皇行幸將肩負天皇擺脫以往與世人隔絕的京都朝廷天皇之形象，具體朝向西鄉期待的武士天皇之樣貌，並以這一形象廣泛向日本國民宣傳。

晝四時龍驤艦一行抵達橫濱，受到停泊在橫濱港的外國軍艦發砲歡迎。廿五日六艘船艦停靠在鳥羽港（三重縣鳥羽市），休息一晚後隔日天皇一行來到此次行幸的第一站——伊勢神宮所在地宇治山田（現三重縣伊勢市）參拜內宮與外宮，距離上一次參拜間隔三年（請參見第一章第二節）。天皇在廿六日朝五時半穿著束帶裝在兩名神官的帶領下前往外宮參拜，西鄉參議與宮內省的敕任、奏任官（德大寺宮內卿與吉井宮內少輔）身著直垂緊跟在後，近衛兵列隊在天皇參拜的沿途左右警衛。午後天皇略作休息後繼續參拜皇大神宮（內宮），並且對內宮、外宮奉納幣帛。

參拜結束後，天皇在附近五十鈴川欣賞**鵜飼**（盛行於中國、日本的古老捕魚方式，在鵜鶘的脖子綁上草繩，一旦鵜鶘捕到魚後會躍出水面，漁夫再將鵜鶘嘴裡的魚倒出。現在純粹作為給觀光客觀賞用，尤以岐阜縣長良川沿岸最為有名），當晚天皇的隊列在五十鈴川過夜。

廿七日，六艘軍艦集結在內宮北方約五公里的大湊（三重縣伊勢市大湊町），特地經過神話中有名的二見浦（連同附近的夫婦岩屬於二見興玉神社，主祭神為猿田彥大神與宇迦御魂大神。每年夏至前後太陽會從夫婦岩之間升起，秋、冬時節則會在夫婦岩之間看見滿月），然後駛出伊勢灣，進入熊野灘，繞過紀伊半島（同時也是本州）最南端潮岬（和歌山縣東牟婁郡串本町）。

廿八日，軍艦通過紀伊半島最西端日之岬（和歌山縣日高郡美濱町），正式進入紀伊水道。暮六時，軍艦抵達天保山沖，天保山砲台鳴炮歡迎天皇，天皇抵達行幸的第二站——大阪。由於抵達時間天色已晚，只有大阪府知事渡邊昇（大村藩士）和大阪鎮台司令官陸軍少將四條隆謌率領鎮台兵前來迎接，同時為天皇安排泉布觀（大阪市北區天滿橋，大阪府現存最早的洋式建築，建於明治四年）作為行在所。

廿九日是雨天，但大阪府知事渡邊昇

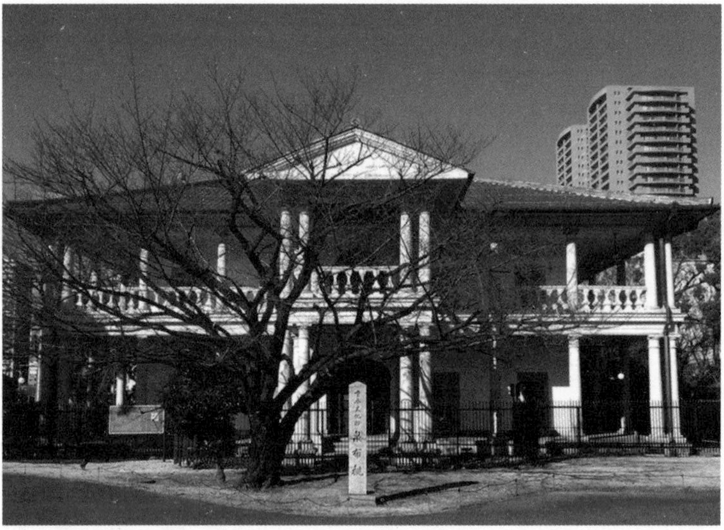

曾為日本造幣局招待所的泉布觀。

率領參事藤村信鄉、七等出仕竹內綱、山田年足，以及堺縣知事稅所篤（薩摩藩士）、大阪鎮台司令官四條隆謌等大阪鎮台多名陸軍將官前來拜見，天皇賞賜金、布帛給大阪市內高齡長者作為撫卹。之後天皇臨時改變原先預定從神戶搭船前往多度津（香川縣仲多度郡多度津町）的行幸計畫，循陸路前往京都，這是天皇自明治二年三月七日鳳輦離開御所後歷時三年多再次返回京都，相較於上一次乘坐鳳輦，天皇這次行幸陸路部分大多騎馬。

五月三十日也是雨天（此時應是日本的梅雨季），泥濘的道路拖慢行進速度，使天皇到當日近夜四時才進入御所。雖說行幸京都是臨時安排的行程，但並不代表天皇行幸京都會比較輕鬆，光是京都官員（京都府知事長谷信篤、參事槙村正直、權參事馬場氏就，以及其他奏任官）和公卿（如前關白鷹司輔熙、外祖父中山忠能）的謁見便耗去不少時間。六月一日下午，天皇在德大寺宮內卿、河瀨侍從長及多位侍從扈隨下，騎馬行幸桂別業（明治十六年以後稱為桂離宮，京都市西京區桂御園），拜訪居住此地兩位天皇的姑媽——第十二代桂宮淑子內親王和靜寬院宮親子內親王。

六月二日，連綿多日霪雨終於停止，代之卻是蒸籠般的暑氣。天皇曉七時半由德大寺宮內卿、河瀨侍從長及多位侍從扈隨前去參拜泉涌寺（京都市東山區泉涌寺山內町），泉涌寺自鎌倉時代以來已是好幾位天皇的陵墓所在，被視為是皇室菩提寺而有「御寺」之稱。當日下午，天皇參加京都博覽會會社在知恩院（京都市東山區林下町，淨土宗總本山）舉辦的博覽會。在這幾日的行程裡，天皇遇上傳統儀式便穿著束帶裝，若是接見地方官員（包括公卿）則穿著燕尾服，對於視場合切換服裝的掌控，天皇顯然愈來愈駕輕就熟。

三日，天皇在長谷京都府知事、槇村參事及僚屬的帶領下，視察御所寺町御門附近以華族與士族子女為對象，教授英語及裁縫、手藝等家事教育的新英學校及女紅場（京都市上京區寺町通荒神口下ル松蔭町，之後的京都府立第一高等女學校，現為鴨沂高等學校），此時山本八重在兄長山本覺馬的介紹下正在女紅場教授茶道。

四日曉七時半，天皇從御所出發，一路南行，行經間之町通與河原町通的**涉成園**（京都市下京區烏丸通七條上ル，通稱枳殼邸，三代將軍家光賜給東本願寺，之後設計成書院式回遊庭園），天皇一行入內參訪。之後再沿竹田街道進入伏見，天皇一行在此下馬乘船順淀川而下，沿途不斷有民眾拍手拜禮。朝五時半左右抵達大阪行在所（即五月廿八日下榻的泉布觀），前來謁見天皇的除先前的渡邊大阪府知事、四條大阪鎮台司令官等大阪鎮台陸軍將官外，還有大阪造幣寮造幣權頭益田孝（第六章提及的日本最早女留學生永井繁之兄長）、造幣助遠藤謹助（文久三年與伊藤博文、井上馨留學英國的長州五傑之一）。

五、六兩日天皇視察大阪造幣寮工廠及大阪鎮台，七日從天保山沖乘船啟航，天皇的下一站是本州最西端——赤間關（也稱為下關、馬關）。六月十日拂曉，艦隊最前列的第一丁卯艦通過企救半島最尖端的部崎燈塔。

為指引航行海上的船隻航行在正確航道上，古代便有在港口、海岸、河道處點燃火焰照明的烽火台，不過，烽火台的照明、指引距離恐怕有其限度。島國日本有將近三萬公里海岸線，不僅海岸線複雜，近海暗礁也多，對不熟悉日本海岸地形的外國船隻而言，航行的危險性相對也大。在日本擁有最多利益的英、美、法、荷四國，於慶應年間要求幕府必須在外國船隻必經航線沿岸建造燈塔，以減少因觸礁而造成的船難事件。然而，當時幕府歷經四境戰爭慘敗，龐大的軍費以及隨之而來的將軍後事和新任將軍繼任必須支出大量經費而無暇顧及燈塔的建造。

不久，維新動亂到來，興建燈塔拖到改元明治才進行，日本最早的燈塔是相模國觀音崎燈塔（神奈川縣橫須賀市鴨居，於明治二年二月點燈，現在的外形是關東大震災後重建），位於三浦半島最東端，控制從太平洋進入東京灣的浦賀水道上。四國另行要求建造的幾個燈塔如下：

野島崎燈塔（千葉縣南房總市白濱町，明治二年十二月點燈）
樫野崎燈塔（和歌山縣東牟婁郡串本町，明治三年六月點燈）
神子元島燈塔（靜岡縣下田市，明治三年十一月點燈）
劍崎燈塔（神奈川縣三浦市南下浦町，明治四年一月點燈）
江崎燈塔（兵庫縣淡路市野島江崎，明治四年六月點燈）
伊王島燈塔（長崎縣長崎市伊王島町，明治四年七月點燈）
佐多岬燈塔（鹿兒島縣肝屬郡南大隅町，明治四年十月點燈）
六連島燈塔（山口縣下關市六連島，明治四年十一月點燈）
部崎燈塔（福岡縣北九州市門司區，明治五年一月點燈）
友島燈塔（和歌山縣和歌山市友島，明治五年八月點燈）
和田岬燈塔（兵庫縣神戶市和田岬，明治五年十月點燈，現已廢除）
潮岬燈塔（和歌山縣東牟婁郡串本町潮岬，明治六年9月點燈）

朝五時通過下關海峽，停靠附近的門司沖。龍驤號一投錨，其他船艦開始鳴砲祝賀，山口縣參事中野梧一、權參事久保久清率領僚屬在岸邊恭迎。也許是在瀨戶內海超過三日（六月七～九日）的航行導致過於疲累，或是有其他不可知因素，十日這天《隨幸私記》竟然沒有記載天皇其他行程。十一日夕七時，天皇單獨召見約兩年前與山縣有朋不合而辭官的前兵部大輔前原一誠，天皇應該知道前原辭職的內幕不單純，為了安撫他的不滿刻意選在地方行幸時召見。不過，前原並未在此次行幸結束後回歸太政官，之後東京再次聽到前原的消息是以士族反亂（明治九年萩之亂）的領袖身分震動了太政官。

十二日，艦隊前往位於響灘（下關海峽西北方海域，介於日本海與玄界灘之間）的六連島測量海域，晝九時半返回下關。下午遇上退潮，天皇取消預定行幸的櫻山招魂場（山口縣下關市上新地町二丁目，現為櫻山神社）憑弔幕末以來為國捐軀的長州志士吉田松陰等三百九十一位亡靈（包括慶應三年病逝的高杉晉作），改派侍從番長高島鞆之助為敕使前往奉納金五十圓，並命人刻下敕宣之碑，碑文如下：

汝等憂乾綱不振、皇威不宣而盡忠致死，使人心感奮振起，朕今巡幸仍追感殊深，遣侍從番長正六位高島鞆之助弔念汝等之墓且賜金幣。

明治五年壬申六月十二日

十三日，天皇離開下關，船艦西行橫渡玄界灘、進入壹岐水道，通過二神島後朝左舷沿平戶島南下，進入長崎已是十四日。天皇從宇治山田、大阪、京都、下關行幸下來，已經逐漸發展出固定模式：行幸當地的知事（或參事）、權參事等一級地方官率領僚屬到港口或道路交會點歡迎天皇到來（若行幸地點有鎮台，則鎮台長官也會率領主要幕僚出席），為天皇接風洗塵。第二天起由地方官帶領天皇參觀行政官廳、移植西方的近代化設施如各種行業的工廠與各級學校，以及陸海軍的駐地。天皇行幸並不像封建時代大名出巡那樣民眾必須跪在地上低下頭來，只要在維持秩序及人身安全的地方警察、軍人及隨行人員區隔出的距離外，便可以觀察兩百多年來深居京都御所的天皇。

原來打倒德川家天下的天皇長這樣！

與明治二十年代以後相比，此時民眾還算有觀看天皇長相的自由。

十七日明六時，天皇在行在所騎了一陣馬，然後登上龍驤號啟航。停泊在長崎的外國軍艦紛紛鳴砲送行，明六時半龍驤號及其他船艦抵達下一個行幸地——肥後小島沖。小島現隸屬熊本市西區，分為小島上町和小島下町，然而明治五年的情況與現今並不相同。令制國肥後國廢藩置縣時分成熊本、八代二縣，天皇行幸前的六月十四日，熊本縣改名白川縣（明治六年1月15日八代縣併入白川縣，到明治九年2月22日又改回熊本縣），天皇上岸時，白川縣參事山田武甫、權參事林孫藏率領熊本鎮台兵在河口兩岸列隊迎接。

十八日明六時，天皇一如行幸時養成的慣例在清晨騎馬，德大寺宮內卿、河瀨侍從長騎馬伴隨在旁，無法騎馬的西鄉參議則站立扈隨。過朝五時，天皇結束騎馬略作休息，然後接見熊本鎮台司令官陸軍少將桐野利秋（幕末時的人斬中村半次郎）、陸軍中佐田中春風、陸軍少佐長屋重名等陸軍將官。十九日天皇視察熊本鎮台駐地熊本城、熊本藩主細川家的私人庭園**水前寺成趣園**（細川家私人庭園，位於熊本城東南方，占地約二萬二千坪。建造始於初代藩主細川忠利，成於三代藩主細川綱利，前後費時近八十年。園名取自陶淵明《歸去來辭》中的「園日涉以成趣」，昭和初期指定為國的名勝及國的史蹟）、熊本醫學校（熊本大學醫學部前身）、熊本洋學校（明治四年創校，九年廢校）等設施，並接見前任及現任細川家當主細川韶邦．護久兄弟。

廿日朝五時，天皇接見白川縣參事山田武甫、權參事林孫藏、八代縣參事太田黑惟信、權參事嘉悅氏房、從五位阿蘇惟敦。讀者可能感到納悶的是為何無官的阿蘇惟敦卻有著從五位的位階？阿蘇惟敦雖然無官，卻是第八十七代阿蘇神社大宮司。阿蘇神社是肥後國一宮，雖地處九州卻是畿內以外罕見的官幣社，其社格不見得比畿內有名神社來得低。

南北朝時期，阿蘇氏與菊池氏是九州惟二的南朝支持者，由於菊池氏本家已經滅亡，僅存血緣關係淡薄的庶流（如西鄉便是菊池氏庶流），遂封數百年來始終為阿蘇神社大宮司的阿蘇氏為從五位。

天皇賜宴結束後，天皇一行折回小島沖繼續南下，廿二日明六時在鹿兒島港登陸，鹿兒島縣參事大山綱良、陸軍大佐野津鎮雄、分營司令官陸軍少佐樺山資紀前來迎接。

根據《隨幸私記》記載，天皇從六月廿二日到七月二日（儘管因颱風過境被迫困守鹿兒島三日）都滯留在鹿兒島，是此次行幸逗留最久之地，不難想像鹿兒島才是此次行幸的真正目的地。既然來到鹿兒島，必然要去安撫因去年的廢藩置縣而對太政官不滿的島津久光。

或許可以這麼說，前去鹿兒島安撫島津久光才是此次天皇行幸的真正目的，為了不讓其他人看穿這一目的，因而安排這次天皇行幸，也因為是要安撫島津久光，所以安插大批薩摩藩士作為隨從人員。

在大山參事的帶領下，天皇一行在明六時半過後進入鹿兒島城，已在城內等候的從二位島津久光（明治四年九月十三日敘久光從二位，以彌補他在廢藩置縣的損失）謁見天皇。久光看見隨侍在天皇身旁的西鄉參議便對天皇說道：

對主君不忠的人，有可能會效忠皇室嗎？

久光這番話看似對天皇進言，實則是說給西鄉聽，其言下之意是：

西鄉今日會背叛主君，難保他日不會背叛天皇。

此次行幸天皇表現舉止合宜、雍容大度，喜愛騎馬的陽光形象深植人心，當初摒退所有女官、安插吉井友實為宮內少輔教導天皇的政策，如今已見到成效。對此西鄉感到無比寬慰，也把自己的心情分享給此時人在華盛頓的大久保。

然而，聽完久光的話後，西鄉一直以來的喜悅心情頓時化為烏有，因為對武士而言，再也沒有比被主君當面指責不忠更為難受的事了，尤其久光這番話又是當著天皇的面刻意說給西鄉聽。對此時的西鄉來說，久光對他的指責比當場將他開膛剖肚還要難受，這種內心的自責與煎熬是現代人難以體會的沉重。

西鄉會在來年獨排眾議堅持征韓、進而辭官下野，或許與此行受到久光的指責不無關係。

廿四日夜八時半，夜色猶深，停靠在鹿兒島灣以龍驤號為首的九艘海軍船艦顯得蠢蠢欲動。原來西鄉與其他陸海軍將領商議安排一場海陸對抗操練，並請天皇前來御覽。按照陸海軍將領的商議，龍驤號等九艘船艦從鹿兒島灣朝沿岸進攻，陸軍則據守幕末時期島津齊彬在天保山、祇園之洲、洲崎等地興建的砲台砲擊海軍船艦。明六時左右，天皇在西鄉參議、大山參事等人扈隨下，騎馬行幸天保山砲台（鹿兒島市天保山町，現為天保山公園）。天皇抵達的消息一傳出，海陸軍將士皆歡聲雷動，大家都想在天皇面前表現一番。海軍船艦乘風進攻沿岸砲台的情景，令川村純義、西鄉從道等部分較為年長的將領想起近十年前的薩英戰爭。陸海軍的對壘到朝五時過後結束，遺憾的是《隨幸私記》並無記載何方是最後的勝利者。

之後天皇騎馬行幸島津家別邸磯（磯庭園，也稱為仙巖園，鹿兒島市吉野町），在那裏享用島津家招待的午饌。下午行幸紡織場、大砲製造所、機械所、玻璃製造所、燒酎蒸餾所等島津齊彬建立的集成館事業（已於二〇一五年被登錄為世界文化遺產「明治日本の産業革命遺産　製鉄・製鋼、造船、石炭産業」中鹿兒島地區的舊集成館部分）。

廿五日，突有三名琉球人前來行在所要求謁見天皇，表面上的理由為天候不佳迷航至鹿兒島，聽聞天皇行幸此地而要求謁見。但是否真是如此？或是事先安排好的？《隨幸私記》對此並無詳細說明。三名琉球人向天皇獻上琉球各地的特產，天皇則回贈倭錦二卷。

這日中午狂風大作，捲起高達數丈浪濤，伴隨而來的是傾盆大雨，排定的行幸行程只得全部取消，終夜風雨不止。廿六日上半天依然風雨交加，午後雖雨勢停歇，但風勢仍大，只好再次取消行幸行程。颱風肆虐鹿兒島期間，島津久光振筆疾書寫下十四條建白內容，在廿八日透過德大寺宮內卿上呈天皇。久光的建白內容盡是「至尊御學問之事」、「定服制嚴容貌」、「慎擇人才」、「明貴賤之分事」、「輕租薄斂之事」，隱約道出對太政官大力推行文明開化政策的不滿，部分內容又暗諷天皇用人不明，看得德大寺宮內卿膽戰心驚，遲遲不敢轉呈天皇。

久光不愧是經歷過大風大浪的「國父」大人，幕末的參預會議及四侯會議，他是唯一敢與有「家康再世」的慶喜爭吵的與會者。眼見自己的建白沒有得到回應，於是又再次要德大寺宮內卿向天皇轉達罷免西鄉、大久保二人的要求。久光的要求依舊沒有得到重視，七月二日，天皇結束在鹿兒島所有的行幸，去時與來時不同路，從九州東岸北上。

天皇行幸鹿兒島行程快結束時，出身薩摩的名國學者兼歌人是枝幸左衛門生胤透過關係取得「大御尿御廁箱」，這是什麼樣的東西呢？簡單說來是天皇的行動廁所。現代人一定會感到納悶：這種東西有必要透過關係取得嗎？取得「大御尿御廁箱」的是枝生胤如獲至寶，將其視為**神體**（神道中神所寄宿之物體，而成為人們膜拜的對象，如古神道的神奈備、皇室三大神器，甚至連神社的注連繩也可以是神體）供奉在**床之間**（鋪有榻榻米的和室房間角落裡經常會見到一個由床柱與床框構成的內凹空間，通常會擺放掛軸、插花或盆栽）命名為「叢雲大明神」，每天早晚頂禮膜拜。

七月四日晝八時半，龍驤號停靠在來時沒能造訪的香川縣丸龜，香川縣參事林茂平、分營司令官陸軍中佐林清康前來迎接。五日，天皇在行在所設置御拜所，遙祭離此不遠的白峰御陵（香川縣坂出市青海町）以及位在淡路島的淡路御陵（兵庫縣南あわじ市賀集）並奉納幣物。

白峰御陵與淡路御陵埋葬的是日本史上兩位悲劇性天皇——第七十五代崇德上皇與第四十七代淳仁天皇。保元元（一一五六）年七月，戰敗的崇德上皇被其同母弟後白河天皇流放讚岐。在流放地的上皇為供養在保元之亂的戰死者及反省己過，專心於抄寫《法華經》、《華嚴經》、《涅槃經》、《大集經》、《大品般若經》等五部大乘佛教經典。上皇託人將這五部抄寫的佛經帶回京都，安置在佛寺裡，然而，後白河天皇以「經文裡恐寫有詛咒的文句」為由，將抄寫的五部佛經原封不動退回。被此激怒的上皇咬破舌尖，用鮮血寫下如下的詛咒：

> 我要成為日本國的大**魔緣**（佛教用語，指修行佛道會遇上的邪魔，計有危害善根的三障與威脅性命的四魔。三障指的是煩惱障貪、瞋、痴三毒；業障身、口、意妨礙正

道的三業；報障陷於地獄、餓鬼、畜生等三惡趣的因果應報。四魔指的是色、受、想、行、識五種讓肉體產生痛苦的陰魔；煩惱魔貪、瞋、痴三毒；死魔是對於死萌生的恐怖心，以及天子魔。也稱為天魔、魔羅、波洵、他化自在天或第六天魔王），將抄寫經文的功德迴向魔道，讓天皇成為平民、平民取代天皇！

之後，上皇據說先是變成夜叉，然後又變成天狗，長寬二（一一六四）年崩御後成為日本史上屈指可數的大怨靈，安永二（一一七六）年建春門院（後白河天皇女御、高倉天皇生母）、高松院（二條天皇中宮）、六條院（六條天皇）、九條院（近衛天皇中宮）及安永三年平安京大火及鹿谷之陰謀，據說都是上皇怨靈作祟的結果。後白河院（後白河天皇退位後成立院政的稱號）於壽永三（一一八四）年追贈崇德院（生平只有上皇身分而不曾成立院政），並派人前往其崩御之地興建陵寢（白峰御陵），予以追贈白峰大權現（若要多了解崇德上皇之事可參照上田秋成《雨月物語》）。

明治天皇即將即位前的慶應四年八月十八日，特地派出敕使前往白峰御陵迎接御靈回京都，在堂上公卿飛鳥井家屋敷建立白峯神宮（京都市上京區飛鳥井町）以祭祀其怨靈。

淳仁天皇又稱淡路廢帝，是《日本書紀》編纂者舍人親王七男，天平寶字二（七五八）年接受孝謙女帝的讓位。讓位後的女帝寵信為其看病的僧侶弓削道鏡，在道鏡鼓動下，上皇（孝謙女帝）有意重祚（退位上皇再次即位），因而引起淳仁天皇不滿。隨著天皇與上皇對立加深，此時發生惠美押勝之亂，獲勝的上皇回到平城京重祚，是為稱德天皇。除戰死的惠美押勝外，淳仁天皇被視為頭號戰犯，被獲勝已重祚的天皇廢位，流放淡路，並在那裏結束生命。

明治三年，天皇賜以淳仁天皇的謚號，並於明治六年將御靈迎回京都與崇德天皇合葬在白峯神宮。

遙祭結束後，東京似乎有變（詳情請參下節），天皇與眾人商議後命西鄉參議、西鄉陸軍少輔以及陸軍大佐野津鎮雄先行搭乘鳳翔返回東京。天皇於八日前往兵庫，為剛於五月廿四日竣工的湊川神社（神戶市中央區多聞通三丁目，主祭神為在湊川之戰犧牲的楠木正成，明治十三年追贈正一位）獻上幣帛。十日夜八時半，天皇登上龍驤號，其他各艦亦準備就緒，啟程返航，十二日暮六時半抵達品川沖，結束長達四十九日（明治五年五月有三十日、六月有廿九日）的西國行幸。

四、山城屋事件

明治五年七月五日，西鄉參議、西鄉陸軍少輔及野津陸軍大佐奉天皇之命在多度津搭乘鳳翔艦先行返回東京。回到東京後西鄉參議對整起事件有初步的了解，原來是近衛兵對近衛都督兼陸軍大輔山縣有朋有所不滿，處處與之扞格不入。筆者在第二節提及原本來自薩、長、土三藩獻上的藩兵御親兵於三月九日改稱近衛兵，山縣頂多只能駕馭原出身長州的藩兵，只有西鄉參議才有足夠聲望讓全體近衛兵心悅誠服。

為了來年推動徵兵制，山縣先行在近衛兵進行若干兵制改革，如將兵間的階級與待遇有明確差別令近衛兵心生不滿，近衛兵的不滿還包括山縣定下繁雜的規則與約束。山縣的嚴格要求只針對近衛兵，卻縱容自己不當使用山城屋和助的資金，山縣這種「嚴以律人，寬以待己」的行為招致近衛兵反彈而引起躁動，狼狽不堪的山縣只好在六月廿九日遞出辭呈辭去近衛都督。七月五日天皇在香川縣接獲的便是這樁消息，為預防近衛兵有變，下令西鄉參議、西鄉陸軍少輔先行返回東京。

西鄉參議了解事情梗概後，由於他沒有權限批准山縣的辭職，只能竭力安撫近衛兵的不滿，允諾等天皇還幸後再做處理。天皇返回後於十九日批准山縣的辭職（被山縣提拔的西鄉從道也連帶辭去近衛副都督，八月廿二日兩人辭職正式生效），但是為其保留陸軍大輔的職務，廿九日暫且由西鄉參議兼任近衛都督，同時還賜予西鄉陸軍元帥頭銜。然而，此時的陸軍元帥與明治中期以後的元帥（包括陸軍、海軍）不完全相同，後者依據明治三十一年1月20日制定的《元帥府條例》由天皇下達敕令賜予元帥稱號及徽章，此時西鄉的元帥頭銜反倒接近榮譽職。

近衛兵的躁動在天皇冷靜處理及西鄉的安撫下和平落幕，但一波剛平一波又起，左院副議長江藤新平於明治五年四月廿五日轉任司法卿，比起職權似有若無的左院副議長，司法卿不知高出幾凡。對江藤而言，司法卿才是可以充分發揮才幹之處。

江藤認為自己到明治五年才成為一省之長並非自己才能不如人，而是出身的佐賀藩在王政復古前後才加入倒幕陣營，缺席關鍵的鳥羽．伏見之戰而大大降低佐賀藩的功勳，也使得佐賀藩在太政官的比重低到不像樣。江藤對當時太政官最具才幹的大久保毫無欽佩之感，認為他不過是「僥倖生在薩摩藩，且又僥倖參與維新大業」，自己的才能與他相比毫無遜色，但因為佐賀藩對時局判斷的遲鈍而註定一輩子無法超越大久保。

豈有此理！

左院副議長時期的江藤對此想必有無限感慨。

出任司法卿後，江藤大量延攬尚未出仕的俊秀之才，他要壯大司法省聲量，欲與大久保主政下的大藏省一較長短，不僅吸收河野敏鎌、鶴田皓、井上毅、益田克德、沼間守一這些被薩長排除在外的俊秀，還讓他們跟在岩倉使節團的腳步之後派往歐洲考察（請參第六章第六節）。江藤的作為無非是想擴大司法省權限及影響力，進而增大自己的聲望，為此他採取先對留守政府下手的策略。要控制留守政府必須先取得西鄉的信任、進而控制西鄉，當下之計應先打擊西鄉不甚信任的長州，以博取西鄉的好感。

在江藤鍥而不捨的查探下，終於查出御用商人山城屋和助與陸軍省（包括前身兵部省）長期以來不正常的金錢往來關係。

山城屋和助，原名野村三千三，出身長州，幕末時是奇兵隊一員，幾乎參與戊辰戰爭中所有與長州相關的戰役。戊辰戰爭結束後野村決定棄軍從商，將商號取名山城屋，設置在外國人頻繁出入的橫濱南仲通三丁目（橫濱市中區），並以山城屋和助為名。明治三年八月山縣有朋從歐洲考察回國後被任命為兵部少輔，幾天後兵部大輔前原一誠辭職，山縣儘管只是少輔卻已掌控兵部省的實權，山城屋和助看準這一時機找上山縣。

山縣曾是奇兵隊軍監，對山城屋而言並非陌生人。由於雙方有長年私交，而且山城屋在橫濱的財力雄厚（據說有超過五百名員工）、與外商關係也不差，山縣認為有必要施恩給山城屋，因此讓山城屋成為陸軍省御用商人。

有了山城屋金錢的挹注，要成為參議並非不可能。

有山城屋資金為後盾的山縣，生活頓時闊綽起來。不過，山城屋看準普法戰爭後歐洲物價暴跌，力勸山縣挪用陸軍省資金讓他購買大量生絲銷往歐洲，為了能迅速掌握市場，山城屋身懷鉅款與法國商人前往歐洲。

山城屋一到法國就像變了個人似的，豪奢揮霍，夜夜笙歌。對於生絲價格似乎沒有做足準備，完全是盲目且胡亂投資，幾個月的時間就賠上六十四萬九千餘圓，相當於現在的約百億日圓。山城屋的作為很快傳入駐法中弁務使鮫島尚信及駐英大弁務使寺島宗則（鮫島與寺島二人皆出身薩摩）耳裡，兩人再把這一訊息傳給外務卿副島種臣，於是整個留守政府都知道山城屋在歐洲幹的好事。

山縣得知消息後立即要山城屋回國並追究六十四萬九千餘圓的款項，他知道若不立即與山城屋切割會賠上得來不易的陸軍大輔與近衛都督。部分陸軍將領如桐野利秋、種田政明察覺到陸軍省的經費出現大缺口，加上聽到的傳聞，他們大致上也推理出事件的來龍去脈，因此鼓動近衛兵要把山縣拉下台。不過，天皇只批准山縣辭去近衛都督而保留陸軍大輔之職務，在陸軍省要求山縣下台的聲浪也趨於緩和。

既然天皇不批准山縣辭去陸軍大輔，可見對山縣還是有一定程度的信任，此時若還強逼山縣下台豈不忤逆天皇？

只有江藤堅持擴大偵辦山城屋事件，他透過副島外務卿要鮫島把山城屋帶回日本接受調查，欲透過山城屋挖出更多不利於山縣的指控。因盤纏用盡而被帶回國的山城屋終於意識到事情的嚴重性，他唯一能倚仗的只有昔日奇兵隊老長官山縣，但山縣已擺出與山城屋切割的態勢要山城屋還錢，其實山縣很清楚山城屋不可能還得出錢，逼山城屋還錢的弦外之音不言而喻。

夾在江藤的審問與山縣不聞不問的處境下，陷入四面楚歌的山城屋在銷毀所有證據後，於明治五年十一月廿九日在陸軍省內昔日與山縣會面的會客室切腹，享年三十七歲。選擇以切腹的方式結束性命或許出自山城屋雖是商人身分，但卻仍保有武士之魂。從山城屋銷毀所有證據後才切腹，可看出他相當看重山縣從奇兵隊以來到成為御用商人為止對他的提拔，但也因為山城屋銷毀所有山縣涉入的證據，等於山城屋承擔所有犯罪事實而保住山縣的官位。儘管江藤仍執拗的想拉山縣下台，但在缺乏關鍵證據的情形下對山縣莫可奈何。

該死的山城屋，寧可一死也要保住山縣。

五、井上馨下野

明治六年，江藤司法卿將矛頭對準井上大藏大輔，展開另一波攻勢。大藏省之所以是太政官右院最重要的省除第五章所述下轄單位眾多外，還掌控著增刪各省編列的預算之權。然而，明治初年日本雖因廢藩而增加歲入，相對的，這些歲入必須用在士族的「秩祿處分」（詳參第十一章第四、五節）上，當初為順利廢藩而向各藩藩主允諾會概括承受他們背負的藩債，光是這些債務便已抵銷廢藩帶來的歲入，因此井上大藏大輔對於各省提出的預算都會予以刪減以減少開銷。

明治五年底，江藤以整備司法省裁判制度為名，向大藏省提出明治六年度九十六萬圓預算，井上大藏大輔經手後刪減成四十五萬餘圓。在此之前司法省的預算為五十二萬餘圓，井上大藏大輔實際上只刪減七萬圓左右。大木文部卿以因應新學制的實施必須廣設各級學校為由提出二千萬圓預算，井上大筆一揮刪減成一百三十餘萬圓。山縣陸軍大輔則提出一千萬圓預算，井上大藏大輔只略作刪減，以八百萬圓通過。

相較於司法省被刪減半數以上、文部省被刪減九成以上的預算，陸軍省只被刪減區區兩成預算（換個角度想，陸軍省被刪減的金額遠遠超過司法省），或許井上有其考量，但看在江藤、大木等人的眼裡，井上大藏大輔獨厚山縣陸軍大輔的態勢相當明顯。

為減少支出，井上甚至還提出停止支付士族家祿，如此一來，右院各省、太政官及地方官的指責、批評及攻訐如排山倒海般針對井上而來，一時之間，井上頓時成為各方攻擊的箭靶。孤立無援的井上寫給此時正在法國考察的木戶，提到自己面臨的困境：

> 且廢藩立縣之事，其事務十之八九與大藏省有關。且歷來諸藩任意徵租、各自開銷，從不容官員過問，故其實際財政狀況大藏省並不清楚。……確實感到處在四面皆敵的狀態，……只為遵守使節團一行與留守人員的之間的約定，日日盼望使節歸朝。……

江藤於1月24日向太政官辭去司法卿，江藤的辭職是假，是為博取太政官的同情（或施壓），以及向輿論傳達「大藏省毫無理由的刪減預算導致司法卿憤而辭職」的事實。三條太政大臣與西鄉、板垣、大隈三位參議遲遲不批准江藤司法卿的辭職，原因在於上述四人或多或少都有厭惡井上的傾向，認為他與幕府時代的御用商人三井走得太近。尤其是西鄉，幾乎毫不隱藏對井上的厭惡，他總是稱井上為「三井的大掌櫃」（三井の番頭さん）。久而久之，太政官背地裡也都稱井上為「三井的大掌櫃」，據說，岩倉使節團出訪前舉辦的歡送宴，酒量向來不佳的西鄉在兩三杯黃湯下肚後，竟然當眾對井上喊道：

三井的大掌櫃，再拿幾瓶酒來！

4月19日，厭惡井上大藏大輔的太政官正院做出一個出人意料的決策：批准江藤司法卿的辭職，同時也讓大木文部卿辭職。然而，江藤、大木及後藤左院議長三人也在同日成為參議（後藤是以左院議長身分兼任參議）。

從本書第二章起，筆者不斷提到「參議」這個官職，「參議」並非王政復古後才出現的新官職，千年之前，《大寶令》實施後（大寶二年，七〇二）不久便設置參議，是次於大臣、納言的重職，其唐名為平章事、諫議大夫或宰相、相公。由於是令外官之故，參議並沒有相對應的位階，不過參議多從位階三位選出，因此參議以上的官員多被稱為公卿。弘仁年間

（八一〇～二四）固定員額為八名，也稱為「八座」。

奈良到平安初期的參議具有參與朝政資格，多半必須具備以下三項資格：

(1)有藏人頭、左右大弁、近衛中將、左中弁、式部大輔等經歷。

(2)任職五國國司以上的經歷。

(3)擁有三位以上的位階。

隨著王朝式微，參議本身及其職務也變得不甚重要，甚至連武人只要透過當權者向朝廷奏請，成為參議也並非不可能，像安土・桃山時代的宇喜多秀家、池田輝政，先後留下「備前宰相」與「姬路宰相」的稱號。

維新回天後，官制以復古為前提，年代不夠久遠的參與自然不受青睞，於是由大臣、納言、參議組成太政官（明治四年七月以後由大臣、參議組成太政官正院）。出於家格的考量，大臣、納言由公卿和大名出任，在維新回天大業立下功勞的薩、長、土、肥四藩志士能夠出任的極官（根據家格所能任的最高官職）只有參議。由於明治初年出任大臣及納言的公卿、大名除岩倉外都不具備政治才能，此時參議的權限遠勝律令時代，說是集大權於一身也不為過。

江藤的辭職換來榮昇參議，或許是他始料未及之事，但對江藤而言是個可以接受的結果（即使必須辭去司法卿），對大木（辭去文部卿、專任參議）、後藤（左院議長兼任參議）而言亦是如此。

部分中文書籍指出，西鄉參議為了讓征韓成行而刻意提拔江藤、大木及後藤三人為參議，讓他們成為自己的黨羽以增添贊同征韓的聲浪。這種說法以結果而言並無錯誤，但是西鄉最初應該沒有這樣的想法，因為西鄉正式提出征韓作為議題是在該年6月12日，比起提拔江藤等三人為參議晚了約兩個月。

成為參議的江藤絕口不再提辭職，改向井上大藏大輔要求說明尾去澤銅山事件。尾去澤銅山位於秋田縣鹿角市，江戶時代隸屬盛岡藩，維新之後銅山開採權轉移至盛岡藩御用商人村井茂兵衛（四代目）。不過，明治四年成為大藏大輔的井上以盛岡藩沒有經過大藏省為由，不承認村井茂兵衛繼承尾去澤銅山開採權的合法性，反而將銅山無息出售給同藩出身且又是井上的熟人岡田平藏。耗費巨資才購得銅山的村井茂兵衛因而破產，憤怒的村井向時任司法卿江藤告狀。對志在打倒長州的江藤而言，村井的告狀猶如天降甘霖般，他不僅馬上受理，而且還投入大量人力調查，似乎得到足以扳倒井上的關鍵證據。

井上大藏大輔知道這一次江藤參議掌控了足以令他身敗名裂的證據，留守政府成員大多視他為仇敵，不會得到他們的奧援，因此主動在5月3日提出辭呈辭職，與井上同進退的有明治二年十月以幕臣身分出仕的大藏大丞澀澤榮一。澀澤對於江藤參議的咄咄逼人非常不滿，將他比擬成羅伯斯比爾(Maximilien Francois Marie Isidore de Robespierre)或埃貝爾(Jacques Rene Hebert)兩位在法國大革命期間實施恐怖統治的政治家，說道：

> 西鄉與木戶都是頗富仁愛之心的人物，但江藤卻與他們相反，甚至可以說是過於殘忍。與他人接觸時，江藤總是先找出別人身上的短處，至於長處則視而不見。不，應該說江藤不在意別人有什麼長處。

下野後的井上積極接近三井，說動第八代三井八郎右衛門(三井八郎右衛門為歷代三井當主的名字，到二戰結束財閥解體為止共傳承十一代，第八代本名三井高福)出資讓井上與益田孝成立三井物產，可能沒幾個人可以預測得到三井物產竟然在之後取代祖傳家業三井越後屋，成為三井財閥的核心企業。見證三井物產從草創到壯大的三井組（此時三井還不具備財閥的規模，故以江戶時代以來的名稱三井組稱之）大掌櫃三野村利左衛門目睹井上對三井家的作用，在明治十年2月病逝前向三井八郎右衛門留下這樣的遺言：

> 務必聘請井上為顧問，將來若遇上重大問題可尋求井上的幫助。

之後第九代與第十代三井八郎右衛門（本名分別為三井高朗、三井高棟）以及三井大掌櫃中上川彥次郎（生母為福澤諭吉之姊）、益田孝都遵守三野村的遺言奉井上為顧問，透過井上緊密配合明治政府的政策，擴大三井的事業版圖。

明治十一年7月29日，成為明治政府首班的伊藤博文召回井上，由他接任伊藤原本的職務工部卿，並兼任參議（伊藤則轉任內務卿並兼任參議）。翌年9月10日，井上轉任外務卿（依舊兼任參議）延續寺島宗則條約改正路線，日本進入為期六年受國人唾罵的「鹿鳴館外交」時代。

與短暫下野、但之後官運持續亨通的井上相反，澀澤榮一下野後從此斷絕仕途，以在野之身致力於第一國立銀行的成立。澀澤在去年與大藏省同僚完成制定並於年底頒布『國立銀行條例』，附帶一提，現今中文使用的「銀行」是譯自英文的「bank」，把「bank」譯為「銀行」的正是澀澤。

明治六年8月1日，主要由三井組和小野組出資但由澀澤主導的第一國立銀行（之後的株式會社第一銀行、第一勸業銀行，現在的みずほ銀行）正式開業並自任頭取（相當於銀行行長或總經理），這只是澀澤一生參與創建五百多家企業的開端，如果澀澤沒有選擇與井上共進退，幕臣出身的他恐怕只能以技術官僚終其一生。日本政壇可以沒有大藏大丞澀澤榮一，但戰前日本資本主義的發展可不能沒有澀澤財閥創辦人澀澤榮一。

明治時代共成立一百五十三家國立銀行，當中只有第一與第十五國立銀行的資本額超過百萬圓。

大約從明治五、六年起，日本社會掀起一股「文明開化」的熱潮，「文明開化」不僅傳入西洋先進器物（並在日本國內逐漸普及），更有一批智識卓越的學者大量引進並翻譯介紹西方政治、思想、醫學、自然科學、社會科學的學術著作，以啟蒙日本人為己任。

筆者在下一部將以「文明開化」為重點內容，向讀者介紹「文明開化」對日本民眾的啟蒙以及帶來的社會變革。

2.

第2部 文明開化

三代歌川広重，〈内国勧業博覧会　美術館之図〉——國立國會圖書館藏

第八章

文明開化——啟蒙思想團體明六社的成立

一、「文明開化」一詞的意義及其由來

接觸過明治時代文學或史學的讀者應該聽過「文明開化」這個詞，或許也還知道「文明開化」是明治維新的三大目標之一（另外兩個是「富國強兵」及「殖產興業」）。幕末期間部分雄藩曾推行類似「富國強兵」、「殖產興業」政策，因此對一部分日本人而言，並非完全陌生的詞語。然而，「文明開化」就不同了，對當時日本人而言，「文明開化」是個前所未聞的新名詞，為何一個前所未聞的新名詞會成為明治維新三大目標之一呢？

「文明開化」一般指廢藩置縣後的五、六年間，日本在政治、經濟、文化、思想、社會

各方面急遽且空前的重大變革及新建設，這段時間產生的新思想及新學問、新的風俗及生活方式，無不受到前述各方面的變革而產生變化。這一變革以西洋文明為標的，從已成為首都的東京及已開港之地橫濱、神戶等地展開，逐漸蔓延至各地，在當時普遍被稱為「文明開化」。

「文明開化」一詞是英語「civilization」的日譯，通說最早見於明治八年8月出版的《文明論之概略》，不過，早在慶應三年底出版的《西洋事情》外篇福澤便已開始使用「文明開化」一詞，到《文明論之概略》則為福澤廣泛使用。筆者認為「文明開化」能以當時日本人前所未聞的新名詞廣泛流行，固然與日本從傳統「和魂漢才」轉向「和魂洋才」的環境有關，然而，福澤生動的翻譯也不應忽視。雖然明治初期日本人對於文明開化的理解應該只限於穿西服、喝紅酒、吃牛肉等外在層次，以為採取這些作為便會高出其他日本人一等，進而使國家達到文明開化、成為與歐美列強並列的層次。但是看在外國人眼裡，上半身穿著西服、下半身卻穿著傳統的袴和草鞋且隨地便溺的日本人，毋寧是沐猴而冠。

「文明開化」在當時引起的熱烈反響與現在民眾排隊購物、崇拜偶像的行為相去不遠，如果在明治初年有類似流行語大賞的話，毫無疑問，「文明開化」必定拔得頭籌。

如果說「文明開化」一詞是出自福澤的翻譯，那麼讓「文明開化」在日本大放異彩的，是日本最初的啟蒙團體「明六社」，下一節將為讀者介紹明六社成立的始末及其核心成員的生平介紹。

二、明六社成立到解散的過程

明治六年7月，日本駐美代理公使森有禮期滿返國，在外國多年的森（維新回天後外派駐美外交使節）對於仍處於落後、不開明的日本感到焦急。認為要追上歐美各國捨培養人才外別無他法，但對仍處於半開化狀況的日本有必要成立一個集當時一流學者於一身的學術團體，以著書演說為任，向日本民眾啟蒙、宣揚西洋文明以加快日本文明開化的腳步。

森有禮的提議得到不少一流學者呼應，計有箕作秋坪、西村茂樹、杉亨二、西周、津田真道、神田孝平、中村正直、福澤諭吉、加藤弘之、箕作麟祥等人，每一位都有豐富的著作或譯作。由於森在明治六年提議，因此此一社團便命名明六社。9月，明六社正式成立，每月的一日、十六日定期召開演說與進行類似讀書會，參與成員除上述學者外，尚有幕府時代成立的開成所、福澤成立的慶應義塾門生，此外幕府時代舊大名、舊士族有時也會參與其中。森雖是明六社成立的主要推手，卻也是成員中最年輕的，自知聲望和資歷都不足以服眾的他，推舉當時因《西洋事情》等著作而擁有全國性知名度的福澤為社長，但為正在撰寫《勸學》的福澤婉拒。福澤反過來推舉森，在其他成員沒有異議的情形下，最年輕的森成為明六社社長。

翌年2月制定章程，說明成立明六社的趣旨在於：為謀我國教育之進步，會同有志之徒以商議方法。另集合同志交換意見，增廣並明確知識。同時並成立機關誌《明六雜誌》，明治七年4月3日發行創刊號，成員之一的西村茂樹在創刊號難掩振奮之情寫道：

我國成立學術文藝之結社，始於今日。社中諸君皆天下名士，眾人咸認卓絕奇偉之論、千古不磨之說必出於此社。望諸君以卓識高論喚醒愚盲，樹立天下楷模，不負識者之期望！

《明六雜誌》以一個月兩到三期頻率發刊，到明治八年11月為止共發行四十三期。每期內容大概在二十頁上下，大致上每一期都有三到六名學者遍及政治、法律、經濟、社會、外交、宗教、歷史、教育、自然科學等方面的論文（總計有一百餘篇），每期發行量在二千八百部到三千二百部之間。這個數字在當時或許不特別顯眼，不過，銷售量並不等於閱讀人數，若以銷售一份有十人閱讀的比例來看，《明六雜誌》在當時的影響力的確不容小覷。

《明六雜誌》探討諸如〈妻妾論〉、〈國語外國語化論〉、〈民選議院尚早論〉等在當時引起極大關注的議題，這些與時事相關的議題普遍引起民眾關注，或多或少有助於提昇《明六雜誌》的銷售量。〈妻妾論〉及〈國語外國語化論〉皆由森有禮提出之論述，筆者稍後會做介紹；〈民選議院尚早論〉是針對明治七年1月17日由板垣退助、後藤象二郎、江藤新平、副島種臣四位下野的前參議聯名向左院遞交《民選議院設立建白書》的反駁，進而與支持設立民選議院的支持者引發論戰，這一部分筆者留到第十五章再來談論。

明治八年6月28日，逐漸傾向絕對主義天皇制的太政官在這一天同時頒布《讒謗律》及《新聞紙條例》兩道限縮人民言論自由的法令（詳細內容請見第十八章）。在政府中任官的森有禮（時任外務大丞）預知明六社即將面臨的處境，在《明六雜誌》第三十期寫了一篇文章要求成員們自重：

我社要討論的問題，如規章第一條的規定，限於有關教育的文學、技術、物理、事理等方面，這些都是能豐富人的才智並增進品德，這些問題即使碰觸當今政府的忌諱也是不得已的。至於有關政府施政的針貶，並非我社創立之宗旨，不但徒勞無功，亦可能為我社招致無妄之災，為了我社將來，再次提醒大家謹守分際。

明六社成員除福澤與箕作秋坪外都在政府任官，他們普遍不願也不敢與政府抗爭，因此森的自重文發表後，內部開始醞釀停刊《明六雜誌》且解散明六社的聲音。9月福澤正式起草解散聲明：

本年6月公布的《讒謗律》及《新聞紙條例》，同我們學者的言論自由不能兩立。這種條例若真的執行，學者要不立即改變思想，要不就只有擱筆停止發表言論。我明六社立社之宗旨，如社章第一條規定在於同人集會，交換意見，將交換的意見做為議論演說並發表於雜誌上。回顧我社成立以來的議論和演說來看，很難保證不觸犯政府的法令，加之社員十之八九都是官吏，在言論上受到更大的限制。……是以我社只能在以下兩點作出抉擇：第一、改變社員原本的思想，屈節以適應法令，迎合政府意圖以繼續出版雜誌；第二、觸犯法令，自由發表文章成為政府罪人。二者只能選擇其一。從我社的整體狀況來看，二者都不易實行。所謂屈節，所謂自由發表，都是精神內部的事，是每個人內心可決定的事，如果不是社員意見一致，一社如一身，便不可能採取共同行動。然本社自創立以來時日尚淺，僅一月舉行二次集會，還不能視為一社如一身，團結一致。在既不能屈節，且又不能自由發表的情形下，唯有停止出版雜誌一途而已。這一抉擇雖非上策，但是以一學者的結社而言，由於現行法令使言論自由受到限制，在既不能觸犯法令，又不能違背心志屈節下，逡巡不前、進退不決是我社所不為。爾後社中有欲發表言論者，可不用雜誌名義，自行發表，後果自負。

福澤的解散聲明充分顯示出其在野精神，這也是他與除箕作秋坪外的其他明六社成員最大差異。然而，福澤的提案並沒有得到明六社全體成員的支持，西周、津田真道、阪谷素（明六社唯一的儒學者，號朗盧，之後的東京市長阪谷芳郎生父）、森有禮反對停刊，主張向政府屈節以換取繼續出版。不過，福澤的停刊主張還是得到大部分成員的支持，亦即大部分成員並不是在向政府屈節或觸犯法令、成為政府罪人的選項中作出抉擇，而是選擇態度更為消極的停刊，多數成員的決定使得發行四十三期的《明六雜誌》停刊，也連帶使明六社走上解散之途。

明治十一年11月，在文部省外國顧問的建議下，文部卿西鄉從道與文部大輔田中不二麿成立一個網羅當時所有一流學者的機構，由政府頒布殊榮及支付薪資，在賜予榮寵的同時也間接控制學者們的筆尖。翌年1月，成立名為東京學士會院（明治三十九年改稱帝國學士院，戰後改稱日本學士院，相當於台灣的中央研究院）的新機構。此時西鄉從道已轉任陸軍卿而致文部卿空缺，文部大輔田中不二麿以文部省長官之姿，任命箕作秋坪、西周、津田真道、神田孝平、中村正直、福澤諭吉、加藤弘之七人為顧問，由他們七人選出上限不超過四十人的學者作為東京學士會院會員。

田中文部大輔此舉其實已默認上述七人為東京學士會院基本成員，最終七人再選出以下十四人：

西村茂樹（明六社成員）、杉亨二（明六社成員）、阪谷朗廬（明六社成員）、市川兼恭（曾任蕃書調所及開成所教授）、伊藤圭介（蘭學者兼博物學者）、內田五觀（和算者）、重野安繹（太政官修史局、修史館成員）、杉田玄瑞（醫學者、蘭學者）、川田剛（漢學者、國學者）、福羽美靜（前神祇大副、天皇侍講）、細川潤次郎（法學者）、小幡篤次郎（慶應義塾塾長、教育家）、栗本鋤雲（幕府奧醫師）、中村栗園（儒學者）。

上述十四人中，中村栗園因年邁婉拒，其餘十三人再加上七名顧問成為東京學士會院首批會員，選出福澤擔任首任會長。明六社創始成員之一箕作麟祥隔年也獲選成為會員，明六社創始成員除森有禮外，最遲到明治十三年都已搖身變成東京學士會院會員。不過，東京學士會院隸屬文部省，成為東京學士會院會員固然代表一生的成就受到政府肯定，但同時也意味在某種程度上成為政府的囚徒。或許是察覺到失去自由之身，福澤在半年後辭去會長之職，但仍保有會員資格，到明治十四年2月一併辭去會員。

三、明六社核心成員簡介

接著筆者在本節簡單介紹明六社創始十一名成員自幕末以來的經歷。

(一)森有禮

森有禮出身鹿兒島城下，幼名金之丞，是藩士森喜右衛門有恕的五男，如果讀者對森喜右衛門有恕這個名字有印象的話，應該知道他另有一個兒子曾在第五章第二節出現過，即明治三年七月廿七日留下《時弊十條》後在集議院切腹死諫的横山正太郎安武，他是森有禮的兄長。兩兄弟性格上的差距始於慶應元年，這一年金之丞獲選為薩摩藩最早私下派往英國的十九名留學生之一，今日在JR鹿兒島中央驛(鹿兒島市中央町)站前廣場的紀念碑為雕刻大家中村晉也的作品《年輕的薩摩群像》(若き薩摩の群像)，即是這十九名薩摩私下派往英國留學的留學生，成員如下(名字後面的數字代表當時年紀)：

新納久脩(三十四歲，留學生團長)

町田久成（廿八歲）
松木弘安（三十四歲，維新回天後改名寺島宗則）
五代才助（三十一歲，維新回天後改名五代友厚）
名越時成（十七歲或廿一歲兩種說法，無法確定）
吉田清成（廿一歲）
中村博愛（廿三歲）
市來和彥（廿四歲，維新回天後改名松村淳藏）
森有禮（十九歲）
村橋直衛（廿四歲，維新回天後改名村橋久成）
畠山義成（廿四歲）
鮫島尚信（廿一歲）
田中盛明（廿三歲，維新回天後改名朝倉省吾）
東鄉愛之進（生年不詳，戊辰戰爭期間戰死）
町田實積（十九歲，町田久成之弟）

町田清次郎（十五歲，町田實積之弟，維新回天後改名町田清藏）
磯永彥輔（十四歲，維新回天後改名長澤鼎）
高見彌一（三十五歲，土佐藩出身，土佐勤王黨的倖存者）
堀孝之（廿一歲，長崎出身，為此行的通譯）

英國留學的森有禮在慶應三年改留學美國（期間受洗成為教徒），在戊辰戰爭期間的慶應四年六月結束留學返國，出身薩摩再加上有赴洋留學的經歷，儘管沒有實務歷練，森在明治二年直接擔任制度調查員，此時年僅廿三歲。

森在制度調查員任內提出廢刀論，不料在士族間造成沸騰，不分藩別的士族一面倒聯合起來指責森有禮，森不得不引咎辭職。為了進一步平息士族怒氣，太政官將森「流放」到美國擔任駐美弁務使，讓士族們眼不見為淨。

此次「流放」讓森到明治六年7月才返國，在美國三年多的生活讓森對於日本相對保守、封閉的現狀感到不滿，在《明六雜誌》上發表五篇〈妻妾論〉，大力提倡一夫一妻制。明治八年2月，森與小他八歲的幕臣之女廣瀨常結婚時，特地邀請福澤諭吉作為公證人，在福澤的見證下，兩人提出夫妻為各自個體、不限於夫妻關係的破裂相互敬愛、關於夫妻共有物必須雙方的同意才能借貸或買賣等三條契約，可說是日本史上最早的婚前契約。

這一樁婚姻維持十一年，最後在雙方同意下結束婚姻關係，森與已故岩倉右大臣么女寬子（前夫為久留米有馬家第十四代當主有馬賴萬）再婚。

想當然耳，森的契約婚姻在當時引起非議的程度不遜於先前提出的廢刀論，然而，今日契約婚姻已普遍為男女雙方認同接受。

森提出的廢刀論和妻妾論，還不如他另外提出的〈國語外國語化論〉得罪更多人，簡言之〈國語外國語化論〉是以外國語言（主要是英語）取代原有的日語作為日本的國語。對逐漸在明治中期以後蔚為主流的**國粹主義**（最初是為對抗太政官一味推動歐化主義而產生的對抗心理，之後演變為強調自國文化、歷史以至於政治制度的優越，甚至進而成為排斥外來文化及思想，在不斷自我膨脹之下顯得過度狂熱且富攻擊性。明治時代的代表人物有三宅雪嶺、陸羯南）者而言，森的言論與幕末時期的開國論者幾乎毫無差別，讀者應不難想像森有禮光是這點主張便得罪了多少人！

明治十八年12月22日成為第一次伊藤博文內閣的文部大臣，明治二十年傳出他去參拜伊勢神宮內宮時直接穿鞋行走在拜殿上，並且窺伺御簾裡面。伊勢神宮自古以來便凌駕在所有神社之上，穿鞋行走在拜殿上和窺伺御簾裡面都被視為大不敬的行為，森以一國務大臣之尊（同時還是教徒身分）參拜伊勢神宮卻作出如此不敬行為，讓忍無可忍的國粹主義者決定採取極端行為。

明治二十二年2月11日《大日本帝國憲法》頒布當天，從官邸走出的森遭到國粹主義者西野文太郎行刺，隔日傷重不治，享年四十三歲。

（二）箕作秋坪

文政八（一八二五）年，箕作秋坪生為美作國津山藩一個名為菊池士郎的儒學者之子，自幼便過繼給同藩蘭學者箕作阮甫當養子，因為這層關係得以在同為蘭學者緒方洪庵的適塾學習蘭學，之後與箕作省吾（箕作麟祥生父）娶阮甫之女成為箕作家當主。

最初在幕府天文方從事翻譯，因表現傑出被提拔至蕃書調所擔任教授手傳（較教授低一級，類似副教授），文久元年與福澤諭吉、松木弘安、福地源一郎做為文久遣歐使節團的成員前往歐洲。

成為明六社成員之前，秋坪曾成立三叉學舍和專修學校，其中專修學校是專修大學的前身。

箕作秋坪共育有四男一女，以次男菊池大麓的成就最高，曾任東京大學總長、京都大學總長、文部次官、文部大臣等職務。

(三)西村茂樹

西村茂樹於文政十一（一八二八）年生於下野國佐野藩（下總國佐倉藩的支藩），是藩士西村芳郁的長男。最初，跟隨江戶大儒安井息軒學習儒學，後來改向佐久間象山學習砲術。

黑船到來後，西村向佐倉藩主堀田正睦提出應積極與海外各國進行貿易的意見書，並以堀田的名義上呈阿部正弘老中首座，對於之後幕府開國有決定性的影響。後來堀田接替阿部成為老中首座，西村也跟著被任命為外國事務取扱及貿易取調御用掛，是幕府對外事務和對外貿易的負責人。

在《明六雜誌》創刊上發表〈因應開化應更改文字論〉而展開廢除漢字的爭論，但是並沒有像森有禮的〈國語外國語化論〉引起巨大反撲，最後不了了之。明治八年進宮為天皇、皇后講學長達約十年之久，同時也被任命為文部省編輯局長，負責確立教育制度及編纂中、小學教科書。

（四）杉亨二

杉亨二亦生於文政十一年，出生在幕府天領地長崎，曾短暫就學於大坂適塾。在江戶學習蘭學期間認識勝海舟等幕臣，被提拔進入蕃書調所任教授手傳，之後轉為開成所教授，在蕃書調所和開成所任教期間，杉亨二開始接觸統計學。

加入明六社的杉在明治七年每個月至少發表一篇論文，明治八年起投入全國人口總調查，繁忙的工作讓他無暇從事論文寫作。全國人口總調查持續到明六社解散，直到明治十五年才彙整成《統一年鑑》出版，杉亨二因此功享有「日本統計之祖」的稱號。

（五）西周

幕末維新期間，位於石見國津和野藩出過兩位高知名度人物，其一是與夏目漱石並稱明治兩大文豪的森鷗外，另一則是本文要提的西周。西周出身藩醫之家，學習漢學的同時，也對蘭學抱持濃厚的興趣。之後奉藩命前往江戶深造漢學，西周卻自行脫藩鑽研蘭學，學習有成後被延攬至蕃書調所擔任教授手傳並（比教授手傳低一級），在這裡認識津田真道、加藤弘之等人。

文久二年西周奉幕府之命前往荷蘭留學，同行有榎本武揚、津田真道等人，西周在荷蘭學習法學、康德哲學、經濟學及國際法，慶應元年返國後埋首於萬國公法的翻譯。不過，西周的萬國公法譯本並沒有在市面流通，坂本龍馬在伊呂波丸事件依據的《萬國公法》並非西周譯本。

之後西周被任命為目付，成為慶喜的政治顧問。明治三年進入兵部省擔任兵部少丞，協助山縣有朋整備軍政，有助於日後實施徵兵制，並負責起草明治十一年的《軍人訓誡》與明治十五年的《軍人敕諭》，對建立軍人絕對效忠天皇和國家有不可磨滅的貢獻。

西周對於日本，甚至整個漢字圈最大的貢獻在於他是最早將英語 philosophy 譯為「哲學」，他對於「哲學」有如下的定義：

哲學是科學的科學（Philosophy is the science of science），所以哲學的定義應該是諸

學之上的學問。凡事物必有其統轄之理，萬事不得不受此理之統轄。故哲學乃諸學之統轄，諸學不得不受哲學之統轄，與人民不得不受國王統轄之理相同。

除「哲學」一詞外，哲學裡的「主觀」、「客觀」、「理性」、「現象」、「歸納」、「演繹」、「意識」、「概念」等名詞也都由西周從英語譯出的，不僅日文，中文至今也同樣受惠。

西周在《明六雜誌》第三十八期提出「健康」、「知識」、「財富」為人生三寶，西周剛提出此說時，普遍認為是受到英國功利主義影響，今日人生三寶說已普遍為各方接受、認同。

西周主要譯作有《百一新論》、《利學》。

(六)津田真道

津田真道與箕作秋坪皆出身美作國津山藩，較秋坪年輕四歲。嘉永三(一八五〇)年奉藩命留學江戶，跟箕作阮甫學習蘭學、佐久間象山學習兵學。安政四年被幕府延攬至蕃書調所擔任教授手傳並，與同為教授手傳並的西周成為同僚。

文久二年與西周、榎本武揚奉命前往荷蘭留學，向當時荷蘭有名的法學者西門・菲賽林(Simon Vissering)學習萬國公法、經濟學、統計學等學科。慶應二年，學成歸國的津田整理他在荷蘭期間聆聽菲賽林上課記下的筆記內容，譯成日文以《泰西國法論》出版，是日本最早介紹西洋法學的專書。

維新回天後太政官看上津田深厚的法學知識，延攬他為刑法官權判事，參與《新律綱領》的編纂。明治三年頒布《新律綱領》，在明治十五年《刑法》(日本現在採用的刑法於明治四十一年頒布，為有所區別，明治十五年頒布的《刑法》習慣上稱為舊刑法)頒布之前，《新律綱領》相當於日本的刑法典。

明治二年，身為刑法官權判事的津田向太政官提議禁止人口買賣。明治四年，轉任外務權大丞的津田，隨同全權大使伊達宗城以全權副使身分前往北京，與當時清國直隸總督李鴻章簽訂《日清修好條規》。

之後津田歷任東京學士會院會員、元老院議官，明治二十三年7月1日第一回眾議院議員選舉當選眾議員，11月25日當選為第一回帝國議會副議長(議長為土佐藩出身的中島信行)。

（七）神田孝平

文政十三（一八三〇）年生於美濃國不破郡一個旗本家臣的家庭，先是學習漢學，之後再跟隨杉田成卿（杉田玄白曾孫）、伊東玄朴學習蘭學。文久二年被吸收進蕃書調所擔任教授方出役，教授數學及翻譯等科目。慶應四年擢為**開成所**（文久二年五月蕃書調所改稱洋書調所，三年八月，洋書調所改稱開成所。明治元年九月太政官改名開成學校，招收英文、法文、德文三科。明治四年十月再度改名大學南校，幕府時代的昌平學校改稱大學本校，醫學校改稱大學東校。之後大學本校廢校，大學南校於明治七年改名東京開成學校，大學東校改名東京醫學校。明治十年4月，兩校合併改稱東京大學）教授職並，之後又晉升頭取。

改元明治後神田以徵士身分出仕太政官，被任命為議事體裁取調御用，之後轉任會計官權判事。明治四年十一月起任兵庫縣令，加入明六社正是在兵庫縣令任期內，這段時間神田既忙於兵庫縣大小事務，也忙於地租改正（詳情請見第十一章），另外他還身兼東京數學會社社長及東京人類學會會長等數職，儘管事務如此繁忙，仍能在《明六雜誌》發表九篇論文。

神田對日本最大的貢獻是將經濟學引進日本，關於經濟學的名詞多由他譯成日語，著有《經世余論》、《淡崖遺稿》，譯有《經濟小學》、《泰西商會法則》、《和蘭政典》等書。

(八)中村正直

天保三(一八三二)年，中村正直出生在江戶麻布(東京都港區麻布狸穴町)一個**同心**(幕府下級役人，是諸奉行、所司代、城代、大番頭、書院番頭等役職的屬下，受與力指揮。與力與同心集中居住在現中央區八丁堀驛附近，俸祿多為三十俵外加二人扶持，維新後稱為卒族)的家庭，號敬宇。

嘉永元(一八四八)年進入昌平坂學問所跟隨大學頭林述齋的弟子佐藤一齋學習儒學，同時也學習英語，安政二年成為昌平坂學問所教授。慶應二年十月，奉命帶領外山捨八(外山正一，之後任教東京大學，曾任文部大臣、東京帝國大學總長)等十二名幕府留學生前往英國留學，並留在當地監督留學生。

之後幕府在一系列戊辰戰爭中敗退覆亡，缺乏經費來源的中村只好帶著留學生返國。改元明治後，中村被靜岡藩聘用，成為藩校靜岡學問所教授。明治三年，中村翻譯英國醫生作家斯邁爾（Samuel Smiles）的著作《自助論》（*Self Help*），日譯本以《西國立志編》之名於明治四年出版。《西國立志編》甫上市便銷售一空，銷售量可堪與超過百萬部的福澤諭吉暢銷名著《勸學》相比。明治五年中村又將英國政治哲學家兼經濟思想家彌爾（John Stuart Mill）的著作《自由論》（*On Liberty*，中譯本由五南圖書出版）譯成日文以《自由之理》出版。《西國立志編》與《自由之理》二書可說是明治初年流傳最廣泛的啟蒙書之二，中村的名氣也因翻譯這兩書而廣為日本人所知，明治五年六月，中村被任命為大藏省翻譯局局長。然而，不到一年中村以不習慣任官為由辭職，另外成立私塾同人社，加入明六社正是在此階段。大正年間擔任日本銀行總裁的三島彌太郎、大正．昭和初期的政治家床次竹二郎、著名的評論家長谷川如是閑都曾在此學習。

由於早年曾在昌平坂學問所就學，除翻譯家外，中村本身也有深厚的漢學造詣，譯書之餘亦著有《愛敬余唱》、《自敘千字文》、《敬宇詩集》等著作。

（九）福澤諭吉

天保五（一八三四）年，福澤諭吉出生在大坂的中津藩藏屋敷（大阪市福島區福島一丁目），是福澤家末子（上有一兄三姊，二姊的兒子即是前章提過的中上川彥次郎），諭吉這一名字的由來依《福翁自傳》記載，是精通儒學的父親百助在諭吉出生那天購得《上諭條例》（記錄乾隆皇帝治世之下的法令專書，共六十四冊）而作為新生兒的名字。

福澤三歲時父親過世，依《福翁自傳》的敘述，福澤百助最想成為像伊藤東涯（儒學者伊藤仁齋長男，反朱子學，標榜儒學應直接學習孔孟）那樣的儒者，然而門第的限制扼殺福澤百助成為儒者的志向，使他終其一生必須與加島屋、鴻池這些大坂富商有著金錢上的往來，福澤因此在自傳裡提到門閥制度是父親的敵人。

因父親去世福澤一家回到中津藩，依《福翁自傳》的敘述，福澤在中津學了幾年漢學，但他們一家與中津藩格格不入，明治三年福澤接母親離開中津前往東京居住時還特地寫下一篇名為〈中津留別之書〉以示與故鄉告別。

安政元年隨同兄長前往長崎學習蘭學，由於福澤學習成績出色，遭家老排斥而被遣回中津。於是福澤改去大坂進入緒方洪庵成立的適塾，福澤進入適塾如魚得水，進步神速，安政四年以廿四歲之齡成為適塾最年輕的塾頭。

學習蘭學有成的福澤奉藩命前往江戶藩邸成立蘭學塾，不少蘭學者及有志學習蘭學的人趨之若鶩，福澤結識不少終日進出中津藩邸的學者，如神田孝平、箕作秋坪、桂川甫周及適塾同門村田藏六。在他們的引薦下，福澤也為幕府延攬進蕃書調所，不過，堅持在野之身的福澤數日後辭退。

安政六年冬，為日美修好通商條約的換約，幕府決定派遣一使節團乘船渡美，此時已棄蘭學、改學洋學的福澤為幕府相中擔任咸臨丸艦長兼軍艦奉行木村攝津守芥舟（名為喜毅）的通譯。之後福澤又於文久二年、慶應三年（這次是專程前往美國採購軍艦）兩度前往歐美，回國後福澤將賺得的金錢在芝新錢座買下久留米藩中屋敷作為蘭學塾新校地，並為蘭學塾命名慶應義塾（明治四年再遷往三田）。

明治五年留守政府制定學制（詳細內容請見第九章），門外漢的文部卿大木喬任三天兩頭便前往三田向福澤請益，在福澤的協助下完成學制，當時流傳著這一句話：

文部省位在竹橋（位於今日千代田區一橋進入北之丸公園的玄關，是當時文部省的所在地），文部卿卻位在三田。

由於福澤幫忙文部省制定學制，隔年實施徵兵制時，慶應義塾與後來的東京英語學校（成立於明治七年，原本是作為進入東京開成學校的預備校，明治十九年改制為第一高等學校）享受免除徵兵的特殊待遇。

加入明六社期間，福澤除撰寫《勸學》外，也在執筆另一著作《文明論之概略》，這兩部與稍早完成的《西洋事情》以及去世前一年完成的《福翁自傳》是福澤最為暢銷的著作。之後福澤著作的論述主軸稍稍有所轉變，明治十一年6、7、10月完成的《通俗民權論》、《通俗國權論》、《通俗國權論二編》，福澤從以往的民權論者轉變為否定過激的民權論者，從民權論者朝國權論者傾斜，從官尊民卑論修正為官民調和論，福澤的主張發生些許的變化。

明六社解散後，福澤雖被推舉為新成立的機構東京學士會院會長，然而他還是堅守在野立場，與向明治政府靠攏的其他成員相比顯得難能可貴。

福澤自前述的〈中津留別之書〉開始使用「獨立自尊」四字，之後獨立自尊屢屢出現在福澤著作中，在明治三十三年12月31日即將進入二十世紀的晚上，他還揮毫墨寶「獨立自尊迎新世紀」。隔年2月3日，福澤因腦溢血辭世，彌留之際仍堅持以「大觀院獨立自尊居士」

作為戒名。

（十）加藤弘之

天保七（一八三六）年，加藤弘之生於但馬國出石藩家老的家庭，早年就學於藩校弘道館，嘉永五年前往江戶向佐久間象山學習兵學。萬延元年被幕府延攬至蕃書調所擔任教授手傳，加藤開始學習德文，並透過德文研讀哲學與法學。

文久元年加藤出版日本第一部介紹歐美立憲思想的書籍《鄰草》，提倡議會政治的必要性。慶應四年出版介紹歐美立憲政治的《立憲政體略》，明治三年進宮擔任侍講，向天皇介紹天賦人權論，將向天皇講學的內容集結成書，出版《真政大意》。

三部著作讓加藤主張民權的印象深植人心，而為森有禮力邀加入明六社。加入明六社後加藤持續著書不綴，於明治七年出版介紹立憲制的《國體新論》。也在這一年1月17日發生板垣退助等四名前參議聯名向左院遞交《民選議院設立建白書》，向來主張民權的加藤卻一反常態，提出〈民選議院尚早論〉反對民權人士的意見。

此後加藤修正自己的立場，不再發表主張民權的著作，隨著明治十年加藤被任命為東京大學文、法、理三學部綜理（相當於院長），以及明治十二年成為第三任東京學士會院會長，加藤與明治政府緊密相連。明治十五年，加藤發表《人權新說》，對於過去一味盲目主張民權之事感到懊悔，認為國家的生存與進步是依照赫伯特・斯賓賽（Herbert Spencer）的「社會進化論」（也稱為社會達爾文主義〔Social Darwinism〕）而來，徹底否定自由民權運動的理論依據——天賦人權思想。

《人權新說》宣告加藤從民權轉向國權的完成，此後，終加藤一生絕口不提民權，徹底淪為明治政府的御用學者。明治二十六年，加藤發表《強者的權利競爭》，強調唯有發展國家主義，才是日本在優勝劣敗、適者生存的強權世界中的生存法則。

當然，政府也毫不虧待加藤，之後他歷任元老院議官、第二任帝國大學總長、**敕任議員**（帝國議會中貴族院議員來源之一，其資格為年滿三十歲，由天皇從元老院議官、宮中顧問官、內閣法制局等輔弼內閣的機構中任命，任期終身。之後敕選議員範圍擴大到帝國學士院、多額納稅者及殖民地）、錦雞間祇候、宮中顧問官、男爵、首任帝國學士院院長、樞密顧問官，享受到幾乎與維新元勳毫無二致的待遇。

（十一）箕作麟祥

弘化三（一八四六）年，箕作麟祥出生在江戶的津山藩邸，生父箕作省吾與前文提過的箕作秋坪皆為蘭學家箕作阮甫的婿養子。省吾在麟祥二歲時死去，而娶阮甫三女為妻的秋坪不久也喪妻，於是麟祥生母（阮甫四女）改嫁秋坪，於是麟祥成為秋坪的繼子。

拜箕作家在蘭學領域享有盛名之賜，麟祥得以在十六歲成為蕃書調所教授手傳並出役，元治元年成為外國奉行支配翻譯御用頭取，與福澤諭吉、福地源一郎一同埋首於英文外交文書的翻譯。

慶應三年，與澀澤榮一跟隨德川昭武，以德川將軍代表身分出席在巴黎舉辦的萬國博覽會，結束後與德川昭武留在法國留學。維新後歷任神戶洋學校教授、外國官翻譯御用掛、大學南校大學中博士等職務。明治二年起，先後奉命翻譯法國刑法與民法，作為編纂法典的參考，今日通用的權利、義務、動產、不動產等用語都是麟祥創造的詞語。附帶一提，憲法一詞也是出於麟祥之手。

加入明六社的同時，麟祥也在致力於民法、商法的編纂以及近代法制的整理。明治二十一年，政府授予麟祥、田尻稻次郎（在東京大學講授經濟學）、菊池武夫（司法省民事局長，與友人成立中央大學的前身英吉利法律學校）、穗積陳重（東京大學法學部長）、鳩山和夫（眾議院議長、鳩山一郎生父）五人為日本最早的法學博士。

四、明六社對近代日本的貢獻與侷限

從筆者對以上十一名明六社主要成員的簡介，不難發現只有森有禮的成長背景與其他十人較為不同（森有禮出身後來完成倒幕的薩摩藩），其他十人大致都有以下的共通點：

一、十人或出身於幕府旗本的家臣，或出身於譜代大名的家臣，只有西周是出身外樣大名，不管是幕府旗本的家臣，或是譜代、外樣大名的家臣，基本上都是出身下級武士，早年幾乎都過著貧困的生活。他們都專精荷蘭文或英文，透過荷蘭文或英文吸收到當時西方最先進的知識，並以此專門的知識為幕府延攬進蕃書調所、洋書調所或開成所，進而改善貧困的生活。改朝換代後，新政府為了實現五條御誓文中的「求知識於世界」繼續重用他們。

二、在接觸蘭學或洋學之前，他們幾乎都接觸過漢學，漢學造詣幾乎不輸蘭學或洋學，能輕鬆駕馭和、漢、洋三種文字。

三、除了福澤外，其餘十人都是明治政府的官員，福澤雖沒有任官，但也與太政官保持密切的聯繫，基本上他們的態度明顯都親近明治政府。

明六社成員定期舉辦演說或讀書會，以近距離方式為參與者灌輸遍及政治、法律、經濟、社會、外交、宗教、歷史、教育、自然科學等各領域的知識。有鑑於能夠參與演說或讀書會的民眾只占少數，因此成員也在《明六雜誌》發表論文，或是譯書著書，希能透過書本啟蒙更多日本人。

明六社成員正如第二點所言，深厚的漢學素養有助於他們將自然科學及社會科學裡的專業術語翻譯成適當的日文語詞，或是從漢字裡尋找適當漢字構成新名詞。由於貼切、實用，立即被日本人接受，數十年後這些專有名詞再由留日中國學生原封不動搬進中文詞彙裡，至今華人圈仍受惠於這些成員，這是明六社對當時及之後的日本、中國和台灣最大的貢獻！

既有貢獻，當然也有其侷限。明六社成員都支持天賦人權學說，大多數成員也都認為明治初年日本應該實施三權分立。照理而言明六社成員應該會支持明治七年1月17日的《民選議院設立建白書》，因為板垣等人正是基於天賦人權說才命人起草此文。

然而，明六社成員之一加藤弘之立即在2月3日刊登該文的報紙撰文駁斥設立民選議院為時尚早，另外森有禮也在《明六雜誌》第三期撰文批評《民選議院設立建白書》。如果說加藤的言論代表個人意見，那麼森有禮在《明六雜誌》的文章應該可以解讀為明六社社方立場。

那麼，為何支持天賦人權說的明六社卻不支持基於天賦人權說的《民選議院設立建白書》呢？

明六社支持的天賦人權說並非毫無保留及於所有民眾，而是有層次之分，優先享有天賦人權的是進入明治時代被稱為華族（幕府時代的大名）與士族（幕府時代大名或旗本的家臣）的階級，農、工、商等在幕府時代屬於被統治階級並不在優先享有天賦人權的範圍內。

若從這一點來看加藤提出的〈民選議院尚早論〉，便不難理解加藤也好，甚至整個明六社反對的是板垣等民權派將天賦人權說普及到一般民眾，而讓士族失去優越的地位。

於是，明六社在代表國權的政府及代表民權的自由民權運動的抉擇中選擇前者，其實這樣的選擇也是明治時代大多數日本人的選擇，包含福澤在內的明六社成員在下一個十年幾乎都支持政府走上國權之路。不僅如此，就連自由民權運動的領袖板垣退助也有這樣的傾向，這也是他領導的自由民權運動以及成立的自由黨（明治時代的自由黨有明治十四年及明治二十四年成立的自由黨，筆者在此所指的是後者）後來被伊藤博文招降成為立憲政友會主力的原因。

五、《西洋事情》、《勸學》以及《文明論之概略》梗概

第三節簡介福澤諭吉生平時，提到《西洋事情》、《勸學》、《文明論之概略》以及《福翁自傳》是福澤諭吉眾多著作中最暢銷的四本，除《福翁自傳》是他去世前一年多完成外，其餘三本都在明治九年以前完成，換言之，亦即在福澤還未從民權轉向國權之前的著作。

以下依福澤寫作順序簡單介紹《西洋事情》、《勸學》及《文明論之概略》三書，請讀者置身當時的情境，體會有「日本伏爾泰（Voltaire）」之稱福澤諭吉的啟蒙書。

（一）《西洋事情》

《西洋事情》是福澤於萬延元年渡美、文久二年渡歐、慶應三年再次渡美共三次外遊，返國後撰寫介紹歐美見聞的書籍。全書共分初篇（三冊，於慶應二年七月出版）、外篇（三冊，於慶應三年底出版）、二篇（四冊，於明治二年九月出版），初篇內容涉及政治、稅制、國債、紙幣、商社、外交、兵制、文學技術、學校、新聞紙（報紙）、文庫（圖書館）、病院、貧民院、聾啞院、盲人院、精神院、博物館、博覽會、蒸氣機關、蒸氣船、蒸氣車、傳信機（電報機）、瓦斯燈，將此部分稱之為百科全書似乎亦無不可。

不過，以當時福澤的身分及滯留歐美的時間來看，書中介紹的部分不太可能全都親自造訪過，部分內容是譯自英美出版的百科全書。儘管如此，《西洋事情》一書提到的內容對當時日本人而言仍是前所未聞，例如，本書開頭便提到「政治有三種型態。曰立君（君主制），禮樂征伐均出於一君。曰貴族合議，國內貴族名家聚集，以行國政。曰共和政治，不問門第貴賤，立眾望所歸者為領袖，與全體國民協議為政。又，立君政治有兩種型態，唯國君一人之意行事云立君獨裁，魯西亞（俄羅斯）、支那等屬之。國雖不立二王，但制定一定的國律抑制君主權威，是為立君定律，現歐羅巴諸國多採此制度。」

福澤繼而引用歐洲政治學者的學說，認為稱得上文明的政治必須符合以下六要件：

一、自主任意

二、信教者的皈依

三、鼓勵技術文學、開拓新發明之路

四、建學校教育人才

五、保障安穩

六、人民免於飢寒之患

接著談美、荷、英三國的歷史、政治、陸海軍及財政收支，其中對美、英兩國的歷史談得非常深入，細數美國獨立戰爭的經過，筆者認為這部分內容應該出自於翻譯。

初篇一出版便受到各界廣泛歡迎，據福澤在外篇的前言所述：「索求續篇的人甚多……按照本篇總目的順序進行介紹，只是讓讀者了解各國歷史、政治等一部分的知識，還不足以了解西洋的國情。……因而翻譯英人張布爾撰寫的經濟學書籍同時也摘譯其他諸書，增補為三冊，題名為《西洋事情 外篇》。……」

從福澤的前言來看可知外篇大致上是福澤翻譯外國學者的著作後，再歸納統整成書。那麼外篇談論的內容是些什麼呢？福澤在前言接著談到「前半部論述各國如何從『人間交際』（society）到各國分立（獨立）、各國交際（外交往來）、政府成立的原因、政府體制、國法、風俗及人民教育等項目，稱為 social economy（社會經濟學）。後半部論述經國濟世（經濟）的內容，稱為 political economy（政治經濟學）。」

外篇出版後不久遇上討幕派與幕府的戰爭，此時福澤正忙於遷校至芝新錢座，在砲聲隆隆的上野戰爭期間依然講課不綴，寫作的進度也因此暫時擱置。等到上野戰爭結束後，福澤投入《西洋事情 二篇》的寫作。福澤在二篇兼採初篇與外篇的寫作方式，序言特地向讀者解釋自由（liberty）與權利（right，福澤在本書對這一詞皆譯為「通義」，筆者定調為現今通用的權利）這兩個對當時日本人而言普遍陌生的詞語。

「liberty」漢人普遍譯為「自主」、「自專」、「自得」、「自若」、「自主宰」、「任意」、「寬容」、「從容」等詞，但未能完全表達原詞的意義。所謂「自由」是依自己的喜好行事而不受限，古人亦曾說過自身的自由須自行捍衛，此乃萬民與生的天性，近乎人情，比保存家財富貴還要重要。其次，「自由」還有上位者允許下面的人做事情，例如讀書學習結束後雙親允許孩子遊玩，公務時間結束後上司允許下屬返家，都是這類的意涵。福澤指出日文有「御免の場所」（幕府准許營業的場所）、「御免の勧化」（得到幕府許可募款修建佛寺的堂塔）「殺生御免」（允許殺生）等詞語，「御免」相當於自由之意。最後，「自由」還可用於選擇好惡，例如不犯上作亂或鋌而走險。

因此，政治的自由是指其國的住民行使天道自然的「通義」（權利）而不能施以妨礙；開版（出版）的自由是指不論怎樣的書籍都能刊行而不能追究書中的內容；宗旨（宗教）的自由是指不論哪一宗派，人們都有信仰皈依的自由。可見「自由」一詞絕非放蕩不羈，也非害人利己。總之，自由是竭盡所能的發揮身心，人們互不妨礙，追求自身的幸福。

「right」一詞原意為正直，漢人譯為「正」字，是「非」字的相反詞，構成「是非」這個詞語，有遵從正理、勤守本分、不存邪念之意。這個字衍生出天經地義之理，漢譯為「達義」、

「通義」等詞，艱澀難懂。天經地義之理乃理所當然或正大光明追求之事物，例如不完成自己的職責，便不可要求自己的權利，此即俗諺「己所不欲，勿施於人」。

另外，還可指應可行某事之權，如押解罪人是市內警察（原文寫作「廻方」，意指在江戶市內負責警備、監察的町奉行所同心）的權利。最後，「right」還有理應持有某物之權。所謂私有權利即持有私有物的權利，對理外之物沒有權利即不取得道理上不應由我所有之物。人生（應為人身）自由是指人生來就是獨立不羈、沒有理由受到束縛，理應有自由自在的生活。

（二）《勸學》

說到明治時代的暢銷文學作品，信手拈來有明治初期中村正直翻譯的《西國立志篇》、福澤諭吉的《勸學》；明治十年代有東海散士的政治小說《佳人之奇遇》；明治三十年代有尾崎紅葉的《金色夜叉》、夏目漱石的《我是貓》（《吾輩は猫である》）以及島崎藤村的《破戒》。在上述暢銷書中若要選出一部最為暢銷，捨福澤諭吉的《勸學》外不作他想。

《勸學》（日文名稱為《学問ノススメ》，按字面正確譯名應為《學問之勸》）是福澤在慶

應義塾從芝新錢座遷到三田後，因九州中津欲開設學校，福澤應邀與既是同鄉、也是最早跟隨福澤的學生之一小幡篤次郎（只小福澤七歲）共撰《勸學》初篇。初篇完成於明治五年二月，銷售成績亮眼，依福澤日後在《勸學》合訂本序言所言，銷售量不下廿萬冊，加上流傳的偽版、盜版，至少不少於廿二萬冊，以當時日本約三千五百萬人口計算，平均每一百六十人便有一人讀過《勸學》初篇。

受到這一鼓勵的福澤，獨力繼續撰寫初篇的續篇，一共撰寫十七篇。福澤最初並沒有將十七篇集結成冊的構想，因此各篇之間的內容並不完全有接續關係。依保存在慶應義塾大學的資料，第二篇以下的出版日期分別為：

二篇（明治六年11月）、三篇（明治六年12月）、四篇（明治七年1月）
五篇（明治七年1月）、六篇（明治七年2月）、七篇（明治七年3月）
八篇（明治七年4月）、九篇（明治七年5月）、十篇（明治七年6月）
十一篇（明治七年7月）、十二篇（明治七年12月）、十三篇（明治七年12月）
十四篇（明治八年3月）、十五篇（明治九年7月）、十六篇（明治九年8月）

十七篇（明治九年11月）

據統計，第二篇起每篇大概都有逼近第一篇的銷售量，因此十七篇累計發行至少在三百萬冊左右，堪稱是明治時代任何作家都望之而嘆的福澤障礙。

《勸學》第一篇開頭如此寫道：

「天は人の上に人を造らず、人の下に人を造らず」と言えり。されば天より人を生ずるには、万人は万人皆同じ位にして、生まれながら貴賤上下の差別なく、万物の霊たる身と心との働きを以て天地の間にあるよろづの物を資り、以て衣食住の用を達し、自由自在、互いに人の妨げをなさずして各安楽に此世を渡らしめ給うの趣意なり。

「天在人之上不造人，在人之下也不造人」是說人自出生那一刻起一律平等，並非生來就有貴賤上下的差別。人作為萬物之靈，應依身心的活動取得天地間一切之物，以滿足衣食住之需要，自由自在、互不妨害他人的安樂度日。

「天は人の上に人を造らず、人の下に人を造らず」是福澤所造的新詞，將其置於篇首，讀者不難理解福澤對於人生而平等的重視，在寫下這句時，福澤一定是想起以儒者為志向卻齎志而歿的亡父。

福澤在第六篇〈論國法之可貴〉（国法の貴きを論ず）提到「政府代表國民，依國民的意志執行事務，其職責是逮捕有罪者和保護無罪者，此即依國民的意志執行事務。……因此國民服從政府，並非服從政府制定的法令，而是服從自己制定的法令；國民破壞法令，並非破壞政府制定的法令，而是破壞自己制定的法令；國民因破壞法令而遭到刑罰，也不是被政府刑罰，而是被自己制定的法令所刑罰。」綜上所述，福澤認為「國民既然已和政府約定，將執行政令的權柄委託政府，片刻也不能破壞約定及背棄法令。」哪怕是封建時代歌頌的仇討行為也不能允許。

說到封建時代的仇討行為，想必讀者一定會想到發生在五代將軍綱吉的赤穗浪士（以此事件改編成的歌舞伎或人形淨琉璃稱為《忠臣藏》，明治中期為了與壬生浪士區隔而改稱「赤穗義士」），儘管幕府最終作出赤穗藩家老大石內藏助良雄以下四十餘名切腹的判決，不過切腹對武士而言是死得其所，加上仇討的義行，使得當時上自看管浪士的熊本、伊予松山、長府、岡崎四藩藩主及其家臣，下至一般百姓無不將其視為義士。一百多年來，埋骨之地高輪泉岳寺終年香火不絕，改編成舞台的《忠臣藏》可說是歌舞伎的票房保證。

然而，福澤卻冒天下之大不韙，批評在江戶城本丸大廊下（松之大廊下）拔刀砍傷高家肝煎吉良上野介義央的大石等人的主君淺野內匠頭長矩，不將上野介對他的無禮行為訴諸幕府，而是私下以武力解決。幕府單方面向內匠頭究責固然不對，但是大石以家老之尊卻不向幕府抗爭，反而帶領其他赤穗藩家臣夜闖上野介私宅將其殺害，福澤認為大石等人身為人民不知尊重國法而私自殺害上野介，可說是逾越國民的職分，侵犯政府的職權，私自裁決別人的罪行。

福澤對赤穗浪士的批判等於顛覆元祿時代以來的價值觀，儘管在今日看來，福澤的批判才是正確的，但福澤當時招致的非難聲浪恐怕是現代人難以想像的。

《勸學》的爭議不止這些，第七篇招致的非難不下於前篇。該篇篇名為〈論國民之職分〉（国民の職分を論ず），「職分」一詞多次出現在《勸學》一書，可解釋成「職務」、「天職」、「本分」。福澤在這一篇提到一個名為權助的僕人，奉主人之命外出，卻因故遺失主人交給他辦事的一兩金。不知如何向主人交代的他，最終在路旁的大樹下自縊。

福澤舉這個例子旨在批判封建制度下毫無意義的犬死（沒有意義、沒有目的的死去），認為這樣的死不僅分不出孰輕孰重，對於文明的發展也毫無益處。第六篇和第七篇刊行時間只差一個月，因此延續社會輿論對他的責難，說福澤把權助和楠公（楠木正成）相提並論是何居心？於是引起「楠公權助論」的論戰。然而，福澤在第七篇根本沒有一言半字提及楠公，會硬把楠公和權助扯在一起或許是因為以楠木為主祭神的湊川神社剛於明治五年五月廿四日落成，由於有天皇獻上幣帛的加持（請見第七章第三節），存心責難福澤的人故意將兩者扯上關係要看福澤對此的反應，或許這才是「楠公權助論」產生的原因。

面對排山倒海而來的指責，福澤決定予以反擊。他化名為慶應義塾的「五九樓仙萬」（ごくろせんばん）於11月5日在當時的大報**《郵便報知新聞》**（由日本郵遞制度創始者前島密於明治五年六月創辦的報紙，以幕臣栗本鋤雲為主筆。明治十四年被大隈重信買下成為立憲改進黨的機關報，犬養毅、尾崎行雄、矢野文雄、原敬均曾是該報記者。明治晚期改名《報知新聞》，開始進入全盛期，與《東京日日新聞》、《時事新報》、《國民新聞》、《東京朝日新聞》並稱東京五大報，戰後併入讀賣新聞社）反駁對他的責難，文末並斥責那些圍攻福澤的人空有愛國之心，卻不辨愛國之理。

福澤這篇反擊文(正式名稱為〈評《勸學》文〉)在之後數日陸續被《朝野新聞》、《日新真事誌》、《橫濱每日新聞》刊載,也間接為《勸學》打免費的廣告。

(三)《文明論之概略》

從明治六年11月起,到明治七年7月,《勸學》從第二篇累積到第十一篇,福澤在這段期間幾乎以一個月一篇的速度寫作《勸學》(第四篇和第五篇在同一個月發表)。明治七年7月以後,福澤寫作進度似乎受到影響,從前文可知這段時間他應該是在寫〈評《勸學》文〉。〈評《勸學》文〉在各報刊登後,福澤立即於12月接連完成《勸學》第十二篇及第十三篇,然後隔三個月於明治八年3月完成第十四篇。

雖然第十四篇是相隔三個月才完成,也還在能接受的範圍內。倒是第十五篇的完成是在一年四個月後(一個月後完成第十六篇,又過三個月後完成第十七篇),何以第十四、十五兩篇完成的時間間隔這麼久呢?因為這段時間的前期(明治八年3月到8月)福澤正在動筆另一部可與《勸學》齊名,甚至比《勸學》評價更高的著作,這部著作即《文明論之概略》。

事實上，福澤在明治七年3月便開始執筆《文明論之概略》，同年9月脫稿，之後先是費時半年修改初稿，再費時約半年補充初稿內容，明治八年8月出版。在寫作《文明論之概略》的同時福澤也在寫作《勸學》（第七到第十四篇），另還有慶應義塾的教學，福澤旺盛的創作力由此可見。

自《西洋事情》以來，福澤的讀者主要以五十歲以上的世代為主，考量到這個年齡層視力普遍退化，福澤特地要求出版社以大號字體刊印。《文明論之概略》賣出的數量雖不如《勸學》，但也是遠遠甩開同時間上市的著作，據說連此時已經辭職下野、返回鹿兒島的西鄉前參議也對此書愛不釋手，還積極推薦給他成立的私學校學生。

《文明論之概略》共六冊、十章，在開頭序言福澤便對文明論作出如下的定義：

> 文明論是探討人類精神發展的議論。其目的不在於談論個人的精神發展，而是談論天下眾人的總體精神發展，所以，文明論也可以稱為眾人精神發展論。

提到當時世界的文明程度，福澤寫道：

論今世界之文明，歐羅巴諸國及亞美利加合眾國為最上之文明國；土耳古（土耳其）、支那、日本等亞細亞諸國稱為半開之國；阿非利加、澳太利亞（澳洲）等則為野蠻之國。此名稱已成世界之通論，不獨西洋諸國之人民誇稱文明，彼半開野蠻之人民也不以此名稱為辱，亦無不接受此說而誇稱勝過西洋諸國。

按福澤的說法，依文明程度可將世界各國分為文明、半開化、野蠻。何謂文明？何謂半開化？何謂野蠻？福澤一一為日本讀者下定義：

一、居無常處，食無常品，因便利而成群，利盡則匆匆而散，不見痕跡。或有定處且從事農漁業，衣食足卻不知改善器械，有文字而無文學，恐懼天然之力依賴人為的恩威，坐待偶然的禍福而不知運用智慧。此謂野蠻，距離文明尚遠。

二、農業大有進展，衣食俱足，亦能建家設都邑，外觀儼然具備國家之形。然而，探其內實則不足之處甚多，文學雖盛而從事實學者少。在人間交際（人際關係）方面猜疑嫉妒之心甚深，在談事物之理方面沒有質疑發問的勇氣，模仿細工雖然巧妙，但缺乏創新造物的精神。知墨守而不知發憤改進，人間交際雖有規則但尚無壓倒習慣的規則。上述現象稱為半開化，還未達到文明之境。

三、天地間的事物均納入一定的規範，在此之內人人均可自在且充分的發揮其才，氣風快發而不囿於舊慣，命運自我掌控而不依賴他人恩威，修德研智不沉湎往昔，亦不安於今。不滿足小康，而謀未來之大成，有進無退，已達目的仍不休止。追求學問崇尚實用，奠定發明之基礎，工商業日盛以促進幸福泉源。人的智慧不僅滿足今日之用，尚有餘力以謀後日。如此可稱為今之文明，遠遠擺脫野蠻和半開化之境。

福澤認為「現在稱西洋諸國為文明國家，不過是在當今世界所說的，若是仔細分析，還是有甚多不足之處。……」那麼當時西洋各國有何不足之處呢？福澤舉出戰爭、竊盜、殺人、結黨爭權、在外交上玩弄權謀術數等項，由此可見，文明的發展是無止境的，不應滿足於目前的西洋文明，現在的西洋文明僅是現在人類的智慧所能達到的最高程度而已。包括鹿野政直、小澤榮一、子安宣邦等學者在內，都認為福澤對於文明、半開化、野蠻的分類及其定義是受到基佐（Francois Pierre Guillaume Guizot）《歐洲文明史》與巴克爾

(Henry Thomas Buckle)《英國文明史》(該書因作者去世未能完成)的影響，不過比起《西洋事情》直接將原文譯成日文，福澤在《文明論之概略》消化讀完兩本鉅著寫下了自己的見解。

福澤雖不像森有禮等人有到外國留學的經驗，好歹在幕末也曾三次隨行到外國，他在接受西洋文明洗禮的同時也看出其缺陷，與同時間一大批過於崇洋的留學生相比，福澤可說才是真正對西洋文明有深刻的認識。

福澤對於該如何實現文明化有其獨特觀點(獨特是指當時而言)，他認為半開化的國家在汲取西洋文明時應有適當的取捨，西洋文明可區別為外在事物(或文明的外表)與內在精神(或文明的精神)兩個層次。外在事物指的是衣服、飲食、器物、居室、船艦、武器等有形之物，政令法律雖謂有形，但屬於不可買賣的實物，建設雖易，改革法律卻難；內在精神則指人民的風氣，風氣既不能出售也不能購買，更非人力在一夕間製造出來，普遍存在於全國人民之間、廣泛表現於各種事物之上。

福澤認為外在文明易取，內在文明難求。汲取西洋文明應先關注難的部分，而後才取其易，亦即先從改變天下人心著手，改變了人心則政令法律的改革才不會遇上阻難。改變了人心，也改革了政令法律，文明基礎的建立才會有著落，衣食住等有形物質也將自然而然跟著起變化。若是顛倒次序，反而對國家有害，日本近鄰的清國便是最好的例子。

以上簡單向讀者介紹明治初年福澤最有名的三本著作，這三本中的《勸學》及《文明論之概略》影響著一個又一個世代的日本人，其影響力之大遠遠勝過明六社成員，近代任何政治人物無法企及不說，連在文學家之中也少有可與之相提並論者，無愧於「日本伏爾泰」之稱號，福澤終生堅持的在野精神也成為日本人的典範。儘管福澤在明治十八年3月16日在自己創辦的《時事新報》上發表〈脫亞論〉後從民權論轉向國權論，成為日本對外侵略的鼓吹旗手之一，然而，譴責歸譴責，不應予以抹煞他對日本甚至東亞各國的貢獻。

鑒於福澤對於日本的影響以及立下的典範精神，日本政府於一九八四年11月決定以福澤、新渡戶稻造、夏目漱石取代聖德太子、伊藤博文成為日圓一萬圓、五千圓及一千圓上的肖像（原本一萬圓及五千圓上的肖像是聖德太子，一千圓為伊藤博文）。二〇〇四年11月起改由樋口一葉、野口英世成為五千圓、一千圓的新肖像，一萬圓依舊是福澤。

下一章筆者繼續介紹文明開化，相對於本章專注在思想啟蒙方面，下一章的主題為食、衣、住、行、育及其他等有形物質方面，看看這些有形器物為明治初期的日本帶來怎樣的改變及影響。

第九章

文明開化——破舊來之陋習、求知識於世界的表現

前章已談完明六社成立經過及其成員簡介，同時也介紹福澤諭吉在文明開化時期三本重要著作，如同前章結尾處筆者引用福澤說過的「外在文明易取，內在文明難求。汲取西洋文明應先關注難的部分，而後才取其易……若是顛倒次序，反而對國家有害」。筆者將在本章各節介紹外在部分的文明開化。惟，雖力求本章內容的時間在本書《御一新》敘述的年代範圍內（明治十一年5月14日以前），但恐怕未能完全符合，在此先行向讀者致歉。

一、食——《安愚樂鍋》反映的文明開化

日本自飛鳥時代接受佛教以來，到明治初期已超過千年，由於受到佛教禁止殺生的戒律，日本人不太以肉為主食。不過，並不是說日本人完全不吃肉，事實上豬肉、鹿肉、馬肉甚至連牛肉都是江戶時代日本人的菜單。從青木直己整理幕末紀伊藩武士酒井伴四郎單身赴任江戶的日記而完成的著作《幕末単身赴任　下級武士の食日記》（中譯本《江戶武士吃什麼》，健行文化出版）一書可見，兩百多年江戶食的文化在幕末結出豐碩的果實，江戶灣能捕撈到一百多種魚類都可成為桌上佳餚，而豬肉不僅成為武士，連在平民之間也已成為主食，進入明治時代才開始盛行且被視為文明開化象徵的是牛肉鍋。

可能有讀者讀過明治初年天皇親自吃牛排、喝紅酒帶動全國吃牛肉的風氣以強健日本人的體魄，天皇親自吃牛肉固然不假，但是明治初年天皇吃牛肉能否影響全國，這一點筆者頗感懷疑。筆者在前段結束時提及「進入明治時代才開始盛行且被視為文明開化象徵的是牛肉鍋」其由來有自，明治四到五年，幕末時曾出版數本著作的作家假名垣魯文發表以當時盛行的鋤燒（壽喜燒）為主要場景的諷刺著作《安愚樂鍋》，「吃牛肉象徵文明開化」一詞便是

出自該書。

假名垣魯文本名野崎文藏，號鈍亭、貓貓道人，生於文政十二（一八二九）年京橋鑓屋町（東京都中央區京橋）一家魚販，年輕時喜愛俳句、狂歌、戲作，久而久之也跟著進行創作。安政年間著有《安政見聞誌》、《滑稽富士詣》等書，但是並沒有因而竄紅。

進入明治年代改著**滑稽本**（化政時期小說型態的一種，多取材自江戶町人的日常生活，場景則以町人活躍的公共澡堂、理髮店等社交場所為舞台，主人公多半是名不見經傳的小人物，以描寫這些小人物頭腦簡單的言談和見錢眼開的行為為主。主要著作有式亭三馬的《浮世風呂》、《浮世床》），《安愚樂鍋　牛店雜談》（以下簡稱《安愚樂鍋》）即是假名垣換跑道後的著作，但是假名垣魯文的首部滑稽本並非《安愚樂鍋》，而是《西洋道中膝栗毛》。

熟悉化政文學的讀者想必能從假名垣所取的書名聯想到十返舍一九的滑稽本名作《東海道中膝栗毛》，全書以彌次（全名彌次郎兵衛）與喜多（全名喜多八）兩位住在江戶八丁堀的小人物為主人公，在前往伊勢參宮（前往伊勢神宮參拜，若從江戶出發，沿途會行走東海道）的路上與當地人鬧出的趣談。以現今角度來看，《西洋道中膝栗毛》是假名垣魯文向前輩十返舍一九的致敬作，不僅借用彌次與喜多兩位極具喜感的人物為主人公，更將舞台從日本國內擴大到英國、香港、新加坡等英國領土及其殖民地。

十返舍一九為寫作《東海道中膝栗毛》，多次來回反覆行走東海道，親自造訪過每一「次」（指東海道上五十三個宿場町，簡稱「東海道五十三次」），因此本書內容不是只有彌次、喜多及其他人的言談而已，還介紹沿途風俗、奇聞、方言、名勝。相較之下，假名垣魯文本人沒有到過國外，儘管參考過洋學者友人的講述，描寫西洋國家的風光，但也僅限於隔靴搔癢的程度，當然無法引起讀者共鳴。套句已故評論家加藤周一的話：「比起一九的原著來，顯得極其膚淺，這是當然的吧。西洋距《西洋道中膝栗毛》的作者或讀者都很遙遠，充其量只不過是憑主人公不懂外語才產生的滑稽效果而已。」

《安愚樂鍋》則無類似問題，假名垣可以在熟悉的日本國土上近距離觀察日本的民情，雖然地點是新興的牛鍋屋（牛肉鍋店，也稱為牛屋或牛肉屋，東京最早的牛鍋屋位於港區新橋四、五丁目中川屋）裡，吃著對當時日本人而言普遍陌生的牛肉鍋，但是店裡客人的談吐、出身、習慣甚至醜態都令當時日本人有熟悉的感覺，在假名垣筆下，來吃牛肉鍋的人有：言必稱歐洲的重度崇洋迷、毫無知識只是跟風趕流行的鄉下武士、配戴洋人耳環便自以為跟上文明開化腳步的藝妓、習慣性對客人品頭論足的人力車夫、總想趁著國難當頭政局不穩之際發點國難財的商人、在西醫充斥下面臨走投無路的江湖郎中、熱中評論新聞內容的一般百姓。

假名垣以寫實但不帶批判、滑稽且諷刺的筆法，活靈活現的將明治初期對文明開化一知半解（甚或全然無知）卻不甘寂寞的下層民眾呈現在讀者面前，搭配當時甚為活躍的浮世繪畫師河鍋曉齋繪製的插圖（透過河鍋的插圖可得知當時牛鍋屋裡並無桌子，鍋是放在鋪有木板的地上，顧客席地而坐吃牛肉鍋），讓《安愚樂鍋》成為文明開化時期的暢銷書。

柳田國男在《明治大正史　世相篇》寫道：「明治以來的日本食物，基本上有三個比較顯著的傾向存在。第一是熱食的增多，第二是人們普遍喜歡柔軟食品，第三很多人都深有體會的，大體上吃的東西都變甜了。」柳田提到的三個特點應該是針對整個明治時代而言，用來檢驗文明開化期雖未必正確，但已略具徵兆。

二、衣——洋服的出現

「洋服」（ようふく）一詞從字面即能望文生義，指西洋的服飾，正確說來應該是「洋式化的日本服飾」。也許會有讀者指出戰國時代織田信長以安土城為居城期間，曾穿著傳教士獻上的天鵝絨披風，這樣的服裝也算是洋服吧？戰國時代（或稍後的安土・桃山時代）包括信長在內所穿的西洋樣式服飾稱為「南蠻服」，鎖國後留在長崎出島的荷蘭人穿著的服飾稱為「紅毛服」，這兩種服裝雖從外表便可區別出與日本和服的不同，卻不是本節要介紹的洋服。

日本服飾的洋化大致上可以追溯至文久元年，這一年幕府**講武所**（安政改革設置的軍事訓練所，位於築地鐵砲洲，成員為旗本・御家人之子弟，教授劍術、西洋行軍及砲術）規定以西式軍服為制服。不過，整個幕末時期穿著洋服大概只有受幕府聘雇的外國軍事顧問團訓練的幕府諸隊、幕府派遣的留學生、諸藩私下派遣的留學生及坂本龍馬成立的海援隊等少數團體，可說是少數中的少數。

其實讀者從以明治時代為背景的戲劇、動漫不難看出，終明治一代日本人著洋服的情形並不普及，雖然筆者在第七章提及天皇前往西國、九州行幸時「遇上傳統儀式便穿著束帶裝，若是接見地方官員則穿著燕尾服」，但並沒能帶動洋服的熱潮。主要穿著洋服的是高官（敕任官、奏任官及部分判任官）、陸海軍人、警察、中等學校以上的教師及學生，穿西服的比例較幕末時期已有提升，但與當時日本人口相比仍是少數。當時經常可見的奇特景象是家境不富裕的中等學校學生，雖然上半身穿著筆挺的西式制服，腳上卻穿著木屐或草鞋，遇到冬天甚至還穿上**足袋**（穿和服時直接套在腳上的鞋襪，顏色以白色居多，功用主要為保暖及保護腳部，故材質多為棉布及絲織品，多為穿草鞋、雪鞋、木屐時著用）禦寒。警察遇到雨天或低窪積水之地，為防昂貴的皮鞋淋濕，脫下皮鞋光著腳值勤。至於女性穿洋服的比例更低，要到「鹿鳴館時代」因為要與洋人交際才開始在華族女性中普及。

此時的洋服大致上包含：背廣（男性西裝）、襯衫、夾克、背心（vest）、連身裙、西裝褲、西裝外套（blazer）、長裙、羊毛衣（cardigan）、女性襯衫（blouse）、毛線衣（sweater）等，這些衣服的材質日本或有生產，但無技術，是舶來品中的搶手貨，價格無比昂貴，對於尚處農業社會的明治時代除一夕致富的暴發戶外鮮有能負擔者，洋服的普及大致上要到大正時代才算落實。

三、住——近代西洋建築及瓦斯燈的引進

近代以前，除安土．桃山時代大名的城郭外，日本建築主要以木造為主。特別是居住超過百萬人口以上的江戶，除將軍居住的江戶城，包括大名在江戶的各種屋敷、寺社及以庶民為主要居住對象的**長屋**（江戶時代菜販、魚販等叫賣小販、日薪工人及各種職人等庶民的居住空間，寬約九尺、長約二間〔二．七公尺×三．六公尺〕相當三坪的房間，沒有衣櫥，沒有獨自的水源與浴室，住在長屋的庶民要到澡堂才能洗澡，且幾乎不在長屋炊事。由於隔音極差，也沒有隱私可言，長屋反倒像是睡覺休息的處所）都是木造建物。

對熟知江戶歷史的讀者而言，可以洋洋灑灑列出二百多年間包含明曆大火、天和大火、明和大火在內多次江戶的大火，其主因正在於江戶多木造建物，往往一燒起來一定範圍內所有可燒之物皆燃燒殆盡。不過，木造建物的缺點並非只有易燃而已，除少數樹種外易遭蟲蝕、因內部腐蝕難以長久保存也是木造建物的缺點。

幕末日本境內開始出現洋風建築，如位於長崎的哥拉巴宅邸以及筆者在第三章提過的大浦天主堂，巧合的是，兩者不僅完工時間相近（文久三年與元治元年），且近在咫尺（都位

於長崎市南山手町），又不約而同被劃入不同的世界文化遺產（前者於二〇一五年被列為「明治日本の産業革命遺産　製鉄・製鋼、造船、石炭産業」，後者於二〇一八年被列為「長崎と天草地方の潜伏キリシタン関連遺産」）。

慶應年間薩摩藩完成的集成館機械工廠與紡織所技師館，以及筆者在《戊辰戰爭》提到的五稜郭也是幕末時期洋風建築的佼佼者，集成館機械工廠與紡織所技師館同樣列入世界文化遺產「明治日本の産業革命遺産　製鉄・製鋼、造船、石炭産業」之中。

進入明治時代有更多洋風建築問世，由於當時日本人缺乏西洋建築學的概念，因此從設計、製圖到建造多由外國建築師包辦。也因為如此當時的洋風建築造價昂貴，不在一般民眾能負擔的範圍內，因此洋風建築幾乎集中在新政府官舍、官廳或公共建築等領域上。截至明治十一年，日本國內有名的洋風建築有第七章提及的泉布觀及造幣寮正面玄關、第一國立銀行、富岡製絲廠（二〇一四年被列為世界文化遺產「富岡製糸場と絹産業遺産群」）、大藏省官廳、開成學校、慶應義塾三田演說館、舊開智學校以及舊濟生館本館等。

上述建築除第一國立銀行（明治三十五年遷移後拆掉）、大藏省官廳（關東大震災時燒毀）、開成學校（老舊拆毀）外均保留至今，且均被列為重要文化財（富岡製絲廠與舊開智學校甚至被列為國寶），除富岡製絲廠、舊開智學校以及舊濟生館本館外均位於繁華的東京、大阪等地，鑑於讀者對舊開智學校及舊濟生館本館可能較為陌生，因此筆者特別介紹這兩棟建築物。

舊開智學校位於今長野縣松本市開智二丁目，建於明治九年，嚴格說來是一座**擬洋風建築**（幕末到明治初期的建築樣式，揉合傳統木造建築與西洋建築，有時還夾雜中國傳統樣式。有別於明治初期聘用外國技師打造的純西洋建築風格，傳統日本大工則以和洋折衷建築為亮點，雖說是和洋折衷建築，實際上是對西洋建築的模仿。大抵說來，明治前十年是擬洋風建築的全盛期，代表建築有開智學校、舊濟生館本館，之後逐漸沒落），值得一提的是該校的設計、建築並非出自外國建築師，而是由出身當地（幕府時代隸屬松本藩）的**大工棟梁**（大工意為負責木造建物的建築或修繕的職人，棟梁則指組織的核心人物，如武家棟梁。大工棟梁意指負責木造建物職人的核心者）立石清重負責。

明治五年八月，太政官頒布《學制》，將全國分為八大學區，每一大學區分為三十二個中學區，每一中學區再分為二百十個小學區。松本藩在廢藩置縣後劃入筑摩縣（範圍包括今長野縣除東北部外大部分地區與岐阜縣飛驒地方，明治九年8月21日以後併入長野縣與岐阜縣），明治八年4月，筑摩縣權令永山盛輝（薩摩藩出身）令立石清重建造小學校。立石參考開成學校及東京、橫濱眾多洋風建築，在白色的建築正面匯聚龍的雕刻、瑞雲、**唐破風**（破風是東亞諸國常見的屋頂端部造形，以破風板和山牆面所構成。唐破風是破風的一種，常見於神社建築及城郭建築，中間略呈弓形、左右兩端彎曲的曲線狀破風）、瓦屋根等和風元素及陽台、長窗、天使雕刻、八角塔等洋風元素於一身，耗費約一萬一千圓（現值約二億餘日圓）。如此一座擬洋風建築坐落在當時人口只有數萬的松本，成為當地不下松本城的地標。開智學校歷時一年竣

開智學校為文部科學省指定為國寶。

工，不過，永山權令未能見到學校落成便已調任新潟縣令。

明治十年入學式吸引近兩萬人到校參觀，是長野縣境內面積最大的小學校，澤柳政太郎（曾任東北帝大、京都帝大總長，京都帝大總長期間擅自開除要求大學自治的七名教授，引起校內教授串連反對澤柳，最後辭職離去）、木下尚江（社會運動家，與片山潛、堺利彥、幸德秋水等人成立社會民主黨，隨著該黨成立僅兩日便遭查禁轉為基督教社會主義者）等都曾就讀過開智學校。昭和三十八（一九六三）年起開智學校將其拆解移至現地復原，改成教育博物館對外開放，二〇一九年被文部科學省指定為國寶。

說到擬洋風建築的最高傑作，除開智學校外，位於山形市舊濟生館本館也是選項之一。明治九年8月21日，鶴岡縣、山形縣、置賜縣合併成山形縣（大抵與現在一致），薩摩藩士三島通庸成為合併後首任山形縣令。三島通庸在縣令任期（山形縣令以外還擔任過福島、栃木二縣縣令）被民眾取了「鬼縣令」及「土木縣令」兩個外號，「鬼縣令」指的是無情鎮壓自由民權人士（尤以在福島縣令任期內大肆鎮壓以河野廣中為首的三春自由黨人），「土木縣令」則是指每到一地任縣令便大興土木，把轄地變成工地。明治十一年2月，三島縣令建造擬洋風的醫院，同年9月竣工，明治十一年12月由三條太政大臣命名「濟生館」並親筆揮毫，成為醫學校（東京大學醫學部前身）附屬機構。

濟生館雖是擬洋風建築，其整體建物卻是木造，以十四角形的迴廊圍繞圈出中庭，從正面看來共有三層樓閣，一樓是八角形，二樓是正十六角形，並有螺旋階梯通往三樓，到了三樓又成為八角形。與傳統和風建築相比，濟生館可說色彩鮮艷、豐富，貼在外牆的木板漆成淺褐色，圍住二、三樓露台的欄杆皆漆成藍色，柱子與窗框則都採用深紅色。

明治廿一年，濟生館脫離東大醫學部，改成民營。二戰末期濟生館雖未毀於戰火，但醫院部分仍在戰後燒毀。昭和四十一（一九六六）年，矗立近九十年的濟生館由於建築本身的老舊與基於安全的考量不宜再做為醫院，該年日本將其指定為國家重要文化財，隨即由七日町進行遷移。昭和四十六年完成遷移，原址七日町仍有名為濟生館的醫院，但已非昔日的擬洋風建築濟生館，這棟建築遷移到霞城公園內復原，以山形市鄉土館之名對外開放。讀者若有前往山形市霞城公園，除參觀山形城、山形縣立博物館，也別忘了順道參觀公園南緣的舊濟生館本館。

明治五年二月廿六日，皇城和田倉門內舊會津藩邸所在地兵部省起火，火勢因強風迅速蔓延至丸之內（大抵位於皇居至東京車站）、銀座、築地一帶，火燒範圍雖不如江戶時代幾次著名的大火，是江戶改名為東京後首次發生的大火災。

從另一角度來想，正好可以藉此次銀座大火汰除傳統木造建築，並趁火災後的建設重新規劃街道。災後東京府知事由利公正主導東京的復原，計劃引進當時在歐洲已經普及但尚未正式傳入日本的瓦斯燈（gas lighting），不過明治五年五月，由利跟在岩倉使節團之後也前往歐美考察。基於東京府不可一日無知事，由利辭去東京府知事一職由舊幕臣大久保一翁繼任。

大久保一翁知事任命大藏省推薦的雇用外國人湯瑪士・華達士（Thomas James Waters）負責重建銀座，華達士才剛於明治四年完成泉布觀，重建火災後的銀座對他而言是另一個新挑戰。華達士的使命除打造近代化的銀座外，還要兼顧防火與美觀的功能。明治六年，華達士打造出令當時日本人耳目一新的銀座煉瓦街。「煉瓦」，即中文的紅磚，在現代已不再是建築的主要建材，但在當時煉瓦（紅磚）因具有不易燃、日本前所未見的建材等特點而成為銀座的新寵兒之一。銀座的另一新寵兒是明治七年12月18日點亮從京橋到金杉橋八十五座瓦斯燈，不過早在明治五年九月一日，橫濱出身的實業家高島嘉右衛門已聘用法國技師在大江橋到馬車道（橫濱市中區）之間點上瓦斯燈。

瓦斯燈於是也成為文明開化的代表物。

四、行——人力車、鐵道鋪設及郵便制度

明治三年，福岡藩士和泉要助把江戶時代用以運貨的大八車加以改良，改良後的新工具不是用來運貨，而是用來載人，由於依舊使用人力，故命名為人力車（傳入清國後也稱為黃包車）。人力車多由年輕力壯的車伕在車前拉行，載客數為一到二人，若遇到必須趕時間的緊急狀況，尚會有一名車伕在後面推，如此一來車資當然也會不同。

之後幾年人力車迅速遍及日本全國，幕府時代盛行一時的**駕籠**（江戶時代以人力運載乘客的交通工具，最初只限公家或武家乘坐，尤其是作為大名參勤交代的交通工具，因此也稱為大名駕籠。後來普及到庶民，庶民乘坐的駕籠規模雖不如大名駕籠，不過搖晃感及空間狹窄則一致。之後發展出椅子駕籠，雖可克服搖晃，惟，需要的人力增至四人，連帶價格也較為昂貴）因而沒落，駕籠的車伕在失業後往人力車業靠攏，使得人力車伕的來源由不

學無術之輩擴大到都市的勞力者、失業者，甚至連廢藩置縣後僅被以微薄俸祿打發的失意士族也投身人力車，壯大人力車業者，每天人力車伕拉車的吆喝聲在日本城市間穿梭不息，人力車於是也成為文明開化的象徵。

由於穩定持續的發展，人力車的造形也出現改良，原本人力車沒有遮雨功能，後來出現在乘客頭上加裝車蓬以遮雨，更有與報紙業者合作，提供乘客坐人力車時讀報打發時間。明治五年完成新橋與橫濱之間的鐵道鋪設，但人力車並未因此受到影響，因為此時的鐵道只具備串聯城市與城市的功能，而無法提供城市內點與點的聯繫，人力車能滿足這樣的需求，之後出現搭乘火車往來城市與城市，在火車站下車後乘坐人力車在城市內旅遊的現象。

明治三十年代路面電車的出現使人力車受到打擊，人力車需求量銳減，人力車伕在數年內只剩一半，到大正初年出租汽車開始營業後，市區再也見不到人力車的蹤跡。今日在日本旅遊只剩部分景點能見到人力車，不過也只是賺賺觀光客的觀光財，再也回不到明治時代的盛況。

大政奉還後兩個月的慶應三年十二月廿三日，美國領事館書記官波特曼（Anton L·C·Portman）從仍掌控實權的幕府老中兼外國事務總裁小笠原長行手上，取得江戶到橫濱的鐵道鋪設權，雖因為戊辰戰爭的爆發而延緩美國的鋪設計畫，但新政府早已抱定不履行幕府與美國之間的承諾。因為小笠原前老中不僅同意由美國鋪設鐵道，還連帶將這條鐵道的經營權也交給美國經營，好在小笠原前老中與波特曼之間只有口頭承諾而無實際的簽訂合約，新政府才不至於在成立伊始便喪失江戶與橫濱之間的鐵道鋪設、經營權。

太政官決定不依靠美國或其他列強，憑一己之力鋪設鐵道，然而，當時日本沒有鋪設鐵道需要的大量金錢。明治二年十一月，大藏卿伊達宗城、大藏大輔大隈重信連同少輔伊藤博文三人連袂造訪英國公使巴夏禮，希望能透過巴夏禮向英國借款。巴夏禮向伊達等三人建議若能以日本海關關稅為抵押，則可借款三百萬英鎊。伊達等三人認為三百萬英鎊的借款過多，若無力償還恐怕會保不住海關關稅的自主，因此決定只借一百萬英鎊，同時以巴夏禮推薦的技師艾德蒙·莫瑞爾（Edmund Morel）負責規劃統籌整個鐵道鋪設。莫瑞爾儘管年輕（巴夏禮於明治二年任命此職務時年僅廿九歲），已在英國殖民地有多年規劃鐵道的經驗，莫瑞爾在日本經過一番觀察後認為日本地形多山地，適合鋪設三尺六寸（約一〇六七 mm，台灣西部幹線也是這一尺寸）的窄軌軌道。莫瑞爾的提議得到工部省的認同，也確立之後日本鐵道以窄軌為基準。

明治四年九月廿三日（格列高里曆11月5日），莫瑞爾因肺結核去世，享年三十一歲。莫瑞爾的去世並不影響鐵道的鋪設，工部省以礦山頭兼鐵道頭井上勝（有「日本鐵道之父」的稱號）完成最後的鐵道鋪設。全長十八英里（約廿八．八公里）的鐵道鋪設中最大難關為橫跨多摩川的六鄉川橋樑（東京都大田區西六鄉與神奈川縣川崎市川崎區之間），之所以被稱為難關在於這是全程唯一的橋樑，全長五百餘公尺，依當時的技術只能建造木橋。

與之後清國一樣，當時朝野有不少人認為鋪設鐵道是「興無用之土木，使生民苦於塗炭」，所幸仍有相當的有識之士認同太政官理念，不若之後的清國發生搗毀鐵道的暴舉。

在沒有搗毀鐵道等暴舉的阻攔下，明治五年五月，品川至橫濱路段已開始運輸，九月十二日（格列高里曆10月14日），天皇親自前往新橋站，與大隈、井上勝等鋪設鐵道相關人員及外國公使上車，往返於新橋、橫濱（現為JR東日本櫻木町驛）兩地，大隈重信日後編纂的《開國五十年史》〈鐵道誌〉（撰稿人為井上勝）提到這一天是「日本鐵路開業之嚆矢」。戰前將10月14日列為「鐵道紀念日」，一九九四年起改稱「鐵道之日」。

這條最初的日本鐵道在明治六年平均每日載運量為四千三百多人，營業額為四十二萬圓，已超出原先的預期。雖然民間還有部分反對聲浪，但上起太政官，下至地方官吏幾乎一致支持鐵道的興建，除明治三年七月動工的大阪到神戶約二十英里外，京都到大阪的廿七英里路線也在明治六年12月批准鋪設。此外負責鐵道業務的單位由原本的民部省轉移至明治三年閏十月廿日成立的工部省。

大阪到神戶，以及京都到大阪的鐵道分別於明治七年5月與明治十年2月相繼啟用，至此日本已有六十五英里（約一〇四公里）的鐵道。此後，日本鐵道鋪設進展神速，至明治四十年已有近四千九百英里（超過七千八百公里），國有鐵道及私有鐵道並進，成為東亞鐵道大國。

江戶時代傳遞書信的制度稱為飛腳，雖同樣是飛腳可以再細分為三類：

（一）幕府公用之飛腳，江戶至大坂約五百五十餘公里，四日可至。

（二）大名飛腳，全國諸藩各置飛腳，其往來之路自藩廳所在地以迄江戶。

（三）市坊飛腳（也稱町飛腳），由江戶、京都、大坂三都商家十三人合力開辦，代公眾遞送書信，江戶至大坂限定六日到達。

前兩種飛腳允許騎馬傳遞，即使如此，四日抵達也頗為吃力。第三種飛腳，完全仰賴人力（或腳力），其辛苦可想而知。

明治三年五月，租稅權正兼驛遞權正前島密（舊幕臣出身）向太政官建議廢除幕府時代的飛腳制度，設立郵便制度。前島密為考察郵便制度及簽訂鐵道建設借款契約，毅然前往英國，為此太政官保留前島密租稅權正職務，驛遞權正由同樣出身舊幕臣的杉浦讓繼任。杉浦讓成立郵便局（郵局）並發行日本最早的切手（郵票），面額分別為五百文、二百文、一百文及四十八文，杉浦於明治四年一月扶正為驛遞正。

前島密費時一年多考察英美兩國郵政，於明治四年八月返國，由於有留洋的經驗而為太政官任命為驛遞頭，杉浦讓反而居其下。明治五年日本加入國際郵便行列，在橫濱、神戶、長崎三地可以寄送國際信件。這一年前島密整合尚未廢除的飛腳，並創辦《郵便報知新聞》。明治八年統一將郵便役所稱為郵便局（郵局），也在這一年開始辦理郵政匯兌及郵政儲蓄的業務，前島密對於郵便制度的確立貢獻良多，因此被稱為「郵便制度之父」。

另外，電信電話在明治十一年之前亦有初步的進展。

五、育——頒布學制、留學生的派遣及實施太陽曆

江戶時代的學校有直屬幕府的昌平坂學問所（也稱為昌平黌），到幕末成立蕃書調所（之後改名洋書調所、開成所），前者精研儒學，後者精研蘭學、洋學。十八世紀中葉以後諸藩陸續成立藩校，限定招收藩士子弟（鄉士被摒除在外），最初也是以儒學為教育內容，黑船事件後兼學蘭學與劍術，在藩校成績優異者可獲得推薦前往昌平坂學問所進修的機會。

民間則有名聲響亮的儒學者成立私塾招收門生，著名的有江戶初期伊藤仁齋的堀川學校，據說門徒總計超過三千人。幕末玉木文之進、吉田松陰的松下村塾人數雖不足百人，但這一私塾以孕育明治時代政壇上的長州閥而聞名。筆者在《幕末》提及的西博德在長崎成立的鳴瀧塾以及緒方洪庵的適塾，雖是教授蘭學，但其性質亦為私塾。私塾並不限定門生來源，只要能繳交束脩（給教職人員的酬金）即可入門學習。

另外，尚有以幼童（包括女性）為對象的寺子屋（在第六章已有介紹，茲不贅述），這些教育機構使江戶時代的日本成為當時世界識字率最高的國家之一。不過，識字率高的日本卻與世界脫節，這並不完全是幕府鎖國之故，而是費時所學的多為沒有實際用途的學問，

因此福澤諭吉才會在《勸學》提倡實學的重要。

那麼，福澤主張的「實學」為何呢？《勸學》第一篇寫道：

所謂學問，並非能識難字、能解難讀的古文或吟詠和歌之樂、作詩等對世上無實益的學問（原文為「文學」，筆者認為譯成「學問」較好）。這樣的學問雖自然而然也能使人心愉悅，而且也有些許的益處，卻不若古來世間的儒者、和學者所言及那樣可貴。……因此，我們應把不實用的學問置於次要，專心致力於世人平日生活所需的實學。例如，學習四十七文字（指伊呂波歌，在本文可指日文或識字）、信件的書寫、記帳的方式，學會算盤和天秤等等。……地理學介紹日本國內以至於世界萬國的風土情況，究理學（物理學）探究天地萬物的性質及其作用，歷史是鉅細靡遺記載年代探究萬國古今情景的書籍，經濟學是探討一身一家以至於整個國家生計的學問，修身學識論述自身的修養、與人交際及處世的道理。

從福澤的敘述可知：認識難字、能解難懂古文、吟詠和歌及作詩屬於對世上無實益的學問，亦即非實學；而識字、寫信、記帳、打算盤、使用天秤、地理學、究理學（物理學）、歷史、經濟學、修身學則屬於實學，福澤提到「如果人能不分貴賤上下，人人都樂於追求這些學問，並且有所心得，士農工商各盡其份、各自經營家業，個人便可獨立，一家便可獨立，天下國家自也可以獨立。」

進入「破舊來之陋習、求知識於世界」的明治時代，教育宗旨不應該再繼續鑽研對世上無實益的學問。於明治四年七月十八日成立文部省，在當年十一月派遣文部大丞田中不二麿為理事官，率領文部省數名成員（名單請見第六章第二節）隨同岩倉使節團前往考察歐美各國的教育制度。

田中文部大丞等一行人出洋考察的同時，文部卿大木喬任於明治四年十二月任命箕作麟祥、岩佐純、內田正雄、長熒、瓜生寅、木村正辭、杉山孝敏、辻新次、長谷川泰、西潟訥、織田尚種、河津祐之等十二人為學制取調掛負責起草學制。在學制取調掛全員的努力下，明治五年一月完成學制大綱草案，然後上呈太政官，太政官再交由左院審議。八月二日，依太政官布告第二一四號頒布《學制》並附序文，總計一〇九章（到明治六年7月為止追加至二一三章），由於序文結束時有「右之通被仰出候」（如右文所示）等文字，故也稱為「被仰出書」，序文有如下內容：

人人若欲自立其身，治其產，昌其業以遂其生無他，必以修身，開智，長才藝。欲修身，開智，長才藝，莫過於學，是以設學校從日用常行言語算書起，以迄於士官農商百工技藝及法律政治天文醫療，凡人生於世沒有不經學習便能盡其才，從事學習方能治生、興產、昌業，故學問乃立身之財本。……自今以後一般人民，華、士族、卒、農、工、商及婦女子，必期邑無不學之戶，家無不學之人。人之父兄者，宜體認此意，厚其愛育之情，務必使其子弟向學。惟高尚之學各任其人之材能，幼童子弟不別男女，必使其就讀小學，不然者失在父兄。

《學制》內容圍繞在以下六個主題：

一、大中小學區之事

二、學校之事

三、教員之事
四、生徒及學業之事
五、海外留學生規則之事
六、學費之事

根據《學制》劃分全國為八大學區，每區設置一大學校（大學），每一大學區分成三十二中學區，每區設置一中學校，每一中學區分成二百一十個小學區，每區設置一小學校。如此一來，全國有八所大學校、二百五十六所中學校、五萬三千七百六十所小學校。然而，實際實行起來難度頗大，因此在明治六年4月改成七大學區（二百廿四所中學校、四萬七千零四十所小學校），每一大學區包含的區域如下：

學區	大學本部府縣名	府縣名（以明治六年的府縣為準）
第一大學區	東京	東京府、神奈川縣、埼玉縣、入間縣、木更津縣、足柄縣、印旛縣、新治縣、茨城縣、群馬縣、宇都宮縣、山梨縣
第二大學區	愛知	愛知縣、濱松縣、岐阜縣、三重縣、度會縣、筑摩縣、石川縣、敦賀縣、靜岡縣
第三大學區	大阪	大阪府、京都府、兵庫縣、奈良縣、堺縣、和歌山縣、飾磨縣、豐岡縣、高知縣、名東縣、岡山縣、滋賀縣
第四大學區	廣島	廣島縣、鳥取縣、島根縣、北條縣、小田縣、濱田縣、山口縣、愛媛縣
第五大學區	長崎	長崎縣、佐賀縣、白川縣、宮崎縣、鹿兒島縣、小倉縣、大分縣、福岡縣、三潴縣
第六大學區	新潟	新潟縣、柏崎縣、置賜縣、酒田縣、若松縣、長野縣、相川縣、新川縣
第七大學區	宮城	宮城縣、磐前縣、福島縣、山形縣、水澤縣、岩手縣、秋田縣、青森縣

不管分成八大學區或七大學區，當時普遍存在的問題有二，一是沒有足夠的資金辦學校，二是師資嚴重欠缺。文部省用一個方法同時解決兩個問題：將幕府時代的私塾、寺子屋升格為小學校（寺院則成為校舍），私塾、寺子屋的教員也轉換身分成為小學教師。不過這些傳統時代的師資只能講授儒學典籍，講解翻譯自歐美的教科書時，有時會出現比學生還不了解的情形，也因此鬧了一些笑話。雖然有私塾、寺子屋教員的挹注，學校及師資缺乏的問題依舊存在（到明治十一年為止，小學校只有二萬六千五百八十四所），明治廿四（一八九一）年，廿歲的島崎藤村畢業於明治學院（明治學院大學前身，島崎當時就讀的應該是大學預科），隔年，沒有任何實習經驗的島崎被趕鴨子上架般在相當於現在的中學任教。

《學制》規定六歲入學（學齡前有幼稚小學），從小學校開始讀起，往上依序為中學校與大學校。小學校分成下等小學與上等小學，各需修學四年，其他還有女兒小學、村落小學、貧人小學、小學私塾，修學年限只有四年，上述這些小學與小學校下等小學為義務教育，屬於初等教育。中學校亦分為下等中學與上等中學，修學年限各為三年，其他還有外國語學校（分為下等科與上等科）、專門學校（分為預科與本科）、諸民學校以及師範學校。上等小學、下等中學、外國語學校下等科及諸民學校屬於中等教育，外國語學校上等科、專門學校預科及本科、師範學校則屬高等科。大學校一般約在廿、廿一歲入學，沒有確定的修學年限，屬於最高學府。

筆者在第八章約略介紹東京大學的由來，明治十年4月，東京開成學校與東京醫學校合併成東京大學，設置法、理、文、醫四個學部，是日本最早的綜合大學。附帶一提，明治十九年3月2日，頒布《帝國大學令》，規定帝國大學由大學院（相當於研究所）與分科大學構成，於是由法科大學、醫科大學、工科大學、文科大學、理科大學構成的東京大學與大學院成為帝國大學（成為帝國大學後又加入農科大學），這是為何帝國大學不稱校長或學長（校長之意），而稱總長的原因。

另外還有工部省工學校和開拓使仮（臨時）學校這兩所值得一提的學校。工部省設置於明治三年閏十月廿日，到隔年八月十四日確定其職權，總計有鐵道、礦山、工學、勸工（以上為一等寮）、製鐵、電信、燈塔、製作、土木、造船（以上為二等寮）等十寮以及測量一司。工部省的職責為：（一）開化工學。（二）獎勸百工，繁昌工業。（三）主宰並管轄所有的礦山。(四)修繕鋪設鐵道以及電信、燈塔。(五)製造修理船艦。(六)煉製鑄造供各類製作所需的銅、鐵、鉛以製作各種器械。(七)測量海陸。

為實現上述目的，在工部省各部門成立的同時，也由工學寮成立一個培養技師的機關，此即工部省工學校(以下簡稱工學校)。工學校於明治六年11月開校，校址位於現今千代田區霞關三丁目一帶，初設土木、機械、造家(建築)、電信、化學、冶金、礦山等七科，之後增設造船科。工學校設置的學科在當時日本是前所未見，因此師資幾乎全部仰賴外國人，加上工部省的職權與建設有關，在當時日本也幾乎沒有能提供所需的技術人員，工部省於是成為明治初期雇用外國人較多的單位之一。明治十年因工學寮廢除改稱工學部大學校，屬於《學制》下的專門學校，分成基礎(一般教育)、專門(專業教育)、實地(實習教育)三期，每期各二年共六年的學制。明治十九年依《帝國大學令》併入帝國大學，成為帝國大學工科大學，戰後成為東京大學工學部。

明治五年四月十五日，開拓使仮學校在東京芝增上寺裡成立，在成立前已招募一百名十四到廿歲學生，官費生與私費生各半。成立的同時任命荒井郁之助為該校校長，讀者對這個名字應當有印象，他正是筆者在《戊辰戰爭》提到的蝦夷政權海軍奉行。明治二年五月十八日與榎本武揚等蝦夷政權核心成員，向黑田清隆、增田虎之助等新政府軍代表降伏，結束箱館戰爭等一連串的戊辰戰爭，蝦夷政權核心成員紛紛被押解至東京關入牢中，歷時約兩年半的牢獄之災於明治五年一月十六日獲得特赦出獄。

出獄後的荒井出仕開拓使，當時掌控開拓使實權的是開拓次官黑田清隆，黑田任命他為開拓使仮學校校長。同年九月成立以培養「賢母」為目的的女學校，只招募五十名官費生（明治九年5月廢止）。既然名為開拓使仮學校，校址卻不在北海道，為避免名實不符，明治八年將開拓使仮學校及女學校遷往當時北海道已建設得有聲有色的札幌，同時捨棄開拓使仮學校的校名，改名札幌學校。

明治九年8月13日，使用僅一年的札幌學校再度改名札幌農學校，由於已成為專門學校，同時擁有預科和本科。說到札幌農學校，相信許多讀者一定會聯想到留下「Boys, be ambitious」（少年よ、大志を抱け）這句名言的克拉克（William Smith Clark）博士，他是改名札幌農學校後的首任校長（他的職務應為 vice-principal，即副校長，不過開拓使允許他使用 president，即校長），事實上他也是日本聘雇的外國人之一，他受雇的時間只有短短一年（明治九年5月20日到明治十年5月20日），「Boys, be ambitious」這句名言是他聘雇屆滿即將離開札幌農學校時，在舊島松驛遞所（北海道北廣島市島松）留給前來送別的第一屆學生的名言，如今不僅成為北海道大學的校訓，也是日本教師勉勵青年學子的名言。感念克拉克博士對札幌農學校的恩澤，光是北海道大學內便有好幾尊銅像，最有名的一尊，也是許多遊客會在銅像前與之合影並擺出同樣姿勢的，是位於札幌市豐平區羊ヶ丘展望台的全身銅像。

眾所周知，札幌農學校是之後北海道帝國大學、北海道大學（二〇〇四年起改名為國立大學法人北海道大學）的前身，不過在大正七（一九一八）年升格為北海道帝國大學之前，從明治四十年起，札幌農

羊ヶ丘展望台的克拉克博士銅像。

學校併入東北帝國大學農科大學。

總的說來，《學制》是囫圇吞棗下的產物，大中小學區落實並不徹底，學校的興建未能達成目標（應該說《學制》訂下的目標太高），教員的缺額始終補不上。另外還有一個大問題在於幕府時代只要繳交束脩便可在私塾、寺子屋上課，所謂「束脩」，原意為肉脯，後來也可用來指其他微薄的禮物（並非現金），進入明治時代，「束脩」被「學費」取代。另外，明治六年1月頒布《徵兵令》，年滿廿歲的男子都要服三年兵役，政府宣稱此為「血稅」；同年7月頒布《地租改正條例》，一改過去幕府時代徵收實物，改收現金。

《徵兵令》及《地租改正條例》影響農民的勞力及收入，加上受教育既要花錢也會減少人力，因此農民將子女送往學校接受教育的意願並不高，小學校入學率始終低迷（明治十一年度只有百分之四十一），甚至還低於幕府時代，要到明治末期才有到將近百分百的入學率（僅限於小學校下等科）。因此明治十二年9月29日頒布《教育令》，廢止《學制》。

日本留學生的派遣始於幕末，如讀者已很清楚的文久三年長州藩與慶應元年薩摩藩都曾派出留學生前往英國留學，甚至連幕府也在文久二年及慶應年間多次派遣留學生前往荷蘭、俄國、英國、法國等地留學。戊辰戰爭結束後從明治三年起，連續兩年都派出超過一百八十名以上的官費留學生（包含明治四年岩倉使節團的五十餘名留學生和五名女留學生）留學歐美各國。不過，新政府的開銷有很大部分是支付給華、士族以作為廢藩的代價；另一大開銷是支付給聘雇的外國人，當時太政官最高薪三條太政大臣的月薪「只有」八百圓，不少聘雇外國人的薪水輕鬆勝過三條太政大臣。對華、士族的補償以及給聘雇外國人的薪水幾乎占去新政府預算的七成以上，所剩無幾的預算還要撥出一部分作為留學生的學費，難怪新政府沒有餘力發展內政、外交及國防。

然而，明治初期的官費留學生制度也並非沒有問題，當時留學生的派遣幾乎沒有篩選機制，只要是薩、長、土、肥出身（尤其是前兩者）幾乎都能成行。但也因為沒有經過篩選，留學生素質之差屢屢在外國成為笑柄。不過，這段期間的學生也不是每個都不思上進，像是東鄉平八郎（薩摩，海軍元帥）、牧野伸顯（薩摩，大久保利通次男，後任內務大臣、宮內大臣、內大臣）、青木周藏（長州，後任外務大臣）、岩崎彌之助（土佐，彌太郎之弟，第二代三菱總帥）、平田東助（米澤，山縣有朋系官僚，後任農商務大臣、內務大臣）、菊池大麓（箕作秋坪次男，後任文部大臣、東京大學總長）、外山正一（旗本之子，後任文部大臣、東京大學總長），這些人在留學期間刻苦向學，取得學位返國後在各領域占有一席之地。

明治五年，新政府的財政難以支撐眾多官費留學生，先是大幅削減官費留學生至百人以下（九十一人，明治六年剩下廿二人），明治六年12月更規定除陸海軍留學生外，所有三百七十餘名留學生一律撤回（不願返國者則改為私費留學）。明治八年5月制定官費留學規則，重新制定的留學規則過於嚴苛，文部省只得從東京開成學校中挑選學生出國留學。明治十五年2月文部省重新制定官費留學規則，明治後期與夏目漱石並稱的文豪森鷗外受惠得以前往德國留學，並以在德國留學的個人體驗完成處女作《舞姬》。

近代以前日本採用的曆法統稱為「和曆」，與現在採用的陽曆截然不同，「和曆」的由來咸認與中國歷代的曆法不無關係，據傳與佛教公傳的同時，曆法與佛教一同經由百濟傳入日本。古代曆法用久了多少會出現些許誤差，因此使用幾十年後由負責觀測天文的欽天監（或司天監，名稱不一）加以修正，於是產生新曆，在「普天之下，莫非王土；率土之濱，莫非王臣」的思想下，只有正統中土王朝才有頒布及修訂曆法之權，天朝外圍的民族（或國家）只能奉天朝正朔。

奈良．平安時代，逢遣隋使、遣唐使出使中土，多少會帶回新的曆法。然而，自九世紀渤海使帶回「宣明曆」，之後菅原道真奏請中止遣唐使，數百年後雖有日宋貿易、日明貿易，但這兩次的重心都擺在貿易上，而非引進新曆法。因此宣明曆便從平安中期一直使用到江戶初期，前後超過八百年，是日本史上使用最久的曆法。也因為宣明曆使用過久，到江戶初期誤差竟然達到兩日之久，有位名叫澀川春海的人修訂宣明曆的錯誤，這是日本人首度以自己之力完成新曆，新曆以當時的年號「貞享」命名（關於澀川春海及「貞享曆」可參照冲方丁《天地明察》）。

幕末通用的曆法稱為「天保曆」，於天保十五（一八四四）年取代寬政曆，筆者在《幕末》、《戊辰戰爭》兩書所用的紀年均以天保曆為主。和曆雖與中土曆法同屬太陰太陽曆而有若干共同點——大月三十日、小月廿九日，每隔數年便會有閏年，但是兩者的日期並不一致，這點只要比對同時期兩國的歷史便可看出。

也因為天保曆的特殊，在與外國（不管是歐美各國或清國）的文書往來因存在著日月的差異而頗為不便，因此留守政府決定廢除天保曆改採國際通行的太陽曆。當時天保曆明治五年十二月二日折算太陽曆是1872年12月31日，隔日便全面採用太陽曆，因此明治五年十二月只存在兩天便進入明治六年，同時也採用一日廿四小時、一周七日制。

在日本採用太陽曆之前，相同的情形也曾發生在格列高里曆上。1582年10月4

日星期四，使用超過1600年的儒略（julian）曆因誤差過大，羅馬教宗格列高里十三世（Gregorius XIII）宣布翌日採用新曆（現在通行的格列高里曆），隔日依舊是星期五，但日期已變成10月15日，足足差距10日。

關於廢天保曆改採格列高里曆還有一種說法，筆者在前文已有提到自成立新政府以來，財政始終是難以解決的難題，明治四年起官員薪俸從幕府時代的年俸制改為月俸制，若遇上有閏月的年分便得多發一個月的薪水，對政府而言可是筆不小的負擔。當官員發現來年（明治六年）將有閏月而不知所措時，大隈參議提議廢除傳統曆法，採用歐美諸國使用的格列高里曆，不僅與國際接軌，也可省去每兩、三年便得多發一個月薪水的困境。大隈參議的提議為留守政府接受，明治五年九月開始改曆的準備，當然也要通知此時人在歐洲的使節團成員。由於明治五年十二月二日的隔日便是明治六年1月1日，因此十二月的薪水便與明治六年1月份一起發放，財政改革不是改曆唯一的理由，但絕對是東亞提早接受格列高里曆的推手（本段內容筆者參考臉書粉專「東北亞遇見數學 -Northeast Asian history and mathematics」並適度予以改寫，知會該版版主並承蒙同意引用，筆者在此對該版版主英家銘教授致上十二萬分的謝意）。

都市裡政府單位、陸海軍、學校很快適應格列高里曆，但對於以耕種為主的農村農民們，格列高里曆沒有天保曆來得好用，之後因為地租改正、血稅而掀起的一揆暴動以及失意士族的反亂，不乏廢除新曆、改回舊曆的訴求。

六、其他(一)——四民平等、廢止穢多・非人等稱呼及准許平民使用苗字

豐臣秀吉完成天下統一後制定各項政策，其中的《身分統制令》阻斷士、農、工、商之間的流通，要再上演像齋藤道三那樣從一介賣油郎成為一國大名可說難如登天。不僅如此，士、農、工、商不同階級彼此間也不能通婚，諷刺的是，斷絕平民往上晉升的機會卻是同樣平民出身而官至關白的秀吉。

之後數年儘管家康消滅豐臣政權統一日本，但為維持得來不易的天下，家康在一定程度上延續秀吉的政策，士、農、工、商階級森嚴(江戶初期大致如此，元祿以後幕藩體制的經濟出現缺口，商人雖是四民之末，但以其經濟優勢拉近與武士間的距離)，難以逾越。

士是四民之首，既是執政者，同時也是不事生產者，必須仰賴農、工、商提供生活必需的糧食與其他器物才能存活。農民（日文為「百姓」，但不等於中文的「百姓」）及町人（指住在城市裡的職人與商人，亦即工、商人）是被統治者，肩負生產糧食、製造器具、銷售商品之責。除約占全部人口八成以上的士、農、工、商，還有神官與僧侶，神官是神社神職人員的統稱，僧侶則是在寺院皈依出家的統稱，這兩種人不僅是當時的知識階級，而且還獨立在士、農、工、商之外。

同樣在士、農、工、商之外，還有被稱為「賤民」的階級，關於賤民的起源至今仍有部分不解之處，江戶時代的賤民與中世紀的非人、**河原者**（平安時代指剝下死牛皮製成皮革的人，室町時代泛指屠宰業、皮革加工業以及以河邊為住所的人。也稱為「穢多」或「清目」，不過室町時代的穢多不完全等同於江戶時代的穢多）、**犬神人**（中世至近世從屬於大社的下級神人，從事神社境內參拜路線的清掃。由於是清掃的工作，難免會接觸到死亡與污穢等不潔之物，地位相當低下，以祇園社的犬神人最有名）、下人（統稱「被差別民」）以及律令時代的官戶、公奴婢、家人、私奴婢、陵戶（統稱「五色之賤」）的承續關係（關於這部分有興趣者可參照網野善彥《重新解讀日本歷史》，聯經出版社出版。另外網野教授的《無緣・公

界・楽——日本中世の自由と平和》、《中世の非人と遊女》等書也可一併參考）也有待進一步的研究。

江戶時代的賤民階級分為穢多和非人，前者是指從事處理死去的牛馬、獸皮的加工製造及販售、處決死刑犯的劊子手、製作及販售草鞋・雪鞋者、燈芯的製作及販售者。在關東，穢多的頭目世代世襲淺草彈左衛門之名。後者是受非人頭（關東的非人頭世代世襲車善七之名）的支配，與近親私通者、殉情存活者、**番太**（江戶時代輪值警備和用火的人，在江戶稱為番太郎，一般町村則稱為番太，多由非人擔任）、乞食者、罹患痲瘋病被隔離者。

明治初期，穢多人數約在廿八萬上下，非人則約二萬三千餘人，約占當時人口的百分之一。

日本若要從封建國家蛻變成近代國家，真正落實《五條御誓文》中的「破舊來之陋習、求知識於世界」，廢除江戶時代，甚至是中世紀以來的身分制度，改採四民平等勢在必行。

明治二年六月十七日，實施版籍奉還的同時，依太政官達五四號「廢除公卿諸侯之稱，改稱華族」，於是產生了四百廿七家華族——包含一百四十二家公卿：平安時代以來的堂上公卿一百三十七家，另有松崎萬長（出自名家的堤家）、玉松操（出自羽林家的山本家）、岩倉具經（岩倉具視三男，在本家外成立新分家）、北小路俊昌（本家家格為名家，成立新分家）、若王子遠文（出自羽林家的山科家）等五家在維新後才升格為公卿。以及二百八十五家諸侯：幕府時代二百七十家大名，另有十五家在維新後升格為諸侯（御三卿的一橋、田安，御三家附家老成瀨、竹腰、安藤、水野、中山，毛利家臣吉川，一萬石以上的交代寄合旗本山名、池田、山崎、平野、本堂、生駒，一萬石以上的高家大澤）。筆者再強調一次，明治二年的華族與明治十七年7月頒布《華族令》擁有爵位的華族並不完全一致。

六月廿五日依行政官達五七六號「一門以下迄於平士，改稱士族」，諸侯的家臣及除前述升格華族的六家交代寄合外，其餘的旗本和御家人也編入士族（戊辰戰爭期間與新政府作戰而在此時被監禁的榎本武揚等人則不包含在士族之內）。明治三年，幕府時代在武家奉公的底層人員（如幕府的同心、與力）以及沒有武士身分的諸藩下級家臣（如鄉士）編為卒族。明治三年，士族估計約在百萬左右，卒族約為八十萬，兩者約占當時人口的百分之五到六之間。明治五年，太政官決議廢除卒族名稱，卒族中職位世襲的編入士族，職位僅限於一代則納入平民，從明治六年起士族人數暴增至一百五十餘萬人。到明治八年卒族改編完畢，大部分卒族編入士族，共計一百八十九萬餘人，占全國人口約百分之五．五。

農、工、商於明治五年起統稱平民，全國有百分之九十以上的人口屬於這一階層。同時取消賤民的稱呼，穢多和非人稱為「新平民」。如此一來，明治五年日本出現華族、士族、平民、新平民，再加上皇室成員（天皇的親族，包含皇后、皇太后、太皇太后、親王、親王妃、內親王、王、王妃、女王）的皇族等階級，與幕府時代的士、農、工、商、賤民似乎沒有太大改變。為了不讓民眾感受到階級依舊存在，太政官鼓勵不同階級間通婚，然而，實際上能跨越階級的通婚只有皇族、華族（明治十七年《華族令》頒布後皆屬華族）以及士族、平民。皇族、華族的通婚且先不論，士族和平民間為何能通婚呢？

大部分士族在廢藩置縣後失去幕府時代的俸祿，太政官雖然願意承攬諸藩藩主至一般藩士的年俸以為補償，但是明治初年太政官的財政亦感吃緊，頂多只能供應藩主（華族）和部分家老無虞而難以顧及到所有士族，大多數士族沒有其他謀生技能，儘管有政府供養年俸（只有原來的幾成）但不事生產的他們反而過得比平民還要落魄，部分失意士族也不再堅持門當戶對的婚姻。

太政官雖然取消穢多、非人等賤民的稱呼，但是他們並沒有享受到四民平等的恩澤，不少人不把他們視為平民，在平民之前另加上一「新」字以示區別。新平民不得與農、工、商混居，死後也不能與平民葬在同一塊墓地，幕府時代受到的歧視依舊。明治三十八(一九〇五)年，發表《若菜集》、《一葉舟》、《夏草》、《藤村詩抄》等多部詩集而在詩壇闖出名號的島崎藤村自費出版小說處女作《破戒》。該書主人公瀨川丑松是信州下水內郡飯山町(長野縣飯山市)地區的小學教員，穢多出身的他離鄉就讀師範學校前父親曾告誡道：

> 無論遇到任何情況或任何人，絕對不可暴露自己是穢多出身的事實，如果出於一時的激憤而忘了我的告誡，就是你被這個社會唾棄的時候，出身穢多的人要出人頭地的唯一之道便是隱瞞自己的出身。

對於父親的告誡，丑松謹記在心。在教學之餘丑松也大量閱讀景仰的思想家猪子蓮太郎的著作，丑松景仰蓮太郎不光是他關心弱勢、敢言人所不敢言，而是蓮太郎本身也是穢多，而他在著作中從不隱瞞自己穢多出身的事實。丑松對於世人抱持的「只因為是穢多，所以一無可取」的心態非常不以為然，因此他積極接近蓮太郎，然而，因為謹守父親的告誡使得丑松始終未能對蓮太郎說出「我也是穢多」的告白，丑松對自己的虛偽感到厭惡。

後來，傳出丑松任教的學校職員有穢多出身的傳聞，為了不讓外人懷疑的眼光掃到自己身上，丑松忍痛賣掉身邊所有蓮太郎的著作，只是丑松的努力並沒有收到效果，穢多的傳聞終究傳開來，而且還逐漸指向丑松。就在此時，為友人助選代議士的蓮太郎遭到競選對手的襲擊，傷重病逝。看著蓮太郎冰冷的遺體，丑松的內心處於天人交戰，那一瞬間他決心破除父親的告誡——在任教的學校公開他是穢多的事實，然後辭職離開任教的學校。

《破戒》一書並非藤村憑空杜撰，猪子蓮太郎的原型是大藤村四歲的大江磯吉，大江出身信州伊那郡（長野縣飯田市）的番太，《破戒》一書裡蓮太郎直言不諱承認自己是穢多出身的部分，正是向大江致敬的橋段。大江於明治三十五年去世，距藤村自費出版本書不過三年，當時尚且如此，推行四民平等的明治五年，一般民眾對於新平民的抗拒更甚於大江磯吉。

為體現四民平等的精神，太政官先是在明治三年九月十九日頒布《平民苗字許可令》，接著又於明治八年2月13日頒布《平民苗字必稱義務令》，短短不到五年，平民從「允許」有苗字到「必須」有苗字，相較於千年來沒有苗字的平民，這樣的變化也太令人反應不及。

日文的「苗字」相當於中文的「姓」，在此之前只有公卿、神官、武士擁有苗字，江戶時代擁有苗字和帶刀還成為武士兩大特權之一（另一為「切捨御免」）。不過，江戶中期以後，町人可藉由成為武士養子而繼承苗字帶刀的特權，部分同心因職務之需要亦可享有帶刀之權。除此之外，平民沒有苗字，亦無帶刀之權。

因此，《平民苗字許可令》頒布時，平民為了取苗字而困擾不已，他們大多就地取材（居住地或其地勢），或者從職業兩方面著手自己的苗字，與武士多從地名或莊園名取苗字大不相同，因此儘管平民和武士或許出現相同苗字的情況（包括同音同字）也不表示兩者之間有血緣的關係。在這種情形下，田邊、田中、山下、渡邊、山田、高山……等各式各樣的苗字便出現了。

近代以前武士全名相當複雜，包含氏、姓、苗字、官位、名諱，若有出家則再加上法名。也由於武士全名過於麻煩，在四民平等後，不管是華族、士族、平民或新平民，全名一律統一為苗字加名諱。西鄉吉之助（通稱）因而改名隆盛（名諱），其實吉之助元服的名諱應該是隆永，隆盛是其父吉兵衛的名諱。吉之助一生很少使用隆盛之名，所以雖然明知隆盛不正確，卻也沒有糾正過來，於是這一不正確的名諱從此成為西鄉的名字，知道或聽過西鄉隆盛的人遠比西鄉吉之助多很多。同樣情形也發生在吉之助三弟信吾（或慎吾）身上，他的名諱是隆道，但是語帶濃厚薩摩腔的信吾，讓官員聽成從道，「從道」從此取代「隆道」成為信吾的正式名諱。

七、其他(二)——散髮脫刀令及騎馬令

上一節介紹四民平等、廢止穢多．非人等稱呼及准許平民使用苗字，間接促進民眾的平等，在本節筆者繼續介紹准許散髮、廢刀及騎馬令等項目。

幕府時代的武士與同時代清國男性一樣，都留著獨特的髮型，清國男性是辮子，武士則是**半髮**(江戶時代元服武士的髮型，將前額上部到頭頂中心的頭髮剃掉，使其成半月形，稱為月代，也稱為野郎頭，未剃掉的頭髮梳到後頭結成丁髷)，兩者都被視為封建的象徵。幕末與清末前往外國留學的留學生都有因為頭上怪異的髮型而遭到外國同學恥笑的經驗，不僅是恥笑留學生的怪異髮型，更是恥笑其國家封建、落後，因此新島襄、孫中山等人都有在外國剪去辮子、解開丁髷的記載。

幕末因採用西式軍隊而傳入西洋軍服及西洋髮型，由於西洋軍服配上半髮的髮型滑稽感十足，不少接受西式軍隊訓練的幕府諸隊紛紛不挽丁髷。進入明治時代，散髮逐漸蔚為風潮，當時有一首都都逸是這麼唱的：

半髪頭をたたいてみれば因循姑息の音がする、総髪頭をたたいてみれば王政復古の音がする、散切り頭をたたいてみれば文明開化の音がする。

（敲敲半髮頭，聽見因循姑息的聲音；敲敲**總髮**〔不剃月代，將頭髮往後梳綁成髷，是江戶時代儒學者、醫者、山伏的髮型〕頭，聽見王政復古的聲音；敲敲**散切**〔不剃月代，亦不挽成丁髷，代指現代髮型〕頭，聽見文明開化的聲音。）

明治四年八月九日，太政官頒布《散髮脫刀令》，這道命令主要是針對華族、士族，規定華、士族可不剃月代、不挽丁髷，不配刀械，至於平民則於明治三年十二月廿七年便已明文禁止。值得注意的是《散髮脫刀令》的口氣相當委婉，是用「可不……」的語氣，換言之，如果硬要剃月代、挽丁髷、配刀械也並非不行。像島津久光相當厭惡文明開化，拒絕接受傳入日本的西洋文明，晚年也堅持不看西醫。岩倉右大臣對於西洋文明的厭惡程度不下於島津久光，眾所周知他與使節團四名副使合影的照片中，他是唯一身著和服、留著半髮（但腳穿皮鞋）的成員。如此滑稽的造形在美國成為鎂光燈捕捉的焦點，受不了的他終於也在半途換成散切的髮型，而且還悄悄換上西裝。

明治六年1月，尼僧也獲得蓄髮的自由，同時還一併獲得食肉、婚姻的自由，進一步縮小比丘・比丘尼和優婆塞・優婆夷（受具足戒的男性出家人稱為比丘，也稱為和尚；受具足戒的女性出家人稱為比丘尼，也稱為尼姑。皈依佛法僧的在家男信徒稱為優婆塞，也稱為善男、居士；皈依佛法僧的在家女信徒稱為優婆夷，也稱為信女、居士，以上四者稱為四眾或四部眾）的差別。隨著天皇也在明治六年成為散切的一員，太政官以至於地方官逐漸接受散切髮型。

明治時代除少數人成為太政官或地方官外，大多數華、士族失去幕府時代的職責，不是賦閒在家便是改換行業，明治六年2月7日太政官下令禁止仇討、試刀（辻斬り）以及切捨御免等行為，對華、士族而言配刀已經沒有實質的必要。然而，由於《散髮脫刀令》算是柔性法規，並無強制性，部分保守士族仍抱殘守缺，不僅依舊留著半髮，也繼續配刀。

明治四年六月五日准許平民騎馬，從此騎馬不再是武士（華、士族）的特權，這也意味著武士（華、士族）的特權又少掉一樣。維新以來數年內，武士接連失去苗字、散髮、騎馬、仇討、試刀、切捨御免（部分還包含俸祿）、打仗（下一章的主題）等特權，雖然還未強制禁止配刀，不過這一特權的失去也只是時間的早晚而已。看在士族眼裡，他們應該會油然萌生「飛鳥盡，良弓藏；狡兔死，走狗烹」的悲哀，義無反顧的投入倒幕大業，無非希望新政府在取代幕府後能繼續保障他們的特權（家祿及武士有別於其他階層的權利），可是戊辰戰爭結束後，太政官以種種理由對士族開刀，面對特權一項接一項的失去，士族當然會對政府不滿，也埋下之後數年士族反亂的遠因。

第八、九兩章，筆者用了甚多篇幅由內而外的談文明開化，不管是內在的啟蒙思想或外在的有形物質，都是朝近代國家邁進的必經之路。也因為日本迎接文明開化的順序得宜（先從困難的改變天下人心，然後進入政令法律的改革，最後才著手文明基礎的建立），減少無謂時間的浪費，使日本在從封建國家進入近代國家的階段遙遙領先亞、非、拉美諸國。下一章起筆者的重心再回到留守政府上，談論徵兵制的實施經過及民眾的反應。

第十章

實施徵兵制

一、陸軍卿山縣有朋

筆者在第七章第二節提到明治四年八月廿日，山縣陸軍大輔廢除最初成立的東山道鎮台與西海道鎮台，改置東北、東京、大阪、鎮西四鎮台，明治五年四月一日改鎮西鎮台為熊本鎮台、明治六年1月9日增設名古屋、廣島二鎮台，同日改東北鎮台為仙台鎮台。

到了7月，六鎮台底下共轄有十四個聯隊，分別如下：

鎮台名稱	營所（兵營所在）	所屬聯隊
東京鎮台	東京	步兵第一聯隊

	佐倉	歩兵第二聯隊
	新潟	歩兵第三聯隊
仙台鎮台	仙台	歩兵第四聯隊
	青森	歩兵第五聯隊
名古屋鎮台	名古屋	歩兵第六聯隊
	金澤	歩兵第七聯隊
大阪鎮台	大阪	歩兵第八聯隊
	大津	歩兵第九聯隊
	姫路	歩兵第十聯隊
廣島鎮台	廣島	歩兵第十一聯隊
	丸亀	歩兵第十二聯隊
熊本鎮台	熊本	歩兵第十三聯隊
	小倉	歩兵第十四聯隊

以上六鎮台、十四聯隊合計常備兵為三萬一千六百八十名，平均一個聯隊只有二千二百餘名士兵，這樣的兵力應付之後種種的一揆和小規模的士族反亂還可游刃有餘，若是大規模士族反亂如西南戰爭或出兵朝鮮，這樣數量的兵力(兵源還是從平民徵募來的)恐怕很難讓太政官抱持樂觀態度。

截至明治五年底，軍隊士官人數計九百餘人，其中長州出身最多，共一百八十六人，以下依序是薩摩一百三十四人、土佐八十六人、紀州六十人、鳥取三十四人、熊本三十人、靜岡二十人……。當時陸軍少將只有七人，分別是長州的山田顯義、鳥尾小彌太、三浦梧樓，薩摩的西鄉從道、桐野利秋，公卿的四條隆謌以及大垣藩的井田讓(首任鎮西鎮台司令長官，之後任陸軍省第1局長)。陸軍中將僅有一人，即明治五年三月十七日身兼陸軍大輔及近衛都督的山縣有朋。

筆者在第七章第四節提到明治五年山縣因推動徵兵制而先在近衛兵進行兵制改革，由於舉措失當引起近衛兵的不滿被迫辭去近衛都督。時值天皇行幸西國、九州期間，至明治五年八月廿二日天皇還幸才批准山縣的辭職，由西鄉參議兼任近衛都督，但山縣仍保有陸軍大輔及陸軍中將的職務。江藤司法卿抓緊陸軍省御用商人山城屋和助對山縣不正當的金錢挹注糾彈山縣，卻因為山城屋銷毀所有證據後切腹自盡，在斷絕所有線索的情形下，江藤司法卿只能徒呼負負。

山縣陸軍大輔在充滿驚險的情形下度過明治五年，明治六年1月10日，山縣主導多時的徵兵制（詳情請見第三節）全面實施。一如山縣在近衛兵推動兵制改革時遇到的阻力，除出仕太政官外的全國士族幾乎群起抗議，雖然因為山城屋和助的切腹致使證據湮滅，使江藤司法卿沒能針對山城屋事件繼續偵查山縣陸軍大輔，不過光是徵兵推行不力足以令山縣頭痛。山縣在實施徵兵制之前已預期到一定會遭致士族和平民的反對，因此明治六年的徵兵令僅侷限於東京鎮台，次年徵募對象改為大阪、名古屋二鎮台，明治八年起才真正向全國推行徵兵制。

包括桐野利秋、山田顯義幾名陸軍少將以及大多數士族在內，認為長久以來不曾拿過武器作戰的平民負起防衛國家的重責並不切實際。曾到歐洲考察過各國兵制的山田認為，儘管山縣宣稱徵兵制已籌備多時，但在山田看來仍感為時過早。曾任鎮西鎮台司令長官的桐野利秋，可說是陸軍省裡反對徵兵制最甚，他曾向土佐的谷干城抱怨：

山縣從農村收集莊稼漢做泥娃娃，能有什麼用處？

然而，桐野萬萬想不到的是，正是這支被他看不起的軍隊，幾年後在熊本城擋下薩摩隼人的猛攻，而指揮這支泥娃娃部隊的正是此刻聽他抱怨的谷干城。

雖然徵兵制在實施前遭到部分太政官及大部分士族的反對，但因為有西鄉參議的支持得以強渡關山。結果在東京鎮台只徵得寥寥可數的兵力，勉強編成三個聯隊（大約七千人上下），就算西鄉參議再怎麼支持山縣，山縣陸軍大輔也不得不於4月18日辭職為自己的疏失負責，比江藤司法卿、大木文部卿的辭職還早一日。

山縣的為人不管在當時或現在，應該都很難與受人景仰沾上邊，但是他一辭去陸軍大輔，陸軍省幾乎癱瘓。陸軍省的業務不管是西鄉、西鄉從道、桐野利秋或是長州的三浦梧樓、山田顯義、鳥尾小彌太都無法承接，這些人並不具備承辦業務的組織能力。別說上述這些人，恐怕連已死去的大村，甚至是奇兵隊的創立者高杉晉作也沒有這樣的才能。高杉自成立奇兵隊後幾乎是任由其自生自滅，只有在長州面臨生死關頭的功山寺舉兵、四境戰爭才由高杉率領打擊敵人、建立功業，在沒有打擊敵人的時候高杉幾乎不管奇兵隊。奇兵隊的日常訓練及組織的維持都由軍監山縣負責，他才是真正最了解奇兵隊的人。

山縣在百般不願下下台，他離去後其他陸軍將領無人可統領陸軍省，太政官只得在5月10日先是廢除陸軍元帥職，接著於同日晉升西鄉參議為陸軍大將以代管陸軍省。如此一來，到明治六年5月西鄉身兼參議、近衛都督以及陸軍大將，既是留守政府的實際領袖，也是當時唯一的陸軍大將（第二位陸軍大將要等到西南戰爭平定後的有栖川宮熾仁親王），大村益次郎的預言逐漸有成真的可能。

西鄉參議對山縣留下的徵兵事務無法插手，包括西鄉參議在內，當時將領普遍認為陸軍省（也包含海軍省）的職務在於負責作戰及規劃作戰戰略，作戰以外的事務可由其他單位負責。現代人便能清楚指出軍務有軍政及軍令之別，軍政可視為軍部裡的行政事務，如徵兵制即是，軍令才是指揮作戰、演習訓練、規劃戰略戰術的單位。以今日來看，軍政相當於國防部，軍令相當於參謀本部，日本要到明治十一年才成立參謀本部，到明治十七年才成立軍令部（明治廿六年更名為海軍軍令部），劃清軍政與軍令的界線，不過軍政與軍令的問題在明治初期還不算嚴重。

西鄉參議眼見立意良好的徵兵制因山縣去職而停擺，而且眼下無人可取代山縣推動徵兵制，因此他決定讓山縣復職繼續推動徵兵制。西鄉參議在留守政府裡的聲望無人可及（包括三條太政大臣），一旦他決定某事，其他參議便不會持反對意見，不獨後藤、大木、江藤三名甫於4月19日上任的新科參議如此，連大隈、板垣兩名自廢藩置縣後的參議也是如此。不過，大隈參議其實曾經反對過西鄉，當初使節團出訪前與留守政府成員的十二條協定提到「內地事務在大使歸國後將採取大規模改正，是以其間盡量不進行新規改正，若有不得不進行之改正，應照會已派遣在外之大使」，大隈參議雖不直接反對西鄉，但經常以這一條規定為擋箭牌要西鄉與人在國外的岩倉右大臣、木戶參議、大久保大藏卿等人商量。

然而，當時不比現代，一來一往的書信往來便要費時近三個月，如果事事都要比照辦理，一年也做不了什麼事。何況，當初訂定十二條協定是建立在使節團出訪半年的前提下，既然使節團出訪時間因種種因素延長至一年半以上，留守政府也無繼續遵守十二條協定的必要。因此西鄉對大隈參議「照舊」提出協定第六條要照會已派遣在外之大使不以為然，雙眼怒瞪大隈，緩緩說道：

您的意思是我們這些參議無權決定此事？

西鄉參議的身形比當時任一太政官成員都要大上一號，任何人被他炯炯有神的雙眼一瞪，很少人能不為之一震，大隈參議在西鄉的巨眼瞪視下，失去反對的勇氣。於是在6月8日，辭職不到兩個月的山縣復職重返陸軍省，山縣重返陸軍省並非回鍋任陸軍大輔，而是出任比陸軍大輔高一階的陸軍卿，可說是風光重回陸軍省，原本擔任的陸軍大輔於7月2日由西鄉從道接手。

西鄉並非受到關說才恢復山縣官職，而是在明知山縣有缺點的情形下，仍願意認同他有無可取代的才能，基於為國舉才的心理而提拔山縣。正因為西鄉的公正無私，山縣從此對西鄉心懷感激，日後儘管因西南戰爭雙方兵戎相見，山縣義無反顧的為保全西鄉子女的性命而努力，菊次郎便是一例。當他看見西鄉的屍首時撫屍痛哭，西鄉銅像能矗立在上野公園，除西鄉從道外，出力最多的應該就屬山縣。

二、壬申戶籍

在實施徵兵制之前，為了能確實按戶徵兵，供應兵源無虞，必須有詳盡的戶籍資料才能按戶籍徵調。幕府時代雖有部分藩對領民進行戶籍調查，不過，江戶時代的戶籍調查是針對**宗門人別帳**（江戶時代基於宗門改而製作的帳簿，其原始動機為藉由調查民眾的宗教信仰以偵查天主教徒的行蹤，但卻意外的具有戶籍及稅籍的作用），不僅記載戶的成員、姓名、出生年月，甚至連該戶的遷徙情形、宗門、擁有的田地及山林面積、擁有的牛馬等牲畜一應俱全。可惜的是，幕府時代的戶籍調查多半沒有持續性進行下去，使得這些戶籍調查的資料到明治初年只剩參考性，而不具準確性。

明治四年四月四日，依據太政官布告第一百七十號頒布《戶籍法》，各府縣及藩要依據該法制訂戶籍。為便利各府縣及藩制定戶籍，准許過去沒有苗字的平民取苗字以便利戶籍上的名字有高辨識度。《戶籍法》採取屬地主義，廢止幕府時代的庄屋、名主等稱呼，在府縣以下劃分出若干大區（相當於日後的郡），每大區置一區長，每一大區再劃分成若干小區（小區相當於日後的町村），每小區置一戶長，從前文的敘述讀者當可知這裡的「戶長」並不等同於現代的戶長。每一小區下轄若干町村，每一町村再置副戶長（區長、戶長、副戶長多由士族擔任，但薪資並不高，難以維持一家生計）。

區長、戶長、副戶長的任務為調查轄下的詳細戶籍，然後再往上呈報。各府縣統計區長、戶長、副戶長呈報的資料作成戶籍，並依明治五年的干支命名為《壬申戶籍》，根據《壬申戶籍》，明治四年度的日本全國人口約有三千三百十一萬餘，不過，這個數字並不包含新平民在內，也不包含當時被判處「旅行」的約三千四百名天主教徒。

《壬申戶籍》中，無論華族、士族或平民，都以家為單位，每一家有一戶主（通常由家族中的當主或家督擔任），戶主必須填寫這一家的人數、姓名、年齡、職業以及與戶主的關係。家中成員的婚姻、收養或建立分家等造成家中成員的變動，也都必須透過戶主的呈報才具有法律上的效果。部分以明治時代為背景的小說或電視劇有時會有與戶主斷絕血緣關係的情節，在現代社會不具效力的情況，在明治時代只要經過戶主呈報便具有法律效力。

值得一提的是，《壬申戶籍》是以「臣（君主的左右）民（君主的統治者）一般」（不管華族、士族、卒族、平民或是從太政官到一般官吏）皆按居住地（此時尚無戶籍地與實際居住地之分）收錄，務期無所遺漏，上述的華族、士族、卒族、平民、太政官及一般官吏等身分也都登錄在《壬申戶籍》上。另外，《壬申戶籍》的呈報方式為戶主經戶長（或副戶長）到區長，再經由府縣知事等地方官上呈中央（明治六年11月以後由內務省負責），與幕府時代交由寺院住持與地方村吏負責辦理的宗門人別帳大不相同。

三、徵兵制的規定與漏洞

《壬申戶籍》於明治五年二月實施，有了正確的戶籍便能確保兵源，陸軍省決定全力推動徵兵制。同年十一月廿八日先是由天皇頒布《徵兵令》，接著再由太政官發布告諭，說明基於四民已平等的立場，不管出身士農工商，均視為「皇國一般之民」，有保家衛國的義務，服兵役即是保家衛國的義務，歐美諸國將徵兵稱為「血稅」，其意為以生血報國也。

接著十餘日後，陸軍省在原本的東北、東京、大阪、熊本四鎮台外擴增名古屋、廣島二鎮台，山縣陸軍大輔在1月4日帶著振奮的語氣在上呈天皇的奏章說道「至此軍制始告完備，內足以鎮壓草寇，外可與列強爭衡。」非天才人物山縣或許是因完成軍事天才大村無法達成的目標而顯得意氣風發，才在呈給天皇的奏章有上述志得意滿的內容。8月，山縣陸軍卿以陸軍省的名義發出通告：

除鎮台外，不應再有軍隊之名。當各地百姓一揆蜂起，地方官不得以鎮壓之名擅自招募士族並編成軍隊平亂，但若士族以其他名義協助平亂，則與本省無關。

山縣陸軍卿的聲明說明連他也不相信半年多前上呈天皇奏章的內容，日後的西南戰爭證明光憑鎮台兵力不足以鎮壓，十多年後的日清戰爭更是派出比鎮台多出好幾倍的兵力才可與列強爭衡。而且山縣陸軍卿通告的最後一句可說是為往後留活路，明治十年陸軍省正是以諸隊名義成功招募憎恨太政官的奧羽諸藩士族組成諸隊前往九州協助平亂。

海軍方面雖有意擴充兵部省時設置的海軍提督府，但明治初年的海軍還在以英國為學習、吸收的階段，此時的海軍總計軍艦十四艘、運輸艦三艘，共計十七艘，總噸位數是一萬三千八百三十二噸。另外，明治九年8月制定鎮守府制度，把全國分成東海與西海，各置一鎮守府，然而，最終只設置東海鎮守府（先是在橫濱，明治十七年遷移至橫須賀）。

陸軍省擴增至六大鎮台的翌日便斷然實施徵兵制，規定凡是年滿廿歲的男性須服三年常備兵役，三年期滿後轉為後備，後備分為兩期各兩年，以上共計七年（明治十二年改為常備三年、預備三年、後備四年共十年；明治十六年起改為現役三年、預備役四年、後備役五年共十二年）。如前文所述，六鎮台共計十四個聯隊，兵種分為步、騎、砲、工、輜重五種，平時常備兵源三萬一千六百八十人，戰時則達四萬六千三百五十人。

雖然太政官告諭提到不分士農工商均是皇國一般之民，皆有服兵役的義務，但是皇族、華族以及新平民並不在服役的規範之內。太政官的告諭對江戶時代以來不曾拿過武器作戰的農民顯然起不了太大的作用，他們依然過著自行其是的生活。

> 自古以來作戰是武士的事，我們平民只要乖乖種田、按時繳稅生活就算為國家盡了責任。

有趣的是，制定《徵兵令》的同時也在制定《常備兵免役概則》，定出免服兵役的條件，並於徵兵制實施後稍晚頒布，只要符合以下十二種情形者即可免服兵役：

（一）身高不滿五尺一寸（日制一尺等於十寸，一寸為三．〇三公分）
（二）身體虛弱有宿疾或殘障者
（三）於官省府縣奉職者
（四）海陸軍生徒或於兵學寮就讀者
（五）於文部、工部開拓及其他公塾就學的專門生徒及於洋行修業者，另外學醫及獸醫還有教師證明者
（六）一家之主者（戶主）
（七）嗣子
（八）獨子獨孫
（九）被判處徒刑以上的罪犯
（十）父兄俱在但罹患疾病或事故而代父兄治家者
（十一）養子或已有養子的約定卻未前往養父之家者
（十二）有其他兄弟正在服役當中

另外，若能繳納二百七十圓便可找人代服兵役，免去三年常備役和四年後備役（稱為免役料）。只不過二百七十圓在當時是相當龐大的數字，幾乎是當時四等官（奏任官）一個月的薪資，而相當於現在町村長的戶長，其月薪只有五到六圓之間，對農民而言，這不是他們出得起的價錢。事實上據統計，徵兵制實施後每年因繳納二百七十圓免役料而躲掉兵役的不到五十人。既然無法花錢雇人規避，農民只能針對上述十二種情形免服兵役。細看上述十二種情形便可知悉不是每一種情形都適合農民，有些情況要視戶長、副戶長與當地居民的關係，相處良好的戶長、副戶長甚至會主動幫忙民眾逃避兵役。

與其仰仗戶長、副戶長這種不確定的外在因素，不如自尋更為妥當的理由規避兵役。讀者仔細閱讀第六條以後的內容（第九條除外），便可發現「家」的因素占極大比重，徵兵制與其說是以役男本身，倒不如說是以「家」為單位徵調，因此一家之主的戶主以及戶主的繼承人不會接到徵調，被徵調的是家中的次男、三男。與幕府時代由長男繼承家業，而次男、三男以下過繼到別家當養子或是以婿養子身分繼承妻子家的家業同樣道理。

發現這一規則之後，民眾充分運用第六、七、八、十、十一諸條內容規定，在服役體檢前大量成立只有一人的分家，繼承沒有嗣子或是已經絕嗣的家系而成為戶主。如果不缺戶主，成為別家的養子或繼承人也符合免役的條件，為了躲避兵役於是社會上出現大批「一人戶主」、「徵兵養子」。不僅如此，北海道、小笠原諸島在明治二十年以前不在徵兵範圍內，部分東北各縣民眾藉地利之便移居北海道。附帶一提，明治十二年併入日本國土的沖繩縣從明治三十一年起才開始徵兵。

綜合上述，相信讀者應該也能猜到徵兵令實施後，民眾的反應相當冷淡，然而，具體的數字又是如何呢？筆者依《政治史Ⅲ》一書，整理出明治九年度各鎮台逃避兵役情形如下表：

鎮台	20歲壯丁總數(A)	免役人員數量(B)
東京	71579	62320
仙台	34763	24551
名古屋	44292	35745
大阪	56737	49911
廣島	49782	38775
熊本	38955	31558
全國	296108	242860

百分率 B/A
87.1%
70.7%
80.7%
88.0%
77.9%
81.0%
82.0%

免役率最低的仙台鎮台都有高達七成的免役率，免役率最高的大阪鎮台甚至達到近九成。免役的男性中嗣子約占三分之二，戶主則約占三分之一，出現了凡是免役役男幾乎都是長男的奇怪現象，這即是徵兵制剛推行時的實情。電影、戲劇裡以作為皇國臣民為榮主動請纓從軍，為天皇陛下作戰至力竭、臨死前仍高呼「天皇陛下萬歲」，然後才欣然瞑目從容死去的情形並不存在於明治初年。

真實的情形是皇族、華族不用當兵，在官省府縣奉職者或在公立學校就讀以及醫生和教師都不用當兵，少數繳得起二百七十圓免役料的豪農、豪商也不用當兵，甚至連設籍在北海道也不用當兵。具有當兵資格的平民會想盡方法巧立名目以戶主、養子的身分躲避兵役，只有沒有任何方法躲避兵役的平民在萬不得已下才去當兵，於是便出現上述的數字。

四、反對徵兵的血稅一揆

說到一揆，不少玩過「信長之野望」系列的玩家會聯想到農民暴動，不過一揆的原意是共同體齊一心志的行動以達成目的，並不完全與農民暴動有關。除一揆外，另一個熟悉戰國時代的讀者會想到便是一向一揆，相信多數讀者可以清楚分辨一揆與一向一揆的差異。不過，或許是一向一揆的名氣太響亮，導致部分讀者以為近世以前反抗統治者的暴動只有一向一揆和一揆兩種。其實在室町時代已有**惣**（南北朝時代至室町時代的自治組織，有惣莊、惣村、惣百姓等名稱，總稱為惣。由於室町時代守護大名權限的強化，農村為守衛灌溉用水以及入會地（指村落或部落擁有的土地）而對抗守護大名的勢力採取的自衛組織。惣的構成有指導者乙名（也稱為長老、宿老），通常從名主中選出，有一定年齡與經驗。其次為沙汰人（原為莊園領主或莊官的代理人），在地方有一定聲望，莊園制沒落後成為惣村的指導者。最底下為若眾（負責惣的耕種、修繕、警備、消防等事項），有的惣還會依照寄合（惣的合議機關，成員為上述三者）而制定規章。部分惣會與守護大名或戰國大名締結主從關係，在作戰時承擔兵役的義務）這種組織，室町時代以惣為主發動的**德政一揆**（室町時代以發布德政令為訴求而發生的土一揆。德政一揆與一向一揆的不同點在於前者的目的未必是以武力或暴力反抗統治者，武力或暴力只是手段，其最終目的是要脅迫統治者發布德政令以延長（通常是十餘年到二十年）他們無力償還的債務）次數不見得少於一向一揆。

據青木虹二及保坂智編纂的《百姓一揆総合年表》所示，從天正十八（一五九〇）年到明治十年總計發生超過三千七百件百姓一揆，若縮小範圍只算江戶時代也有兩千八百件左右，平均一年超過十件（當然其規模大小不一）。幕末進入明治之際也還有世直一揆（即所謂的「ええじゃないか」），即使在戊辰戰爭結束後百姓一揆仍如影隨形地緊隨明治政府，本節的主要內容血稅一揆即是其一。

太政官告諭提到「服兵役即是保家衛國的義務，歐美諸國將徵兵稱為『血稅』，其意為以生血報國也」，太政官萬萬沒想到這句話竟然在農村裡引起極大的恐慌。

政府說徵兵是血稅。

血稅？難道要抽我們的血嗎？

恐怕是的。

這還得了！血被抽了難道還能活嗎？

當然不能！

那不就是了，稅收那麼重現在又要抽血，田地要靠誰耕種？

說來也奇了，俺長這麼大還沒聽過打仗還要抽血……

當時的民眾多半不識血稅的真正含意，不是望文生義便是以訛傳訛，於是將比喻的血稅曲解成抽血，加上同時間也在進行的地租改正（筆者在下一章提及）同樣招致農民反彈，對太政官感到失望的民眾展開暴動一途。根據前文提到的《百姓一揆総合年表》，實施徵兵制的明治六年發生十七起血稅一揆，翌年追加兩起共計十九起。這十九起血稅一揆分別發生在現今秋田、京都、和歌山、鳥取、岡山、島根、廣島、山口（兩起）、香川、德島、愛媛、高知、福岡、大分（兩起）、長崎、熊本、鹿兒島等縣，除秋田一起外，其餘均位於京都以西之地。

為何血稅一揆幾乎發生在關西呢？

因為明治六年關西旱災，農田歉收導致米價上漲兩倍有餘，該年尾張以西發生四十三起百姓一揆，血稅一揆也趁機蜂起，可以說在很大程度上與百姓一揆息息相關。

血稅一揆以明治六年5月發生在北條縣（今岡山縣）及6月發生在福岡縣這兩起規模最大，前者有數萬人參與，後者據統計竟高達三十萬人。這兩起血稅一揆都是反對徵兵令、米價上漲以及地租改正，因此才能引起那麼多人的共鳴，最後前者由大阪鎮台、後者由熊本鎮台平定。

五、近世城郭的浩劫——廢城令

徵兵令實施後過了四天——明治六年1月14日，太政官向陸軍省下達「決定全國城郭陣屋等存廢存置之地所建物木石等歸陸軍省管轄」的命令，另外向大藏省下達「決定全國城郭陣屋等廢止之地所建物木石等歸大藏省管轄」的命令。根據這兩道太政官命令，決定城郭陣屋要麼劃分給陸軍省作為軍用，要麼劃分給大藏省拍賣，這兩道決定城郭陣屋存廢命運的命令，被簡稱為《廢城令》或《存城廢城令》。

根據上述命令，全國城郭皆成為陸軍省的軍用財產，陸軍省認為具有戰略價值的城郭便做為**軍管**（明治六年鎮台條例改正時設置，鎮台的管轄地稱為軍區。不過當時全國有六鎮台，卻有七軍區，北海道不設鎮台，而置屯田兵。屯田兵與鎮台兵最大不同處在於屯田兵以墾荒為主要目的，遇有戰事如西南戰爭才接受陸軍省指揮，隨著明治十五年廢止開拓使，屯田兵納入陸軍省）或**師管**（亦依據鎮台條例改正設置，在軍管之下，為聯隊的管轄地，其司令官稱為聯隊長。師管的數目等同於聯隊，北海道、沖繩不設聯隊），不具戰略價值或毀損度高的城郭便下達廢城處分，然後交由大藏省自行處理——或是拆除或是拍賣均可。

因此，具有戰略價值的城郭大多優先被陸軍省接收，如大坂城、名古屋城、仙台城、廣島城、熊本城等城郭的一部分作為鎮台所在地，部分城郭如佐倉城、新發田城、金澤城、小倉城則成為鎮台底下的聯隊所在地。必須注意的是，上述為陸軍省相中的城郭狀況有的是幕末的戰爭（如小倉城）或戊辰戰爭而毀損嚴重（如大坂城、新發田城），也有的是因為藩財政困窘未能整修而遭致荒廢（如名古屋城、金澤城）。陸軍省接收後以經費不足或其他理由毀去部分城郭的建築（如天守），被陸軍省接收的城郭並不見得有得到良好的保存。

至於由大藏省自行處理的城郭包含不具有戰略價值和部分毀損嚴重的城郭，另外還有大部分的陣屋。城郭可說是現代日本觀光最值得觀看的部分之一，每年賺進大筆可觀的觀光財，即使需要編列巨資維修也值得。然而，在明治初年人們普遍沒有維護古蹟的概念，因此才會出現筆者在第三章提到的興福寺五重塔被商人以二百五十圓買下，興福寺三重塔更低廉到三十圓成交，連請人代服兵役的免役料都比五重塔昂貴，而免役料只能免去一個人的兵役，卻能買下九座興福寺三重塔！

戰國時代有名的難攻不落之城小田原城在明治六年雖未被陸軍省接收，也未能因此逃過一劫。明治三年起小田原城便已廢城，城郭建物陸續解體，明治中期以後重建二丸，大正時代的關東大震災毀掉已重建的二丸，現今所見的小田原城是昭和中期以後陸續重建的。列入世界文化遺產的姬路城也有類似的命運，未被陸軍省接收的姬路城以比興福寺三重塔還要便宜的價格廿三圓五十錢賤賣給民間商人。商人原本計畫拆除姬路城的城瓦販售，由於姬路城城郭過於龐大，拆除城瓦的費用高過賣出的費用而作罷。也因商人的「一念之仁」使姬路城得以保存，雖然今日姬路城已非秀吉、池田輝政時的建築，但其天守終究保留下來，成為「現存十二天守」之一（「現存十二天守」若非國寶，就是重要文化財）。

陣屋方面，由於陣屋不具防禦功能，幾乎難逃拆毀的命運。

儘管徵兵制的成效不如預期，不過卻有效解除士族特權，使服兵役不再侷限於士族，而是「均等的皇國一般之民」的義務（這裡的皇國一般之民並不包含女性）。徵兵制開啟一個新的里程碑，之後陸軍省針對徵兵制的缺陷予以改進，明治十年代以後多次修正，使「一人戶主」、「徵兵養子」的現象幾乎絕跡，同時還配合《軍人訓誡》、《軍人敕諭》、《教育敕語》等天皇頒布的敕諭、敕語（《軍人訓誡》由山縣陸軍卿頒布），泥娃娃軍逐漸蛻變成一支戰鬥力強且不畏死的帝國皇軍。

下一章要談的是明治初年日本的財政問題，包括地租改正及秩祿處分的由來與實施的經過。

第十一章
地租改正及秩祿處分

一、幕府時代的租稅

戰國時代農民必須對領主繳納年貢，年貢通常以作物收成為主，亦即所收的是實物，而非金錢。在古裝劇常會聽到農民要繳納幾公幾民所指的是上繳的比例，例如四公六民指的是收成中的四成作為年貢，六成則歸耕種農民所有，不過戰國時代除北條氏等少數幾位大名外，大多不會將年貢訂得如此「寬鬆」，而是以六公四民或七公三民為主。

進入江戶時代，由於士、農、工、商的身分制度已確立，務農的農民因為身分制與耕種的村落緊密結合，基本上每個村落區分成**本百姓**（江戶時代有耕地的農民，也稱為高持百姓，會連耕地一起登記在檢地帳上，住家及財產得到承認。有使用耕種所需的用水及入會地的權利，也有參加村政的資格。但相對也是年貢和勞役的主要承擔者）與**水吞百姓**（江戶時代對於沒有農地的農民的稱呼，相當於現代的佃農。由於沒有自己的農地，因此無須繳納年貢，相對地沒有使用水源及入會地的權利，也沒有參與村政的資格）。雖然農村有本百姓與水吞百姓之分，但是在採用石高制的幕藩體制下，由於稻米的收成量是用來表示領地的收益並成為課稅的基礎，因此農田、房宅、入會地、山林、鹽田都被視為等同稻田而成為課稅的基礎。可以這麼說，近世國家租稅制度基本上是一種對土地課稅的制度。

已故網野善彥教授在《重新解讀日本歷史》（《日本の歴史をよみなおす》）一書提到奧能登（能登是令制國之一，位於今石川縣北部。「奧」有最裡面之意，奧能登指能登的最裡面，約現在的輪島市、能登町、珠洲市一帶）的時國家，自江戶初期便已是前田領內數一數二的富豪，家中豢養約二百名下人，擁有數十町步（計算田地與山林的面積單位，一町步約等於九九一七平方公尺）的農田。看到這裡大概很多讀者會認為時國家是富甲一方的豪農，不過網野教授從《奧能登時國家文書》的記載，時國家在元和年間（一六一五～二四）已擁有兩、三艘船隻，從松前出發經佐渡、敦賀上陸經琵琶湖到近江大津、京都甚至到大坂進行貿易。

從以上敘述可看出時國家儘管擁有數十町步的農田，但其財富的積累主要應該是靠從松前到京、坂一帶的貿易。附帶一提，時國家在敦賀以前的貿易路線與一世紀多以後的**北前船**（十八世紀中期以降到明治三十年代，航行於大坂至蝦夷地松前〔甚至還延伸到樺太島〕之間的重要運輸貿易航線。每年約二、三月間從大坂啟程，去程由於與由南往北的黑潮支流對馬海流順向而行，航速極快，還可以在日本海沿岸港灣進行買賣，約四、五月間抵達松前。接著在松前採購蝦夷地特產於七、八月間踏上歸程，由於回程是逆向，較來時危險，同時也要防範颱風，大概到十一月左右才能返抵大坂。雖然風險極大，利潤也頗為可觀）幾乎一致。

網野教授根據在時國家倉庫找到的**襖**（日式建築作為隔間的拉門）**下張**（貼在隔間拉門襖上的和紙，由於和紙是昂貴之物，因此多半用寫過的書信或帳冊來貼，反覆多次貼在襖上稱為下張）文書發現顛覆傳統說法的事實。與時國家有姻親關係的柴草屋在江戶初期借了一百兩黃金給時國家，能夠借一百兩黃金想必家境必然不差，但是柴草屋的身分卻是水呑百姓，而時國家根據筆者在前文的定義應該是本百姓，水呑百姓借一百兩黃金給本百姓在農業社會的標準怎麼看都覺得不可能。

網野教授分析柴草屋沒有屬於自己的耕地，符合水呑百姓的條件而稱之。但是沒有自己的耕地並不代表柴草屋是窮人，柴草屋進行類似之後北前船的貿易，一年只要出船航行一次便能賺取比耕種一年要多上好幾倍的利潤，所以柴草屋不是沒有耕地，而是不需要耕地。網野教授又舉出甲斐的石和（山梨縣笛吹市）、上吉田村（山梨縣富士吉田市）亦有水呑百姓缺少農地但發展林業而致富的例子。

不過，網野教授除這兩例之外沒有再舉出其他例子，因此難以判定奧能登與甲斐石和、上吉田村的情形究竟是個案或是通例，是以筆者還是遵循傳統說法——由本百姓分攤以稻米為主的村落年貢。

或許會有讀者質疑，江戶時代年貢不繳納金錢嗎？幕府將全國的金山、銀山、銅山皆納為天領，獨占貨幣鑄造權並發行金、銀、銅錢幣。金一兩等於四分，一分等於四朱；銀一貫等於一千匁，一匁等於銀十分；銅錢一貫等於一千文（實際上大概只等於九百六十文）。大抵說來，以江戶為中心的東日本以黃金為本位進行交易，以大坂為中心的西日本則以白銀。雖然使用的貨幣種類不同，卻可以互相兌換，三者間的匯率在慶長十四（一六〇九）年規定為金一兩等於銀五十匁等於銅錢四貫，元祿十五（一七〇〇）年一兩金約等於銀六十匁等於銅錢四貫，到開國開港後三者匯率又有所變化。

依石井寛治教授的著作《日本經濟史》（中譯本由黃紹恆教授翻譯，2008年9月五南出版）所載，「對百姓、町人日常的支付而言，金幣及『丁銀』過大。因此，銅錢及重約一匁左右的（匁除了是銀的貨幣單位外，也可以是重量單位，一匁等於三．七五克）『豆板銀』才是經常使用之貨幣。銅錢流通對農村的滲透意外遲緩，這有可能是米於十七世紀當時仍具極強的貨幣機能所致。」

從本節的敘述可知以繳納稻穀作為年貢的幕府時代，存在著兩大問題：首先是運費及暫時存放的保管費，還有運輸過程中的損失（包括陸上及海上），這是一筆不小的費用。其次是從運送到大坂後至售出為止，稻米的價格都不是幕府或諸藩可以決定的，而是市場競爭所決定。諸藩即便在第二項有賺取利潤，在扣除掉第一項的費用後不是所剩無幾，便是負債透支，實際賺到利潤的多半是大坂商人。

進入明治時代，為確保太政官財政在支付廢藩置縣後藩主與藩士的俸祿以及大量雇用外國人的薪資之餘，還能進行若干的建設，出於這樣的目的使得地租改正的條件臻於成熟。

二、頒布地租改正條例

明治三年六月，時任集議院副議長的神田孝平向太政官提出《田租改革建議》，建議政府解除土地買賣之禁令，向人民申告買賣地價，並發給記載地價的地券，以該地價為基準予以課稅。神田提出此建議時尚未廢藩置縣，雖立意甚佳也難以驟然實施。完成廢藩置縣後的當年九月，大藏卿大久保利通、大藏大輔井上馨聯名簽署允許農民自由耕作土地的《田畑勝手作》。

明治五年二月，已不在國內的大久保大藏卿與井上大藏大輔，繼續以聯名的方式向正院提出遵從神田孝平先前提出的《田租改革建議》，解除江戶初期由幕府頒布的《田畑永代賣買禁止令》。如此一來，田地不僅可以自由耕作，更可以自由買賣或讓渡。四月，神奈川縣令陸奧宗光向太政官提出《田租改正建議》，主張廢除幕府時代包括石高、**反別**（近世的租稅法之一，田地以反為單位課徵租稅。六尺平方為一步，也稱為坪；三十步為一畝，約九九．一七四平方公尺，十畝為一反，十反為一町步）、石盛、定免、檢地、檢見等舊法，依據土地的肥瘠程度來判定土地實價。太政官立即採納陸奧的建議，井上大藏大輔擢陸奧改任大藏省租稅頭，與租稅權頭松方正義著手制定地租改正法案，神奈川縣令由陸奧的妹婿中島信行繼任。

租稅寮於七月起發行地券以保障土地買賣，與壬申戶籍命名的由來相同，也以明治五年的干支命名為壬申地券。不過，壬申地券除土地的位置、地號、面積、所有者姓名之外，還記載地價，地價是所有者以買賣為前提而申報，因此地價會隨著地主預期心態的不同而有過低或過高的價格。地方官透過倉促間發行的壬申地券深刻感受到幕府時代貢租制度對農民的不合理，激發對此制度改革的必要性。

附帶一提，陸奧宗光在神奈川縣令轉任大藏省租稅頭期間適逢元配蓮子病逝，為照顧亡妻留下的廣吉、潤吉兩幼子，陸奧娶旗本出身但在新橋以藝妓維生的小鈴為續弦，改名亮子。陸奧亮子後來與戶田氏共（最後的大垣藩藩主）伯爵夫人極子（岩倉右大臣三女，據說連伊藤博文都曾垂涎她的美色，某次在鹿鳴館舉辦的化妝舞會結束後欲藉著酒意強暴極子，被微醺的極子掙脫，事件真相至今仍不明）因出色的美貌被譽為「鹿鳴館之花」。

八月，大藏省先是延長地方官任期，並向正院提出區分經租（國稅）與緯租（府縣地方稅）為中心的建議書。九月，陸奧等租稅寮完成《地價調查規則》，分發到全國各府縣以供地方官檢討之用。既然要地方官檢討《地價調查規則》，可以預見要地方官們在東京齊聚一堂討論是遲早的事。果不其然，十月，大藏省向正院建議來年各府縣縣令、知事上京（東京）具體討論。

明治六年4月，各府縣縣令、知事、權令計六十六名，再加上大藏省相關官員共七十七名齊聚東京討論地租改正案。在此必須特別提出說明的是，有部分中文書把此次地方官齊聚東京一事稱為地方官會議。然而，若無特別所指，地方官會議通常是指明治八年6月20日起由木戶參議主持以討論各府縣相關的地方權限為主的會議（詳見第十七章第四節），在明治十一年4月10日及明治十三年2月5日分別舉行第二次及第三次地方官會議（分別由伊藤博文、片岡健吉主持）。有鑑於此，筆者只稱各府縣縣令、知事、權令齊聚東京，而不稱地方官會議。

此次地方官齊聚東京，其討論主題為地租改正，要在以下三種方案中討論採取何者：

（一）金額稅。以過去二十年的平均米價折成現金徵收，這一方案被認為暫時不管修正舊稅的不均，而以保護豪農的既得權利為目標，因為包括地方官在內支持的人並不多，因而遭到否決。

(二)暫時擱置舊稅。農民對於幕府時代沉重的年貢記憶猶新，自然不會贊同沿用舊稅，自明治三、四年以來不斷地向地方官要求改正稅法。地方官迫於農民的壓力，自也鮮有贊同此案。

(三)地契稅即行。既已否定前兩案，地方官不便再否決第三案，至於第三案是否為最佳方案，或是還能再討論出其他方案，已不在此次討論的範圍內。最終敲定此案，亦即採用以地價為基準，全國統一繳納現金。

7月28日，太政官第二七二號正式頒布依各府縣縣令、知事等地方官齊聚東京討論後的結果制訂的地租改正條例，全文共八條，內容要點如下：

(一)廢除舊時以土地生產稻米的石高為基準課徵，改以衡量土地價格的地價作為課稅標準。

(二)除特別情況外，不論遇上豐收或歉收，稅率一律定為地價的百分之三。

（三）相較於幕府時代繳納實物，現改為繳納現金。

（四）納稅者並非土地耕種者，而是土地所有者。

誠如第七章第五節所提，頒布地租改正條例的當下，井上大藏大輔與澀澤大藏大丞已因尾去澤銅山弊案事件下台，而地租改正條例的另一催生功勞者陸奧宗光亦於明治七年初辭職。井上是因弊案所迫不得不辭職，澀澤則是選擇與自己的長官同進退，陸奧是為了什麼辭官呢？

回答這個問題之前，請讀者再仔細閱讀一次地租改正條例的要點。綜合以上四點可知：不管收成如何，擁有土地的農民每年都要繳交土地價格百分之三的現金作為租稅。決定地價的不再是土地生產力，而是土地本身所處的位置。

因此，要繳交多少地價與耕種的農民努力與否無關，與決定豐收歉收的天候也不太有關，倒是與土地被炒作的程度息息相關，而受害最大的正是擁有土地的農民，他們在幕府時代稱為本百姓（包括豪農等地主階層），占農村的多數。雖然本百姓在幕府時代已是年貢主要來源，但若努力耕種，再加上豐收的運氣，還是可以過上不錯的生活。如今決定租稅的因素取決於地價，地價的百分之三多半高於幕府時代的六公四民，而且不管豐收或歉收都不能作為不繳稅的藉口。

分析至此，讀者大概已能知悉陸奧辭官的理由，因為他已經預測到大多數農民會因繳不出百分之三的地價而暴動。果不其然，從明治八年起開始有地租改正反對一揆的暴動，到明治九年更陷入大規模的暴動。

三、地租改正反對一揆蜂起

從前文筆者的分析來看，只要地價居高不下，農民的負擔便不會減輕。那麼，地價是如何決定的呢？太政官最初打算以實際買賣的價格為基礎制訂地價，但如此一來能每年預期成長的地價只有東京、橫濱、大阪、名古屋等城市所在的少數府縣，對此政府與農民間展開激烈的論辯。一番論辯下來，竟然又回歸到由單位面積的收穫量決定地價，只是換成由農民決定地價。為了不讓地價上漲，農民決定採取消極的耕種態度。

了解到民眾的消極態度而使地價有可能因此下跌導致必須大量減稅的太政官，遂於明治八年3月成立隸屬於內務、大藏二省的地租改正事務局，該局總裁由參議兼內務卿大久保利通兼任，御用掛由參議兼大藏卿大隈重信兼任。由太政官第一把交椅大久保擔任該局總裁，可見太政官對地租改正事務局的重視。7月地租改正事務局制訂詳盡的地租改正條例細目，內容總的說來是中央事先決定各府縣的平均收成量，再由各府縣縣令、知事攤派到轄下大區、小區底下的村，要他們達到各府縣應達成的收成量，凡拒絕配合中央的縣令、知事便予以免職，另派聽話的人代替（戰前縣令、知事都是官派）。

如此一來，農民的負擔更為繁重，他們努力耕種固然達到豐收的結果，然而也因為單位面積的收成增加使得來年地價上漲，結果也相對增加地租，苦的還是農民。因此，地租改正事務局成立的明治八年便有地租改正反對一揆的蜂起。

明治九年可說是明治政府最為動盪的一年，這一年因頒布令士族強烈反對的《廢刀令》造成在西日本發生三件士族反亂（熊本敬神黨之亂、秋月之亂、萩之亂），血稅一揆及地租改正反對一揆跟著蜂起，若是再把因地租改正造成的物價翻騰導致的一揆也算進去，幾乎可以說除帝都所在的東京之外遍地烽火。

明治九年11月27日，茨城縣真壁郡吉間村（茨城縣筑西市）集結超過三百名農民向副區長強行申訴（強訴）未果。11月30日，真壁郡飯塚村（茨城縣櫻川市）有數百名民眾蜂起，稱為真壁一揆。真壁一揆持續數日便遭鎮壓，有一百六十餘名農民被捕，但蜂起之勢已從縣南傳至縣北。12月8日，那珂郡小舟、上小瀨二村（茨城縣常陸大宮市）傳出農民蜂起，10日立刻遭到鎮壓，有超過一千名農民受到徒刑到罰金不等的處分。

規模最大的地租改正反對一揆為12月18日發生在三重縣中部瀕伊勢灣的飯能郡。當日飯能郡魚見村、久保村、新開村、保津村、松名瀨村（皆位於三重縣松阪市）等五村農民在村級官員、大地主、豪農的指導下連署向三重縣縣令岩村定高（佐賀藩出身）要求減稅，若不能減稅至少也延後交稅。

然而，18日當天**巡查**（最低階的警察，維新之際「police」一詞因無對應的譯名，而以「巡邏兵卒」或其略稱「邏卒」稱之，之後改稱「巡邏查察」，其略稱即為巡查）與聚集的農民出現言語上的齟齬，導致聚集的農民人數超過萬人。19日這支超過萬人的農民進入松阪，燒毀當地的三井銀行（三井家首代八郎右衛門的生父三井高利的出生地即是松阪，對三井家而言松阪猶如發源地）。這支農民隊將附有連署的請願書交至岩村縣令後便即就地解散，但蜂起的民眾北至現今三重縣龜山市、四日市市、桑名市等地，南迄山田（三重縣伊勢市）。位在山田的伊勢神宮一度也成為手持竹槍的民眾的攻擊目標，好在民眾終究對伊勢神宮有所顧忌，最終搗毀山田附近的民宅後離去。

地租改正反對一揆的聲勢繼續往外擴散，三重縣北的愛知、岐阜二縣以及縣西的堺縣（廢藩置縣後的堺縣包含令制國的河內、和泉，明治九年4月18日奈良縣納入堺縣，明治二十年11月4日才恢復奈良縣）也出現響應聲浪。眼見伊勢暴動的規模愈來愈大，太政官深恐伊勢暴動與其他士族反亂結合（特別是位在九州南部的未爆彈），下令動員大阪鎮台（一中隊）、名古屋鎮台（二中隊）、警視廳二百名巡查以及超過四千名士族前往三重縣聽從縣令岩村定高的指揮，岩村縣令指揮有方，迅速於12月24日鎮壓下來。

民眾方面死亡三十五人、負傷四十八人，超過五萬人受到徒刑、禁錮、罰款等處分。

參議兼內務卿大久保連日舉行閣議，達成一致將地租從百分之三調降至百分之二．五，並於明治十年1月4日公布。讀者看到從百分之三調降至百分之二．五或許不覺得有何差異，但光是這一舉動稅收估計便蒸發一千萬圓，因此當時民眾諷刺道：

竹槍でドンと突き出す二分五厘
（竹槍捅出個二分五厘）

即使地租調降至百分之二．五，對農民而言仍是一大負擔，農民持續和政府抗爭，希能再有所調降。然而，百分之二．五已是政府底線，即使農民有時仍以一揆為手段向政府表達調降地租的抗爭，但隨著西南戰爭的平定，明治政權日趨穩固，政府已毋須向人民妥協以換取政權安定的必要。

到明治二十年調降地租依舊是政治上的議題，這年10月已沉寂數年的自由民權運動在後藤象二郎的號召下，大有捲土重來之勢。後藤在民權人士成立的丁亥俱樂部（丁亥為該年干支）大會上大聲疾呼，以減輕租稅徵收、保障言論集會自由以及挽回外交失策向政府建白，此次集會因此也被稱為「三大事件建白」。

四、家祿稅與家祿奉還制度

前文已多次提及秩祿處分，在明治初年幾乎每年會占去近四成支出，是同時間支出的第一位（第二位是支付雇用外國人的薪資），筆者在這一節簡單為讀者介紹秩祿處分的經過。第五章第四節曾引用英國駐日代理公使亞當斯的話稱讚廢藩置縣，說日本「只以一紙敕書便收二百七十餘藩之實權，樹立國家統一之基礎，是世界未曾有之大業。此乃神蹟，非人力之所及」。不過，亞當斯並沒有看到在廢藩置縣的背後是經歷多少妥協才走到這一步。

版籍奉還後，藩主、藩士的俸祿以及幕府時代積欠的藩債都由太政官概括承受，財庫空空如也、連戊辰戰爭的軍費都要向幕府御用商人募款的太政官當然沒有能力立即處理。因此採取以原先藩主任命為知藩事，保留他們領有原先石高的十分之一為俸祿，並把他們列入華族（等於是封建和郡縣的折衷），剩下的十分之九扣除掉藩債的部分，其餘作為包括藩主的一門、家老以及平士等士族的俸祿的辦法作為妥協。

大致說來，尾數在十石以下（包含十石）的家祿維持原樣，具體的俸祿處分據落合弘樹教授的《秩祿處分》一書有如下記載：

（一）上士領舊祿的二到三成，一百石左右的舊祿削減七成，削減率比平均值低，十石以下不增俸（佐賀、德島）。

（二）上士的削減率如前述，五十石以下的削減較平均值趨緩（佐倉、岡山、鳥取、弘前）。相對地，十石以下的下士增祿（秋田、廣島、熊本、津、松江）。

（三）上士的家祿削減至舊祿的一成，八石以下維持不動，與平均值幾乎一致（彥根、和歌山、山口）。

（四）上士、中士的削減較平均值高（靜岡、仙台等戊辰戰爭期間的「朝敵」）。部分小藩採取士族家祿均一制（母里、苗木）。

當倒幕派沉浸在戊辰戰爭的喜悅之餘，也為他們捉襟見肘的財政再增添一筆巨額：針對功臣的賞典祿（包含永世祿、終身祿及一時賞祿）。據統計光是賞典祿便已超過九十萬圓，再加上藩主、藩士的俸祿處置大概已占去超過三分之一的年收入。

廢藩置縣後太政官的歲入增至三千二百三十萬餘石，在繼續支付華、士族調整後的家祿、維新功臣的賞典祿，還有雇用外國人的薪資後，太政官的收入已所剩無幾，根本談不上建設。三者中也只能針對華、士族的家祿做刪減，由於岩倉使節團外訪緊跟在廢藩之後，對華、士族家祿的刪減便落在留守政府肩上，這一政策的實際策劃者是井上大藏大輔。

井上相當了解太政官的財政狀況，為避免巧婦難為無米之炊而使秩祿處分功敗垂成，井上於明治五年二月十五日命吉田清成大藏少輔赴美募集外債三千萬圓作為秩祿處分的資金，同時也將募集外債的提案送往正院並獲准通過。井上的初步規劃是先行削減華、士族（一門、家老）現有家祿的三分之一，剩餘部分在六年內支付完畢，至於士族（平士）與卒族給予六年份的祿券，准許其自由買賣，當然政府也包括在買賣的對象內。每年削減掉的家祿作為償還藩債及外債的利息部分，預估從第七年起便可還清利息，直接償還外債，五到七年左右能償還完畢。

由於此政策是在岩倉使節團出訪後才由留守政府單方面迅速決定的，已違反使節團出訪前訂定的十二條協定，因此當吉田大藏少輔來到美國募集外債與使節團不期而遇，獲悉留守政府背地裡進行廢除華、士族俸祿的岩倉右大臣、木戶參議與駐美少弁務使森有禮，對留守政府和正院不與之照會而逕自通過的態度，感到不滿，對此同為薩摩出身的吉田清成與森有禮還吵了一架。不過，岩倉等人的不滿應該還包括留守政府和正院並未顧及到廢除俸祿後華、士族的生計問題。如果處理不當，使華、士族因生計困難而相繼反亂，那無疑會對剛成立的太政官造成重大威脅，這才是岩倉等人最不滿之處。

在外遇到使節團成員的不滿，而募集外債也不順利的吉田只好寫信向國內的井上求援。讀者從第七章可知井上大藏大輔因刪減各省預算而遭江藤司法卿的圍剿，狼狽不堪的井上為減少支出只好提出停止支付士族家祿，而為取得全權委任狀特地從美國返回的大久保大藏卿似乎也影響井上。井上雖未在回信中向吉田明確交代他在國內的處境，但從回信內容裡提及若募集外債有困難可暫時返國等字句中，吉田明確感受到風向有所改變，最終吉田在英國只募得外債二百四十萬英鎊左右（折合日圓約一千一百七十一萬餘圓，扣除掉手續費後只剩一千零八十三萬餘圓）。

果不其然，吉田返國後，正院於明治五年八月將原案做個大修改，由於三千萬圓外債遲遲無法募集（並非吉田大藏少輔能力不佳，而是日本沒有相對做出擔保的能力），因此縮小金額至處理家祿所需的一千萬圓。大隈參議和井上大藏大輔寫給大久保大藏卿、伊藤工部大輔的信裡，詳細提及了不得不修改原案的理由：

（一）募集外債的困難。

（二）正院的回覆。

（三）士族與卒族反抗的危險性。

確立新方針的處理家祿案預定於明治六年初實施，但是明治六年的日本可不太平靜，先是1月實施徵兵制，接著5月初留守政府的財政首長井上大藏大輔辭職下野，6月起征韓與否在太政官成為爭論焦點。7月實施地租改正，8月三條太政大臣同意西鄉出使朝鮮，9月使節團成員返國後一致反對西鄉出使，10月西鄉等征韓派敗退（關於征韓論請參第十二、十三章），太政官進行重整，新成立內務省，家祿處理案再次成為閣議的議題已是該年11月26日。這一天在岩倉右大臣宅邸舉行的閣議參加成員有岩倉右大臣及木戶、大久保、大木（喬任）、伊藤、大隈、勝（海舟）、寺島（宗則）七名參議，不過並未討論出新方案，唯一的共識是否定留守政府時期的方案。

29日再次召開閣議，天皇親自出席，附帶一提，這一天大久保參議兼任內務卿，成為明治六年政變後太政官的第一把交椅。不知是否與天皇在場有關，這一天與會的八人顯得相當拘謹，當然也沒有比上一次談出更多結論。12月12日，進行第三次閣議，這一次八人取得一致的共識，決定實施家祿稅與家祿奉還制度。

家祿稅是把全部華、士族從五石到六萬五千石區隔成三百三十五級，再課以百分之二到百分之三十五．五的稅，當然，家祿愈多者所課之稅也就愈高，五石（未滿五石者免於課稅）課一升，六萬五千石則課二萬三千七十五石。據大藏省財政課的推算，明治七年全國華、士族家祿總額為四百六十七萬八千二百餘石，家祿稅的課稅總額為五十萬五千七百餘石。

至於家祿奉還制度是以家祿未滿百石的士族為對象，對世襲家祿的永世祿希望奉還者以六年時間、僅限一代的終身祿以四年時間支付現金並發給公債券（年利息百分之八），得到現金的奉還士族可以低價格購得土地成為自耕農。由於比農民購買土地的價格還要低廉，因此吸引約四分之一士族響應家祿奉還制度，只不過買到的幾乎都是山林荒地。

雖是如此，家祿奉還制度大抵上評價還算不差，翌年11月，家祿奉還的範圍擴及至百石以上。奉還家祿以換取現金和公債券的行為稱為秩祿公債，到實施的第三年（明治八年）奉還家祿額已達到近六百十萬圓，占去當初吉田清成募集外債的半數以上，儘管有不少士族奉還全部家祿所購得的山林荒地無法憑一己之力開發而對政府有所不滿(成為士族反亂的原因之一)，但是藉由家祿稅與家祿奉還制度的實施，政府總算得以擺脫華、士族龐大的秩祿問題。

不過倒幕有功的薩長土肥四藩士族，對於家祿奉還並不很踴躍，除土佐接近平均值(四分之一)外，其他三藩的響應率並不高，長州大約百分之五，佐賀約百分之三，至於薩摩幾乎是零(只有廿五人)。

五、發行金祿公債及實施《金祿公債證書發行條例》

明治八年7月，廢止實施約兩年半左右的家祿奉還制。9月7日依太政官布告一三八號規定即日起家祿與賞典祿不再供應米糧，而以明治五到七年(7月28日以前)這三年的平均米價換算為金錢支付。家祿稅與家祿奉還制度實施兩年多下來，雖已削減兩成左右的家祿支出，然而，中央在家祿方面的支出依然占去總支出的三分之一左右，可見家祿稅與家祿奉還制度雖在部分環節取得成效，但整體而言算不上成功的政策。

明治七年相繼發生佐賀之亂、出兵台灣等軍事行動，額外的軍事支出加深財政的負擔，時任大藏卿的大隈重信只好改革績效不彰的家祿稅與家祿奉還制度，在明治九年3月提出《金祿公債證書發行條例》的構想。

大隈構想的方案為預定在三十年內付完家祿與賞典祿並發行金祿公債證書，向領主階層發出年利百分之五的公債券（券面金額為五到七・七五年份的收入），向上、中士階層發出年利百分之六的公債券（券面金額為七・七五到十一・五年份的收入），向下士階層發出年利百分之七的公債券（券面金額為十一・五到十二年份的收入）。大隈大藏卿說明從明治十年開始支付，前五年本金放置不變動，從第六年起（明治十五年）每年抽籤償還三十分之一，三十年後還清。

內閣顧問官木戶最先反對，6月2日起，天皇展開六大行幸的第二次，此次行幸前往戊辰戰爭的激戰之地，包括奧羽和函館（箱館）。此次改由大久保內務卿取代第一次行幸時西鄉的角色，與其下屬機構警視廳隨侍在天皇身旁。由於最具實力的大久保內務卿缺席，大隈的《金祿公債證書發行條例》只得先暫時擱置。

7月21日，天皇一行返回東京，結束第二次行幸，25日起對《金祿公債證書發行條例》展開多日的討論。木戶依舊站在反對立場，他認為此案乍看之下似乎對上苛刻、對下寬大，實則不然，藩主階層只占全部士族百分之〇．二（五百一十九人），卻取得整個公債總額的百分之十八。而下士階層每人平均僅得到四百十五圓，還不如少尉一年的年俸（四百八十圓），換算起來等於年收入廿九圓，這個數字只有前章提及戶長、副戶長的一半。

由於大隈形同大久保的心腹之一（另一心腹為伊藤），大久保不顧木戶的反對，強行在8月5日對外頒布（太政官布告一〇八號），總計影響三十一萬兩千七百七十五人，預計三十年間會發放達一億七千三百八十六萬餘圓。

從家祿稅與家祿奉還制度到實施金祿公債為止，統稱秩祿處分。總的說來，士族不僅在特權方面被一一剝奪殆盡，連幕府時代賴以為生的俸祿也在明治初期幾次財政改革後變得一貧如洗，甚至比幕府時代還要窮困。從地租改正起，木戶當時雖是在野之身（因為反對征台）毅然採取反對態度。實施家祿稅與家祿奉還制度到金祿公債期間，儘管木戶的身分不同（在野、復職參議以及內閣顧問官），始終未曾動搖反對剝奪士族權益的立場。

木戶所以堅定站在維護士族權益的立場固然與他出身士族有關（大久保、大隈等人亦出身士族），木戶認為華、士族是國家賴以安定的社會支柱，儘管木戶曾跟隨岩倉使節團到歐美見識遊歷一番也不曾改變這樣的想法。既然為跟上歐美的腳步而犧牲華、士族的種種特權，至少在經濟上應該維持幕府時代的俸祿，讓華、士族保有些許的尊嚴。大隈過於苛刻的秩祿處分只會徹底削弱國家的支柱，一旦華、士族遭到嚴重的弱化，將會助長過度的（特別是以內務省為主的）中央集權主義，反而會對國家的發展有所危害，明治九年發生在長州、福岡、熊本的士族反亂以及明治十年最大規模的士族反亂——西南戰爭，不正是被逼到絕路的士族們的最後反抗嗎？

木戶維護士族權益立場的另一理由恐怕與在第五章提及的木戶始終厭惡大久保為人不無關係，「只要大久保贊同的，我木戶就反對。」這種類似孩子般彆扭的性格，筆者在之後幾章還會再提及。

西南戰爭期間，為防止更多士族加入西鄉軍，大久保內務卿研擬士族授產政策，具體作為讓士族移居北海道並開拓該地，既可作為國營開墾事業，也能解決士族窮困的生計並消除他們對政府的不滿。然而，士族授產具體落實已是明治十二年以後的事，此時不僅西南戰爭已結束，被稱為維新三傑的西鄉、木戶、大久保三人也先後殞落。雖然士族授產對於防止士族投入西鄉軍並無直接幫助，但是對於北海道的開發卻有莫大貢獻。

原本談完第七章留守政府後便應直接進入征韓議題，不過筆者另一方面也認為應該要提及當時社會上風行的文明開化，以及為何會有包括西鄉參議在內那麼多士族主張征韓的原因。西鄉參議的個人魅力固然是士族支持征韓的原因，但是也不能忽略士族支持征韓的背後原因，其中最主要在於士族特權的喪失以及經濟層面的困頓。了解這些外在因素後，下一章再來介紹征韓論的由來以及造成太政官分裂的危機。

第十二章

明治初年太政官的危機

一、近代以前的日朝關係

自古以來九州與朝鮮半島只有一海之隔（壱岐島與對馬島之間隔著對馬海峽或對馬海峽東水道，對馬島與朝鮮半島隔著朝鮮海峽或對馬海峽西水道，或是兩者合稱對馬海峽），只要風平浪靜，即使在航海技術不發達的上古時代，從九州北岸如福岡、佐賀、長崎或壱岐、對馬等地乘船前往也非難事。

《日本書紀．卷九．神功皇后》記載神功皇后繼承亡夫（仲哀天皇）遺志，親征朝鮮南部的三韓（原指《三國志》記載位於朝鮮南部的地區：馬韓、弁韓、辰韓，三韓先後於四世紀中葉完成統一，之後建立百濟、新羅二國。神功皇后親征的時間雖無法確定，但從高句麗好太王碑的記載來看應是指百濟、新羅），敗北的百濟、新羅不得不向倭國朝貢以換取和平。之後倭國進而在百濟與新羅之間建立一處名為任那的殖民地做為進出朝鮮半島的據點（從中、日、朝三方史料均無法判斷任那建立的具體時間），神功皇后的三韓征伐可視為日本史上出兵朝鮮之始。

神功皇后攝政近七十年，然後傳位給與仲哀天皇所生的唯一皇子譽田別尊（應神天皇）。從應神天皇起，《日本書紀》的記載幾乎集中在皇室上，此時期的天皇不是在位短暫、毫無作為，不然就是孔武有力、殘忍嗜殺，因此不清楚朝鮮半島上新羅、百濟與任那之間的互動情形。一連串宮廷鬥爭結束後，皇室直系血統在武烈天皇崩御後斷絕，朝臣大伴金村、物部麁鹿火擁戴位在越前的應神天皇五世孫五十七歲的男大迹王以旁系身分成為新天皇（繼體天皇）。

繼體天皇廿一（五二七）年六月壬辰朔甲午（三日），近江毛野臣（近江國豪族）率眾六萬欲前往任那，為復興為新羅所破的南加羅（加羅也寫成「伽耶」，位在新羅與百濟之間，分南北兩國）、喙己吞（似乎也在朝鮮半島南部，具體位置不詳）而會合於任那。可見在繼體天皇在位期間，新羅已走出向倭國朝貢的陰霾，吞滅任那附近的南加羅、喙己吞二國，並開始威脅到任那。筑紫**國造**（奈良時代以前的地方官，由大和朝廷任命，握有轄區的軍事權與裁判權，多由地方豪族擔任。由於國造的勢力強大，幾乎不受朝廷指揮，大化改新後逐步收回國造的權力，並廢除國造制度，只剩少許地區如出雲保留國造稱呼，但已轉為專司祭祀的世襲制）磐井密謀叛逆，但又想到一旦叛逆將陷入孤立無援之境，遂遲遲未能舉起反旗。新羅知情後私下送錢賄賂磐井，要他設法阻擋毛野臣的軍隊前往任那。磐井擴張勢力到火（令制國的肥前、肥後二國，相當於現在的佐賀、長崎、熊本三縣）、豐（令制國的豐前、豐後二國，相當於現在的大分縣及福岡縣北九州市一帶）二國，使兩地的地方官無法執行職務，阻斷對外海路，高麗、百濟、新羅、任那等國的年貢船因此無法上岸。

消息一傳回，天皇詔令大伴大連金村、物部大連麁鹿火、許勢（也寫成「巨勢」）大臣男人共商對策。天皇問到可派誰前去平亂？大伴大連金村推薦物部大連麁鹿火。秋八月辛卯朔（一日），天皇親手持斧鉞授予物部麁鹿火，並說道：

長門以東朕制之，筑紫以西汝制之。專行賞罰，勿煩頻奏。

（長門以東由朕治理，筑紫以西由你治理，自行賞罰，不用一一上奏。）

繼體廿二年冬十一月甲寅朔甲子（十一日），大將軍物部大連麁鹿火親自與磐井戰於筑紫御井郡（福岡縣三井郡大刀洗町與久留米市一部分），結果磐井遭斬，亂事平定。十二月，筑紫君葛子恐坐父誅（恐連坐父親之罪），獻糟屋屯倉，求贖死罪，於是受新羅煽動而起的盤井之亂悉數平定。

以上內容出自《日本書紀．卷十七．繼體天皇》，但在《古事記》的記載雖只有寥寥數語，卻令人覺得是另一回事：

此御世的筑紫之君石井，不服從天皇之命，且多無禮。故遣物部荒甲之大連與大伴金村之連二人前去除掉石井。

不僅名字不同（磐井與石井）、官位不同（筑紫國造與筑紫之君）、被討伐的原因不同（接受新羅的賄賂阻擋朝廷派出的軍隊與不服從天皇之命且多無禮），連朝廷派出討伐的武將也不同（物部麁鹿火與物部荒甲之大連、大伴金村之連）。相較於石井之亂在《古事記》的記載僅只兩行，而《日本書紀》不僅有較為完整的磐井之亂，還及於該亂事背後的倭、朝關係，讀過兩書相關記載的讀者，自然會傾向信服《日本書紀》的記載。

繼體廿三年三月，百濟王向下哆唎國守穗積押山臣說道原本的朝貢路線每苦風波，希能以加羅多沙津（全羅南道光陽市）為向倭國朝貢的津路（航路），穗積押山臣於是向天皇請奏。天皇派遣物部伊勢連父根、吉士老等人為使者，將多沙津賜給百濟。此舉招致加羅王不滿，抗議未果後，加羅與新羅結盟，加羅王娶新羅王女以強固兩者關係，不過兩國的政治婚姻卻因禮俗之故弄得不歡而散。

夏四月壬午朔戊子（七日），任那王己能末多干岐來朝，向大伴大連金村說道新羅多次越境入侵，懇請救助臣國。大伴趕緊上奏天皇，天皇派出近江毛野臣前往朝鮮維持秩序，近江毛野臣處置失當反為新羅派兵攻占任那境內四村。

從繼體天皇廿二、廿三兩年來看，新羅亟欲擺脫神功皇后親征三韓以來向倭國朝貢的屈辱外交而大肆入侵在朝鮮半島的倭國殖民地任那。百濟因倭國之故取得加羅國多沙津後對倭國更為順從，大有與倭國結盟對抗新羅的態勢。

繼體在位廿五年崩御，之後在宣化天皇二（五三七）年冬十月壬辰朔（一日），天皇以新羅寇擾任那，遣大伴大連金村之子磐、狹手彥二人前往任那。磐留在筑紫執其國政，狹手彥則前往任那並援救百濟。從《日本書紀．卷十八》沒有進一步記載之後的情形來看，可以認為磐、狹手彥二人坐鎮筑紫、任那發揮功效，成功阻止新羅的入侵。

宣化天皇崩御後，改由繼體嫡子繼位，是為欽明天皇，欽明天皇在位三十二年主要發生兩件大事，一是欽明十三（五五二）年佛教公傳，另一是廿三（五六二）年新羅消滅任那，倭國勢力被迫退出朝鮮半島，巧合的是這兩件大事都與朝鮮有關。佛教公傳是日本史上的大事件，重要性自不待言。然則佛教公傳造成朝廷分裂為主張崇佛的蘇我大臣稻目宿禰與主張排佛的物部大連尾輿、中臣連鎌子，崇佛與排佛的對立也延伸至對朝鮮半島的態度上淪為意氣之爭。在這種只要一方提出意見，另一方便會提出反對意見的扞格情形下，對朝鮮的軍事行動寸步難行，導致任那為新羅消滅的下場。

《日本書紀》十九卷（欽明天皇紀）在任那滅亡後的記載相當簡略，顯然任那的滅亡對天皇造成莫大的打擊。欽明三十二（五七一）年夏四月戊寅朔壬辰（十五日），天皇對皇太子渟中倉太珠敷尊交代遺言：

朕疾甚，以後事屬汝。汝須打新羅，封建任那。更造夫婦，惟如舊日，死無恨之。

（朕生了重病，現在向你交代後事。你必須征討新羅，並須重建任那。與任那的關係猶如夫婦，一如以往，朕就算死去也無恨。）

渟中倉太珠敷尊皇太子即位，即敏達天皇，任命物部弓削守屋為大連，蘇我馬子宿禰為大臣，這兩名朝廷中最有權勢的人物延續上一代的崇佛、排佛之爭，幾乎到兵戎相見的地步。權臣相爭的結果，不僅未能實現欽明天皇「打新羅，封建任那」的遺言，在位十餘年幾近毫無作為也導致與百濟漸行漸遠。

敏達天皇崩御後又是兩任短命且毫無政績的天皇，崇佛、排佛之爭也演變成奪權的政爭，結果是崇佛的蘇我馬子宿禰大臣獲勝，獨攬朝權，排佛的物部弓削守屋大連落敗，家族滅亡。蘇我馬子立自己的姊妹堅塩媛之女，同時也是已故敏達天皇皇后豐御食炊屋姬尊為天皇，她即是日本史首位女帝推古天皇。

推古即位後旋即任命亡兄用明天皇年僅十九歲的第二皇子為攝政，攝政之名為厩戶豐聰耳皇子、上宮之厩戶豐聰耳命或厩戶皇子，後人多稱其名為聖德太子。年輕攝政在政治、外交、內政方面都有遠大的抱負，《隋書．卷八十一列傳第四十六．倭國》派出使臣小野妹子向隋朝皇帝致上國書〈日出處天子致書日沒處天子無恙〉即是一例。乍看之下，《隋書》裡的倭王阿每多利思比孤（一般咸認指聖德太子，但亦有其他說法）所呈上的國書格式、內容過於夜郎自大，導致隋煬帝「覽之不悅，謂鴻臚卿曰：『蠻夷書有無禮者，勿復以聞』」。但若深入分析可知聖德太子是想藉由與隋的對等外交取得高於新羅的地位，並以此地位震懾半島諸國。

聖德太子採用的方法並非獨創，而是學習一百多年到二百年前倭五王慣用的招式：向中土正統王朝朝貢，藉由朝貢換來官位的冊封，再由冊封的官位合法管理朝鮮半島諸國。倭五王首位的讚開始向東晉、南朝宋朝貢，讚並未被東晉、南朝宋冊封。不過，從倭五王第二位的珍開始為南朝宋冊封為使持節（魏晉南北朝代表皇帝行使地方軍政權力的官職，可細分為使持節、持節、假節三級）、都督倭、百濟、新羅、任那、秦韓、慕韓（秦韓、慕韓大抵上位於朝鮮半島南部，惟，不清楚其確切位置）六國諸軍事、安東大將軍、倭國王等官位與權力，珍受冊封的官位和權力成為之後濟、興、武三王的指標。

對倭五王而言，他們考量的是中原正統王朝的冊封，至於中原正統王朝的強大與否、統一與否並不是那麼重要，因為中原正統王朝所冊封的官位有助於他們在倭國國內及朝鮮半島上的治理。聖德太子也想藉由這種方式恢復任那並統治朝鮮半島南部，完成欽明天皇的遺願。只是既想要與隋朝對等外交、又要從隋朝手中取得足以震懾朝鮮半島諸國的官位和權力，實在是魚與熊掌難以兼得，雖然維持與對等外交，卻始終沒能透過外交、軍事的管道對新羅造成威脅。

進入七世紀，倭國聯合百濟對抗新羅已成定局，百濟王甚至將王子扶餘豐璋送往倭國以示服從，然而，將百濟王的舉動解讀為若與新羅開戰，則倭國有出兵援助的義務亦無不可。百濟雖得到倭國支持，但百濟也知一旦與新羅開戰，與朝鮮一海之隔的倭國無法在一時三刻內立即派兵參戰，因此百濟與另一個即戰力的國家結盟，此即位於半島北方的強國高句麗。

高句麗權臣淵蓋蘇文（即章回小說《薛仁貴征東》的反派人物蓋蘇文）殺害密謀除掉他的高句麗王榮留王以及若干權臣後，以大莫離支（最高攝政）的身分掌握該國實權。志在擴大高句麗疆土的淵蓋蘇文立即以軍事行動入侵新羅，孤立無援的新羅向大唐告急，為西域諸國尊稱天可汗的唐太宗調集數萬兵馬親征高句麗。

對大唐而言，高句麗只是一蕞爾小國，但這一蕞爾小國卻讓天可汗的親征白忙一場。不僅如此，之後大唐又發動兩次征討，總計五年多的時間三次征討高句麗都未能讓其降伏，反而是因為唐太宗駕崩讓大唐和高句麗都暫時得到喘息。

一結束與大唐的戰爭，稍得喘息的淵蓋蘇文把戰場轉移至朝鮮半島南部，與百濟一起侵攻新羅。而倭國這段時間歷經**乙巳之變**（中大兄皇子與前文提及的排佛派中臣連鎌子五世孫中臣鎌足，於皇極天皇四（六四五）年六月十二日趁朝鮮半島三國派使者進貢，身為大臣的蘇我入鹿必須出席的機會進行暗殺。中大兄皇子以進入皇宮接見使者為由讓入鹿卸下兵器，然後暗中派人緊閉宮門，趁儀式進行時殺害入鹿，得知消息的入鹿之父蝦夷於次日自盡，自欽明天皇以來歷經稻目、馬子、蝦夷、入鹿四代權臣的蘇我宗家滅亡。當時的皇極天皇（舒明天皇皇后）讓位皇弟輕皇子，即之後的孝德天皇，並立誅除蘇我氏有功的中大兄皇子為皇太子），齊明天皇（孝德天皇在位十年崩御，皇極重祚）四（六五八）年起派遣越國守阿倍引田臣比羅夫征討蝦夷，追擊至今北海道札幌、千歲一帶的阿倍引田臣比羅夫大敗蝦夷後，繼續與援助蝦夷的肅慎作戰，深入至肅慎的根據地弊賄弁島（據說即是現今的庫頁島）。

齊明天皇六年五月，凱旋歸來的阿倍引田臣比羅夫獻上五十餘名蝦夷俘虜，然而，百濟正受大唐和新羅圍攻的消息也在此時傳入倭國（最終在七月滅亡）。百濟向倭國朝貢長達一個多世紀，是倭國最忠誠、順良的藩屬，包括王子扶餘豐璋、王室鬼室福信在內，幾次三番向倭國政要請願出兵馳援百濟。

倭國並非不知百濟對倭國的重要性，只是出兵馳援百濟勢必得與倭國在政治、文化、制度上師法的對象大唐為敵，從返國的遣唐使口中得知大唐國力深不可測，絕非蕞爾小國的倭國可敵。

最終齊明天皇聽從中大兄皇子行幸筑紫，幾經遷徙後於齊明天皇七年五月乙未朔癸卯（九日）安置在朝倉橘廣庭宮（推斷位於福岡縣朝倉市須川，附近有長安寺跡）。對已經六十八歲的老邁女帝而言，無法承受從飛鳥板蓋宮（奈良縣高市郡明日香村）到筑紫路途上的顛簸以及陸路和海路交錯的折磨，一到朝倉橘廣庭宮便臥病在床，七月甲午朔丁巳（廿四日），齊明女帝崩御於朝倉橘廣庭宮。

處在國境前線的皇太子中大兄皇子當日素服稱制（先代君主崩御後，皇太子或準繼承人不即位而行天子之事），並遷居長津宮（據《日本書紀・卷廿六・齊明天皇》記載，長津宮原名磐瀨行宮，位於娜大津。娜大津似乎是現在的博多港，長津宮應該也在附近）。同時間傳出消滅百濟的唐將蘇定方與突厥王子契苾何力（《日本書紀》記為「契苾加力」）從水陸兩路出擊，抵達高麗城下。

此後數月中大兄皇子積極備戰，據《日本書紀．卷廿七．天智天皇》記載，稱制元（六六二）年五月，大將軍大錦中阿曇比羅夫連率船師一百七十艘，護送扶餘豐璋、鬼室福信返回百濟並使其即位。稱制二年三月，遣前將軍上毛野君稚子．間人連大蓋、中將軍巨勢神前臣譯語．三輪君根麻呂、後將軍阿倍引田臣比羅夫．大宅臣鎌柄率二萬七千人攻打新羅。同年八月壬午朔甲午（十三日），透過百濟王告知諸將說道「今聞，大日本國之救將廬原君臣，率健兒萬餘，正當越海而至。……」

從稱制元年五月到隔年八月可知倭國一共三次派出至少超過五萬兵力（第一次派出的一百七十艘船若保守估計以一船搭載一百人，至少也有一萬七千人），以當時倭國而言應該是國力的極限，第三次援軍抵達朝鮮的同時雙方終於引戰，此即有名的白江口之戰，日方稱為白村江之戰。

不管是《新唐書》或《日本書紀》，對白村江之戰的描寫都非常簡略，大致上是倭軍強行突入白江（錦江）注入黃海的河口時遇上唐軍，遭到重擊，被焚毀四百餘艘船艦。扶餘豐璋逃回倭國，其餘百濟將領及倭軍皆降。

從任那滅亡到白村江之戰結束為止歷時約百年，大致說來，倭國在朝鮮半島的影響力節節衰退，欽明天皇「打新羅，封建任那」的遺言已沒有實現的可能。倭國除加強與百濟的外交關係外，對於在朝鮮半島擴張勢力似乎已失去興趣，如果不是大唐和新羅消滅百濟在先，為復興百濟派出約五萬大軍前往朝鮮半島而與大唐．新羅聯軍出現軍事衝突，或許不見得會發生白村江之戰。

白村江之役後的最初數年，仍在稱制的中大兄皇子為防範大唐與新羅聯軍的乘勝追擊，在對馬島、壱岐島、筑紫國等國境前線設置**防人**（古代戍守在九州邊境險要之地的士兵，最早始於大化年間。防人主要徵調自遠江以東諸國的農民，由太宰府指揮調度，服役滿三年才能輪調，期間的飲食與武器皆須自備，對農民而言苦不堪言）與烽火外，還在筑紫國內築大堤貯水，名為水城。之後陸續在長門國、筑紫國、大和國、讚吉國（讚岐國）、對馬島築城。中大兄皇子似乎還不安心，將都城從飛鳥板蓋宮遷都到大津宮（滋賀縣大津市錦織二丁目，京阪石山坂本線近江神宮前驛附近），一切就緒後於稱制第七年（六六八）即位，是為天智天皇。

出於對大唐・新羅聯軍可能來犯的恐懼，使得倭國（連同之後改國號為日本）對外政策變得無比保守，除例行性的派出遣唐使外，幾乎與大唐沒有任何外交活動。之後更因終止派遣遣唐使，連與朝鮮的官方往來也為之中斷（期間雖有前期倭寇扣擾朝鮮半島，不過倭寇扣擾來自民間，而非官方往來），直到安土・桃山時代秀吉出兵朝鮮開啟日朝關係新時代。

秀吉在天正十九（一五九一）年平定九戶政實之亂，完成天下統一後出於種種考量向各大名宣布來年春天將征討朝鮮，於是火速在肥前國修建一座超級巨城名護屋城（佐賀縣唐津市鎮西町）作為大軍征討朝鮮的前哨站。天正廿年三月起，幾乎動員全國所有大名前往名護屋城，以宇喜多秀家為總大將，統率西國大名共約十五、六萬大軍由小西行長、加藤清正先行渡海征討朝鮮，秀吉則與東國大名駐紮在名護屋城作為預備軍（實際上這些預備軍幾乎都沒有參與作戰）。

小西行長、加藤清正登陸朝鮮南岸後如入無人之境，安逸兩世紀的李朝（也稱為朝鮮王朝或李氏朝鮮）士兵根本不是擁有豐富作戰經驗的日軍的對手。日軍在四月底便逼近京城漢陽（現首爾市），當時李朝國君宣祖見情勢不利，打算逃離漢陽暫棲平壤。在宣祖及若干王子逃出轉往平壤的過程中，宣祖長男臨海君、六男順和君為加藤清正所執，清正甚至還攻進滿州境內，對臣屬明帝國的建州女真發起進攻（之後建立後金的女真族便是這一支），這只是日軍登陸朝鮮半島後半年內的事。

到此為止大概是征討朝鮮最順利的時候，李朝領土除平安道（包含現今平壤、平安南道、平安北道、慈江道，皆為北韓領土）外幾為日軍征服。不過，日軍在朝鮮境內的燒殺擄掠行為激起民間反抗，紛紛組織義軍以肉身之軀抵擋日軍的攻勢，展現高貴的民族氣節。在李朝一次又一次的哀求下，其朝貢的對象國明帝國確認事情的嚴重性後，調動遼東軍隊前往朝鮮，之後又投入從全國徵調的軍隊趕赴朝鮮前線，李朝終於擺脫戰爭初期狼狽敗逃的局面。

無謀的文祿．慶長之役在秀吉病逝後草草結束，該如何修復降至低點的日朝關係考驗秀吉病逝後等同於日本領導者的內府德川家康的智慧。家康先是授意與朝鮮貿易扮演重要角色的對馬島主宗義智遣使向朝鮮釋出善意，然而，由於過去數年日本對朝鮮的侵略，朝鮮積累的仇恨不是一時片刻便可忘卻，尤其李朝當下的君主正是當初狼狽出逃的宣祖，更增添和解的難度。

歷經幾次徒勞無功的出訪後，朝鮮要求歸還被日軍擄獲的俘虜，在整個文祿．慶長之役期間，西國大名擄獲的朝鮮俘虜究竟有多少人實在難以估算。適逢當時日本正值關原之戰結束，西軍戰敗遭到改易的大名多屬活躍在文祿．慶長之役的西國大名，因此直到慶長九（一六〇四）年才完成歸還俘虜的行動，一共歸還一千七百餘名。

真正的明文復交則在慶長十二年。而宣祖去世翌（一六〇四）年，對馬藩主宗義智與李朝締結通交貿易條約，此即慶長條約（因該年的干支為己酉，也稱為己酉條約），主要內容為：對馬島主歲遣船定為廿艘（文祿．慶長之役之前為三十艘），特送船（遇有特殊任務時派遣的使船）三艘，歲遣船貿易港定於釜山浦一地，重啟因文祿．慶長之役而中斷的日朝貿易（宗氏雖因此減少歲遣船數量，但對於恢復日朝邦交有功而獲准成為十萬石大名、獨占日朝貿易以及每三年才一次參勤交代）。

慶長十二年，日朝正式恢復邦交，李朝恢復自太宗（李朝第三代君主）以來祝賀室町幕府將軍即位派出祝賀團的慣例，派出以呂祐吉為正使的祝賀團前來江戶慶賀。當時的將軍秀忠熱情款待這一超過五百人祝賀團，祝賀團回程途經駿府又受到大御所家康的招待，然後才返回朝鮮。

十年後，宣祖之子光海君以慶賀結束大坂之役、完成日本國內統一之名，又派出以吳允謙為正使的祝賀團前來江戶向秀忠慶賀。元和九年七月，秀忠讓位給家光，自任大御所，翌年李朝再度派出以鄭岦為正使的祝賀團祝賀家光襲封將軍。此後，新將軍襲封，李朝派出祝賀團來日祝賀成為定例，此即所謂的朝鮮通信使，從慶長十二年到文化八（一八一一）年超過二百年期間，李朝共派出十二次朝鮮通信使，其確切的時間及祝賀內容如下：

回數	謁見時間（日曆）	將軍	朝鮮正使	名稱	目的	人數
一	1607（慶長十二年）	德川秀忠	呂祐吉	回答兼刷還使	國交恢復、交還俘虜	504
二	1617（元和三年）	德川秀忠	吳允謙	回答兼刷還使	慶賀國內平定、交還俘虜	428
三	1624（寬永元年）	德川家光	鄭岦	回答兼刷還使	家光襲封祝賀、交還俘虜	460
四	1636（寬永十三年）	德川家光	任絖	朝鮮通信使	泰平之賀	478

五	1643（寛永二十年）	德川家光	尹順之	朝鮮通信使	家綱誕生、日光東照宮落成	477
六	1655（明曆元年）	德川家綱	趙珩	朝鮮通信使	家綱襲封祝賀	478
七	1682（天和二年）	德川綱吉	尹趾完	朝鮮通信使	綱吉襲封祝賀	473
八	1711（正德元年）	德川家宣	趙泰億	朝鮮通信使	家宣襲封祝賀	500
九	1719（享保四年）	德川吉宗	洪致中	朝鮮通信使	吉宗襲封祝賀	475
十	1748（寛延元年）	德川家重	洪啟禧	朝鮮通信使	家重襲封祝賀	477
十一	1764（明和元年）	德川家治	趙曮	朝鮮通信使	家治襲封之賀	477
十二	1811（文化八年）	德川家齊	金履喬	朝鮮通信使	家齊襲封治賀	327

家光襲封將軍期間完成鎖國體制，定明國（包含後來的清國）與荷蘭為通商之國，朝鮮與琉球為通信之國。所謂的通信有正式外交文書往來之意，可見在江戶時代與幕府有正式外交往來僅有朝鮮、琉球二國。相較於幾乎整個江戶時代琉球都附屬於薩摩藩，只有朝鮮才是唯一真正獨立且又與幕府有正式外交往來的國家，因此幕府對於每一次朝鮮通信使的

到來都給予極大的方便與特權。朝鮮通信使由正使(官階為文官堂上正三品)、副使(文官堂下正三品)、從事官(文官五、六品,以上三人合稱「三使」,是通信使的核心)、上上官、上官、中官、下官以及其他雜役構成,除最後一次外,每次規模都在四百多人到五百人之間。朝鮮通信使離開漢陽後以陸路來到釜山港,從釜山出港後會先在第一站對馬藩滯留一個月,再由對馬藩主派出約百餘名藩士沿途護衛。船隊在大坂之前沿途停靠在壱岐、相島(福岡縣糟屋郡新宮町)、赤間關(下關)、上關(山口縣熊毛郡上關町)、蒲刈(廣島縣吳市蒲刈町)、鞆之浦(廣島縣福山市鞆町)、牛窓(岡山縣瀨戶內市牛窓町)、室津(兵庫縣龍野市室津町)、明石(兵庫縣明石市)、兵庫(兵庫縣神戶市)等地,然後迎至諸藩的迎賓館與佛寺下榻。十萬石以上的大名自行負責接待朝鮮通信使的費用,十萬石以下的大名先代為墊付,日後再由幕府支付。對諸藩而言,這是一筆不亞於參勤交代的龐大費用,好在朝鮮通信使不像參勤交代那樣頻繁上路。

靠岸大坂後改搭較小船隻逆流淀川而上,到了淀才改成陸路。通信使雖然進入京都卻不能逕自前往御所,只能下榻在距離御所頗為遙遠的本圀寺(京都市山科區御陵大岩)。之後繼續前往近江,從彥根轉往大垣再南下進入尾張走東海道。由於幕府對朝鮮通信使沒有硬性規定到達江戶的期限，因此朝鮮通信使一行看不到趕路的匆忙，這點可說是與參勤交代的大名最大的差異。

如果連同沿路護衛的對馬藩士在內，抵達江戶時的朝鮮通信使人數會來到六百人左右，低於加賀、薩摩、仙台這幾個全國數一數二大藩的規模。由於沿途滯留的時間相當久，一次朝鮮通信使往返需費時十個月左右，耗費約五十萬到一百萬兩（全由幕府買單），這是任何藩的參勤交代都難以企及的。十一代將軍德川家齊早在天明七（一七八七）年便已襲封將軍，然而，持續惡化的幕府財政硬是把將軍一度的盛事拖延至文化八年才舉行，而且此次只在對馬招待朝鮮通信使後便打發他們回去。

朝鮮通信使上呈的國書稱將軍為「日本國大君」，而其在釜山浦進行日朝貿易的日本人居留地稱為草梁倭館，這是日朝雙方都能接受的稱呼。不過，進入明治時代，這些細節成為雙方外交往來的障礙，明治時代的征韓便從這些細節中衍生而出。

二、最早的征韓論

維新回天前夕，朝廷破天荒敘對馬藩主宗義達從四位上左近衛權少將兼對馬守（往例為從四位下侍從兼對馬守），由他向朝鮮轉告王政復古的經過始末。然而，宗義達卻指派藩家老樋口鐵四郎為大修大差使，由他代替自己出使朝鮮向李朝君主呈上王政復古告知書。

幕府時代二百多年來李朝皆與「日本國大君」進行對等的外交與貿易，此次的告知書（上頭沒有幕府方面的用印，不被李朝君臣視為國書）竟然用上「朝臣」、「奉敕」等朝鮮君主臣事清國皇帝的用語。光是文書格式便已僭越不敬，派來的使者又僅是區區大修大差使，李朝君臣認為日本此次行為過於無禮而拒絕與之對話。

由於李朝在幕府時代派遣朝鮮通信使享受到極致的待遇（最後一次朝鮮通信使除外），私心上會傾向維持幕府時代而不願承認新政府，更無意與之建立國交。碰壁的樋口大修大差使回國遇上戊辰戰爭，忙於在內戰取勝的新政府無暇為樋口甚至日本討回顏面。戊辰戰爭結束後旋即進行版籍奉還，太政官也進行若干程度調整，廢除原先的行政官、會計官、軍務官、外國官、刑法官、民部官，改置民部省、大藏省、兵部省、刑部省、宮內省、外務省，與朝鮮的窗口由對馬藩轉移到外務省。

明治二年，外務省派出使者攜帶國書向李朝傳達王政復古的經過，但因為並非透過對馬藩，在國書上也捨棄「日本國大君」格式而採用日本國天皇而被李朝拒收。李朝拒收日本國書的消息傳回日本，群情激憤，尤以木戶與幕末時期輔佐老中首座板倉勝靜的備中松山藩儒者山田方谷為最，木戶甚至在日記留下「派遣使節前往朝鮮遭到無禮的譴責」的記錄。

因為朝鮮拒絕與以天皇為統治者的太政官交涉，於是日本朝野自然萌生「征韓」的主張。然而，諷刺的是，可說是最早主張「征韓」的木戶在跟隨岩倉使節團遠赴歐美各國考察的過程中見識到歐美國家的強大，尚未返國便已自行下架「征韓」的主張。

明治三年二月，外務省派出外務權大錄佐田白茅（久留米藩出身）、外務權少錄森山茂（大和國天領出身）前往釜山打算再次進行交涉。但釜山所屬的東萊府官員拒絕與對馬藩以外的單位接觸，甚至連基本招待也沒有，敗興而歸的佐田返國後開始提倡「征韓論」。

同年五月，外務權少丞吉岡弘毅（津山藩出身）攜帶外務卿澤宣嘉致函東萊府使的書信來到釜山，同樣又遭東萊府使拒見。失望而歸的吉岡雖未提倡征韓，但征韓主張已逐漸在朝野間發酵，外務省開始出現收回釜山浦草梁倭館的主張。

草梁倭館位於釜山，屬於李朝領土，實際上日方並無收回權利，公卿出身的外務卿澤宣嘉對於收回草梁倭館一事不敢貿然進行。明治四年十一月四日，因岩倉使節團的出訪而接替岩倉繼任外務卿的副島種臣，一改前兩任公卿外務卿（澤宣嘉、岩倉具視）的懦弱，採行強硬政策。明治五年二月兵部省分成陸軍、海軍二省，副島外務卿打算讓使者搭乘海軍省的船艦前往釜山威懾朝鮮官員。不過，海軍省首長（大輔）直到五月十日才敲定由勝海舟出任，副島外務卿著手與勝海軍大輔談論海軍船艦開往釜山浦的可能性。

八月十日，副島外務卿派遣外務大丞花房義質、外務少記森山茂等一行，搭乘春日、有功二艦朝釜山浦而去，誇口收回草梁倭館改設大日本公館。不過大陣仗的兩艘軍艦並未讓東萊府使等朝鮮官員就範（這與勝在臨行前告誡兩名外交官不能對朝鮮尋釁有關），眼見恫嚇無效的花房等人，只能拆下草梁倭館內可拆之物，以及在釜山浦周邊測量證明此行而草草結束。

外務大丞花房義質在幾年後成為日本駐朝代理公使、全權公使，由於在朝鮮的幕後操控及滲透，使得遭到嚴重苛扣糧餉的朝鮮士兵連同民眾一起暴動。暴動的士兵及民眾逮捕過於親日的閔妃族人並搗毀日本公使館，花房全權公使在駐軍保護下返回長崎，此即壬午事變。

明治六年5月，朝鮮官員在草梁倭館門口貼上布告，其中有幾句寫道：

……彼（日本）雖受制於人而不恥，其變形易俗，不可謂日本之人，亦不可許其入我之境。……

此篇布告挑明不讓日本人（包括外務省官員）入境朝鮮，征韓的聲浪已到不容參議們忽視的地步。

也許會有讀者納悶：明治初年不管地名或國號都稱為「朝鮮」，照理應稱為「征朝論」或「征鮮論」，為何會是「征韓論」呢？

明治三十年，李朝第廿六代國王高宗將國號改為大韓帝國，但此時距明治初年首倡征韓論已有二十多年之久，不會是征韓論的來源。簡要說來，「韓」並不是指國號大韓帝國（當然更不可能是大韓民國），而是指神功皇后征討朝鮮的三韓地區（辰韓、弁韓、馬韓）。漢武帝消滅衛氏朝鮮後，在半島中、北部靠近黃海的部分，設置樂浪、真番、臨屯、玄菟四郡，當時半島靠近日本海的中、北部建立東沃沮、東濊兩個原始部落（之後為高句麗、新羅消滅），南部慶尚道、忠清道、全羅道則稱為三韓地區。讀者要注意的是，三韓並非國家或政權，而是地區名，每一地區各自包含許多小國（或部落），如位於最東的辰韓有十二國，居中的弁韓亦有十二國，最西且面積最大的馬韓則有五十四國。三韓地區與同時期的日本大致一樣，在小國與小國的攻伐兼併下，最後剩下新羅、百濟以及神功皇后征討三韓地區建立的任那。

由於釜山浦正好位於昔日三韓地區（辰韓與弁韓的交界），征韓或許可作為征討釜山的代稱，而非整個朝鮮。

三、西鄉的征韓

征韓在明治五、六年間鬧得沸沸揚揚，留守政府成員很難不去關注這一議題，留守政府成員怎麼看待征韓議題呢？要一一探討留守政府成員對征韓的看法不僅不容易，筆者認為也沒有必要，在此筆者僅觸及西鄉的想法，因為與西鄉同樣想法的人必然會附和其主張，與西鄉想法迥異的人也不會在他面前表達自己的見解。

一如筆者在第七章第三節提及隨侍天皇行幸西國、九州的西鄉，對於天皇的舉止合宜、正面形象感到無比欣慰，然而，昔日主君之父島津久光一句「對主君不忠的人，有可能會效忠皇室嗎？」頓時讓西鄉的心情跌落谷底。返回東京後的西鄉旋即寫信向久光致歉，提到「受了您的大恩大德，今天卻又如此令您生厭，恐慌至極，打算擇日登門謝罪」，西鄉似乎覺得還不夠誠懇，又再補上「如今自己成為太政官一員，似乎有戀棧的傾向」。以西鄉的性格而言，這封致歉信不會是口頭上應付久光，而是真誠出自內心的致歉。

西鄉認為既已在幕末及戊辰戰爭期間犧牲那麼多人（不管是討幕派或佐幕派）才建立以天皇為中心的政府，身為太政官（此時則指留守政府）成員的自己及其他人都應全心全力維護辛苦建立的政權，同時也別忘記要照顧從版籍奉還、廢藩置縣、四民平等以來，不斷因為政治及社會改革而失去地位、特權的士族。然而，理應為國家及士族謀求最大利益的留守政府成員，心思不是專注在內鬥（如江藤鬥爭山縣與井上）上，不然就是一臉功成名就、志得意滿的神情到紅燈區冶遊。

太政官或其他留守政府成員在私領域的尋花問柳，西鄉不便批評，儘管西鄉一生曾有過三名妻子（伊集院須賀、愛加那以及岩山糸子），但他自幕末以來在女色方面始終保持自制，光這一點，討幕派或佐幕派眾多志士沒幾人及得上西鄉。身為維新第一元勳、領有兩千石永世祿的西鄉只要願意，要在東京置產、為兒孫買美田或是蓄妾、享盡齊人之福都不是問題，但西鄉卻選擇將家屬留在鹿兒島單身赴任，獨自一人住在幕府旗本頂讓的偌大住宅裡，身邊只有數名書生和僕人照料起居，經常進出西鄉宅邸的多是仰慕西鄉為人的年輕近衛將校。

此時四十六、七歲的西鄉雖有近六尺身高（約一百八十二公分），卻也有二十九貫體重（將近一百一十公斤），過於肥胖成為他健康的隱憂，走點路便覺得喘以及心臟易有壓迫感都是過於肥胖所引起的毛病。西鄉三弟從道發現兄長的身體狀況後把他找來與自己同住，與新婚的妻子一同照料兄長，天皇得知西鄉身體欠安的消息，派出雇用外國人之一霍夫曼（Theodor Eduard Hoffmann）醫師為西鄉看診。

霍夫曼除建議西鄉要多運動外，也要西鄉控制飲食，甚至還開瀉藥幫助西鄉減輕體重。對西鄉而言，年輕時右手肘曾受傷導致無法學習劍術，多運動大概也只能做到牽著獵犬打獵的程度，控制飲食和服用瀉藥對此時的西鄉而言是難以忍受的日課，顯得身心俱疲。

每天固定的折騰讓西鄉產生自己大限將至的錯覺，也堅定他要在所剩不多的餘生裡一併解決困擾多時的兩個問題：

向主公久光證明自己並非戀棧官位以及改善士族日益沉淪的地位。

西鄉認為只有已在朝野鬧得沸沸揚揚的征韓能一併解決這兩個問題，換言之，西鄉想藉著征韓議題向久光證明自己並不是對主君不忠的人，也不是一個忍心看著士族遭到新時代淘汰的人，並由自己拖著病痛的身軀作為使者前往朝鮮。

士族精神不能喪失，一旦喪失日本也就完了。

亢奮的西鄉在6月12日（板垣退助在明治四十三年監修的《自由黨史》只記載明治六年6月，而明治四十四年黑龍會編纂的《西南記傳》記載6月12日，司馬遼太郎的小說《宛如飛翔》也記載6月12日，顯然是受到《西南記傳》的影響）以日本駐釜山公館兼外務省七等出仕廣津弘信（久留米藩出身，作家廣津柳浪生父）寫給外務少輔上野景範的報告書為契機，在閣議上提出征韓議題。

此次閣議共有七人與會，除三條太政大臣外，其餘六人皆為參議，分別為：

西鄉隆盛（薩）
大隈重信（肥）
板垣退助（土）
後藤象二郎（土）
大木喬任（肥）
江藤新平（肥）

廢藩置縣後板垣與西鄉一起成為參議，板垣敬重西鄉的人望，只要西鄉提出的閣議板垣多半不會反對。而後藤自幕末時期新虎魚組以來便與板垣形影不離，既然板垣支持西鄉，後藤也會跟著支持。筆者在前作《戊辰戰爭》及本書第七章多次提及江藤新平，拿他與薩長志士相比，應足以與木戶、大久保並列。然而，因為佐賀藩對時局的遲鈍，使江藤在戊辰戰爭結束後的論功行賞只得到一百石終身祿的賞賜。

> 不公平！不公平！豈能以薩長出身與否決定一個人的才能？

江藤決定打倒壟斷太政官的薩長，不過並非所有薩長成員都要打倒，大久保是江藤最想打倒的對象，其他的薩長成員可視情況予以拉攏，而西鄉正是江藤為打倒大久保而必須拉攏的人之一，因此他義無反顧支持西鄉的征韓。如此一來，剩下的大隈、大木兩位參議連同三條太政大臣也只有三人，即使反對征韓也無濟於事。

閣議一召開，預期可能會反對的三人中只有大隈出言反對，西鄉自陳他不是要率軍對朝鮮動武，只是希望能被任命為使者派往朝鮮。西鄉的一席話加上板垣在旁幫腔，弱化大隈的反對力道，而三條太政大臣與大木參議的沉默，大隈頓時在閣議中孤立。

不過幾個月前大隈才在徵兵制的閣議遭到西鄉痛斥，此次大隈又在西鄉巨眼的瞪視下啞然無聲，不敢再有反對意見。這兩次的經驗讓大隈對西鄉既是敬畏，又是憎惡，也許憎惡的情感更大了些，此後西鄉在大隈多如過江之鯽的著作裡評價始終不高。

在本節結束前，筆者必須澄清一點，西鄉的征韓與第二節提到明治初年的征韓論，以及明治十年代日本對朝鮮兩次試探性質的事件（壬午事變、甲申事變），並不完全相同。明治初年的征韓論單純因朝鮮無禮的舉動而想動用武力迫使朝鮮改變外交文書的格式；明治十年代的壬午、甲申兩次事變，則是日本國力強大後，在與清國作戰前為試探其底線而向朝鮮進行的政治挑釁。

至於西鄉的征韓（後來並沒有成功實現，因此筆者稱為「征韓」而不稱為「征韓論」）是先行派出一使者前往朝鮮，要是朝鮮依舊一如前幾年，頑固拒絕與使者溝通，甚至進而殺害使者的話，便可由政府號召士族出兵朝鮮。雖然最終或許不免要對朝鮮用兵，不過在西鄉看來是最不得已才使用的手段，與明治初年的征韓論以及明治十年代的壬午、甲申兩次事變一開始便打算採取武力，在程度上還是有所不同。

四、雀躍的西鄉

筆者在第六章最後一節提及岩倉使節團在明治六年3月19日接到留守政府的急電，速召大久保、木戶兩位副使返國。儘管電報上的文字很緊急，但兩人均不為所動，大久保等到使節團結束在德國的所有行程前進到下一個國家俄國後，一路從柏林南下，經法蘭克福、巴黎，再從馬賽搭船，於5月26日返回東京。

因此西鄉在閣議提出征韓議題時，大久保不僅人已在日本國內，而且透過大隈（向使節團發出電報速召大久保、木戶回國的估計也是他）的報告，他也知道此事正在進行當中。然而，大久保始終不發一語，其理由為表面上大久保此時人應該還在歐美，提前回國的他不希望太多人知道此事，有大隈這一眼線在留守政府，即使他人不出面照樣可以透過大隈監視留守政府。

6月12日這日閣議在西鄉提出由自己作為使者出使朝鮮後，眾人盡皆沉默，連反對最力的大隈也不再夸夸其談，因為眾人都清楚西鄉自任使者出使朝鮮會有怎樣的結果。三條太政大臣以事態嚴重必須審慎考慮為由，婉拒西鄉要他當場答應上奏天皇的決定。

三條太政大臣認為西鄉「乃國家柱石之臣，負天下之重望，廟堂一日不可缺。西鄉若前往朝鮮，或有可能遭頑迷之徒加害而不保，此實為國家之不幸」，因此雖說必須審慎考慮，其實他是想等到使節團返國後召開閣議，藉由岩倉右大臣之力勸阻西鄉打消出使朝鮮的念頭。然而，此時除已回到東京的大久保以及在回程船上的木戶外，使節團一行此時正在奧國首都維也納的普拉特公園參觀萬國博覽會，三條太政大臣要等到使節團歸來恐怕還要幾個月的時間。

7月26日，赴清談判在台灣遇難的宮古島島民事件(詳見第十六章第三節)的特命全權大使副島種臣外務卿返國，進宮向天皇覆命時聽聞西鄉參議有意擔任出使朝鮮的使節，副島認為身為外務卿的自己應當仁不讓的擔任出使朝鮮的使節，因此他逕自拜訪三條太政大臣，要求由自己擔任出使朝鮮的使節得到三條首肯。西鄉知情後分別於7月29日及8月3日寫信給板垣參議及三條太政大臣，請求他們支持自己為出使朝鮮的使節，並且親自拜訪被他尊稱為「先生」的副島宅邸，懇請他讓出已得三條太政大臣首肯的朝鮮使節一職，副島感念西鄉的至誠，同意其請求。

西鄉於8月16日前往三條太政大臣宅邸再度提起自任朝鮮使節一事，請求務必答應。

三條太政大臣原本希望等到岩倉使節團返國後，由岩倉右大臣說服西鄉放棄出使朝鮮的計畫，但在西鄉近乎死纏爛打的攻勢下不得不放棄原先抱定的計畫，同意翌日再度召開閣議討論。17日三條太政大臣在私宅主動召開與上次相同成員的閣議，大隈參議在這次閣議不再表示反對，於是全體成員一致通過任命西鄉為使節出使朝鮮。三條太政大臣18日前往天皇所在的箱根上奏閣議結果，天皇聽完後留下「此等國家之大事，應俟岩倉大使等人歸朝與岩倉熟議再行上奏」的敕語。

西鄉在當日從三條太政大臣口中得知天皇的回覆後喜不自勝，認為征韓一事已得到天皇同意，之後前往板垣宅邸感謝他在征韓一事的仗義執言。難掩雀躍之情的西鄉，返回寄宿的從道宅邸後以感懷的心情寫了首如下漢詩：

蒙使朝鮮國之命

酷吏去來秋氣清，雞林城畔逐涼行。
須比蘇武歲寒操，應擬真卿身後名。
欲告不言遺子訓，雖離難忘舊朋盟。

胡天紅葉凋零日，遙拜雲房霜劍橫。

在西鄉的認知裡，8月17日的閣議已確定由他擔任出使朝鮮的使節，18日三條太政大臣向天皇上奏閣議的結果並得到天皇同意，所謂的「俟岩倉大使等人歸朝與岩倉熟議再行上奏」只是向岩倉等人告知閣議的經過。換言之，只要等到岩倉等人返回向其告知閣議的經過後，西鄉便能心無罣礙的出使朝鮮。然而，正是這點讓西鄉出使朝鮮成為永遠無法成行的遺憾。

五、使節團成員反對征韓

如前文所述，大久保大藏卿早在5月26日返回東京，但他既不到大藏省辦公，也幾乎不與友人往來，只是聽取大隈的報告。大久保從大隈口中得知留守政府除大隈外幾乎遍布征韓派，大久保認為不宜在當下與以西鄉為首的征韓派辯駁征韓之非，於是他選擇離開東京，從箱根一路西遊至近江、大和、紀伊等地名勝，等待岩倉大使返國後再趕回東京與岩倉等人商量對策。

大久保與大隈翹首盼望的岩倉使節團一行總算在9月13日返抵國門，岩倉返國後立刻聯絡大久保，要他速回東京。14日岩倉入宮向天皇覆命，天皇設酒宴款待岩倉大使一行人並慰勞其一年多來訪問歐美的辛苦。在岩倉右大臣出訪期間養父具慶病逝(明治六年2月13日)，岩倉右大臣以此向天皇告假服喪，同時也以服喪為由拒絕出席閣議，使得預定在岩倉覆命後召開閣議告知出使朝鮮一事，便要帶著別府晉介(薩摩藩出身，桐野利秋的表弟)、北村長兵衛(名重賴，土佐藩出身)前往朝鮮的西鄉，也只能暫緩出發的計畫。

真是好事多磨。

15日，岩倉右大臣基於禮貌先行拜訪三條太政大臣，不久話題便轉到征韓上。當岩倉聽到三條已允諾西鄉為出使朝鮮的使節時，他已開始尋思如何運用謀略推翻已成定局的閣議，鑒於三條太政大臣並非可以談論謀略的對象，岩倉匆匆告退。

還是非大久保不可！

9月21日，岩倉右大臣朝思盼望的大久保大藏卿返回東京，岩倉與三條連袂前往大久保宅邸拜訪，兩卿懇請大久保出任參議。兩卿認為整個太政官唯有大久保能夠在西鄉巨眼瞪視下保持冷靜，但大久保礙於大藏卿的身分不能參與閣議，因此，唯有讓大久保出任參議才能在閣議上對抗西鄉。

大久保也知道唯有自己出任參議才能對抗西鄉以及征韓派，但他並未立即回覆兩卿。大久保考量之處有二：一旦同意出任參議，大久保勢必得辭去大藏卿，因為自明治二年六月太政官改制以來，從未有過參議兼任省卿的前例（其實當時後藤象二郎是以左院議長身分兼任參議，但左院議長的職權與省卿無法相提並論），大久保不希望由自己首開惡例。

是否有不出任參議也能阻止西鄉出使朝鮮的方法？

為此大久保苦思數日，最終在26日大久保回信拒絕出任參議的邀請。兩卿不死心，除繼續聯繫大久保外，也聯繫木戶、伊藤、大隈等人，希望他們能幫忙勸勸大久保以大局為重，讓整體國力不強的日本確立內治優先遠比維持太政官參議與省卿分離的體制來得重要。景仰西鄉為人的從道與開拓使次官黑田清隆擔心西鄉會在朝鮮喪命，於是也加入岩倉等人的反征韓派陣營。

接著筆者要將筆鋒轉到木戶身上。在第六章曾提及「……此次出訪大大加深他與大久保之間的裂痕，木戶好幾次在其日記痛斥大久保獨斷。對大久保推崇不已的俾斯麥，木戶似乎沒有給予很正面的評價，反而認為兩人是一丘之貉才會彼此欣賞。甚至對於此次出訪始終跟在大久保身後、猶如跟班般的伊藤，木戶也不假辭色，說他過於輕佻，沒有大臣的器量」之後接到留守政府召回兩人的急電，連返國日期都要刻意與大久保錯開的木戶不難想見他內心有多厭惡大久保。

導致木戶厭惡大久保的部分原因在於伊藤。伊藤出身低微，幾乎是松下村塾最年輕的幾位塾生，年輕且又出身低微，因此，幕末的伊藤給讀者的印象少有獨立擔當的一面，更多的時候是跟隨在井上、高杉或木戶身旁的跟班。伊藤以其在薩長志士中傑出的英語能力在維新後歷任外國事務局判事、外國官判事、初代兵庫縣知事、大藏少輔兼民部少輔、工部大輔等職務。通常愈是出身低微的人，愈是會緊緊抓住出人頭地的機會，進入明治時代伊藤發現跟隨大久保比跟隨木戶更能讓自己出頭，便拋下木戶改為跟隨大久保，成為岩倉使節團副使出訪歐美國家期間，更是緊緊跟在大久保身旁。

看在眼裡的木戶覺得伊藤過於勢利而悶悶不樂，原本厭惡大久保的他（木戶厭惡大久保的原因，筆者會在之後的章節再談）現在也變得厭惡伊藤。7月23日回到東京後的木戶除拜訪伊藤外幾乎足不出戶（明治六年時的木戶，大概也只有伊藤是他唯一能拜訪的對象），根據木戶日記記載，他返國於9月16日因不明的原因頭痛（可能與精神方面有關，當時日本醫學沒有精神科，因此木戶才會在日記記載不明的原因），此後木戶始終為頭痛所苦。

由於木戶是使節團成員中唯一的參議，他的重要性不言而喻，三條、岩倉二卿勢必要拉攏他站在反征韓派的一方才有否決征韓派的可能，當察覺到木戶對大久保抱持不滿以及不滿的原因來自於伊藤後，二卿便以命令的語氣要伊藤前往木戶私宅向木戶負荊請罪。儘管伊藤也覺得木戶太過小心眼，沒有政治家應有的海納百川的器度。不過，伊藤對西鄉並無好感，除了寫漢詩這一點，伊藤與西鄉在個性上幾乎沒有共通點。中年以後伊藤移居大磯（神奈川縣中郡大磯町），建築滄浪閣作為自己的宅邸，伊藤在滄浪閣內特設一別室，在四面牆壁分別掛上三條、岩倉、大久保、木戶四人的畫像，命名為「四賢堂」。

在兩卿的調解下，木戶算是釋懷伊藤的行為。前文有提過木戶在這次的外訪親眼目睹歐美國家的強大，已經打消出訪前的征韓主張，加上木戶對西鄉亦無好感，因此不會支持西鄉的征韓。如此一來，主張內治優先、反對征韓的反征韓派全部到位。不過，還有一大難題亟需克服，木戶的病情不見好轉，可能無法如願出席十月的閣議，該如何補上木戶的缺席呢？

六、參議大久保利通

進入十月，三條、岩倉二卿依舊在勸諫大久保出任參議，不僅如此，連伊藤、黑田兩位未來的首相也加入勸諫行列，大久保仍不為所動。大久保很清楚只有自己才能在閣議上駁斥西鄉，反征韓派的成敗全繫於己身，既然如此大久保為何不願出任參議呢？

前節曾提及大久保不願出任參議的考量之處有二：一是一旦出任參議勢必得辭去大藏

卿，因為當時並未有參議兼任省卿的前例。在筆者看來，前節沒提到的第二點其實才是大久保最為在意的，因此故意在前節不提而留到本節。

筆者在《戊辰戰爭》第一章曾以如下這段文字形容公卿：

日本歷史上大概再也找不到像公卿這樣可以不斷改變政治立場、政治信仰，並且毫無信用的政治集團了，不僅中山（忠能）、正親町三條（實愛）、中御門（經之）諸卿如此，就連岩倉和明治末期、大正、昭和時代的元老西園寺公望也都有這種傾向，或許這種習性才是公卿能夠在政治鬥爭中存活千年的原因吧！

這段話是針對鳥羽．伏見之戰首日戰情陷入膠著時，部分公卿指責討幕派大名及公卿的輕率無謀，就連討幕派公卿本身（即引文提到的中山、正親町三條、中御門三卿）也煞有其事的規劃祐宮的逃難路線。當天稍晚勝利的消息傳至御所，公卿的態度迅速豹變，開始任命仁和寺宮嘉彰親王為征討大將軍兼軍事總裁，也任命輔佐軍事總裁的軍事參謀及各地督軍，完全是一副勝利者姿態，毫無一、兩個小時前規劃逃難路線的苦楚。

這些醜態大久保全看在眼裡，再對比不到一個月前的小御所會議，明明信誓旦旦決意武力討幕的上述三卿，卻因松平春嶽、山內容堂的一番言論而有所動搖。即將召開的閣議想必也會有一番唇槍舌劍，如果三條、岩倉二卿抵不住西鄉的壓力而變卦，屆時自己將淪為眾矢之的，這才是大久保不願出任參議的主因。

9月28日，岩倉右大臣乘坐馬車來到大久保宅邸，這是岩倉返國後首次登門造訪大久保，堂堂一個右大臣紆尊降貴親自拜訪，大久保即使再怎麼不滿也不能讓右大臣吃閉門羹，他連忙將岩倉請入家門並讓他坐上上座。面對岩倉的質問，大久保不便說出不出任參議的真正原因，因此婉轉說道若木戶願意出馬自己也會出馬。

由於木戶原本就是參議，只要沒有辭職、沒有請假必然會在閣議對上西鄉。岩倉逕自將大久保的話解讀為只要木戶願意以參議身分出席閣議，自己便同意出任參議，然後離去。

隔日岩倉拜訪木戶。幕末力主和宮降嫁的岩倉成為以長州為主的攘夷派口中的「四奸二嬪」，為避免遭到天誅，岩倉主動外放到洛外五年多。後來雙方雖因有倒幕這一共同目標而合作，但在完成維新回天大業後，岩倉和木戶的關係似乎又回到幕末時的對立。不過，岩倉並非和所有長州人都處不來，像伊藤與岩倉的關係就非常融洽，如前文所述，伊藤中年以後在宅邸滄浪閣內特設一別室，掛上岩倉等人的畫像。

當木戶從岩倉口中聽到大久保出任參議的條件，他竟也脫口說出只要大久保出任參議，他也出任參議。由於木戶本身即是參議，脫口說出的這句話其實是有語病，岩倉本人並不這麼想，他認為這是兩人都有意以參議的身分參加閣議阻止西鄉的征韓。

同樣為大久保出任參議奔走的還有伊藤，他往來兩人宅邸的次數多於岩倉，不錯的外語能力（不錯是與維新志士相比，外語主要是指英語）、善於溝通協調、正確觀察並分析事情的能力以及充沛的精力，讓伊藤逐漸擺脫幕末時依附在木戶、高杉、井上身旁的印象，這也是三條、岩倉、大久保、木戶四人欣賞伊藤的原因。

在岩倉、伊藤兩人的協調下，大久保終於點頭答應出任參議。10月8日，大久保親自來到岩倉家，三條也在那裏等著。大久保要求兩卿簽下切結書，保證絕對不會改變反征韓的立場。顯然大久保對於公卿善變的性格沒有信心，要是換作士族被要求簽下這種切結書，一定會認為人格遭到藐視而要求與對方決鬥，但是兩卿卻覺得理所當然，毫不猶豫在切結書上簽名畫押。

如此一來，大久保出任參議已成定局，他將成為反征韓陣營中繼木戶、大隈、大木後的第四位參議，同時也是最有力的參議。征韓派與反征韓派即將在到來的閣議上對決，兩雄對決必有一敗，誰會是這場歷史性對決的勝者呢？這次的對決對之後的歷史又會有怎樣的影響呢？這是筆者在下一章要談論的主題。

第十三章
明治六年政變

一、三條太政大臣的為難

三條太政大臣與岩倉右大臣為了讓大久保大藏卿安心，簽下表示不會出爾反爾的切結書。有太政官最高負責人及次高負責人白紙黑字的切結，大久保遂於10月12日正式出任參議，是太政官首位兼任省卿的參議。

征韓陣營不甘示弱，翌日讓出使清國博得良好名聲的副島外務卿也升格參議，如此一來，副島外務卿成為繼大久保大藏卿後第二位兼任省卿的參議。由於接連兩日出現新科參議，使得原本應該在12日舉行的閣議順延到14日。這一日有資格參與閣議的人選共有十一人，其名單如下：

征韓派

西鄉隆盛（薩摩，四十七歲）

板垣退助（土佐，三十七歲）

後藤象二郎（土佐，三十六歲）

江藤新平（佐賀，四十歲）

副島種臣（佐賀，四十六歲）

反征韓派

三條實美（公卿，三十七歲）

岩倉具視（公卿，四十九歲）

木戶孝允（長州，四十一歲）

大久保利通（薩摩，四十四歲）

大隈重信（佐賀，三十六歲）
大木喬任（佐賀，四十二歲）

原本在人數上占有優勢的反征韓派因木戶缺席而呈現勢均力敵之勢，因此到召開閣議之前，岩倉還在勸說西鄉要他不要出席閣議，只要西鄉不出席閣議，征韓派其他參議均不足為懼。本身主張征韓的西鄉當然不可能接受岩倉的勸說，但也因為這樣閣議拖到11點才進行。

三條太政大臣先是向雙方陣營報告6月12日以來幾次閣議的具體經過，三條語畢，接著由岩倉右大臣致詞道：

俄國人在樺太的暴行、台灣生蕃的凶暴以及朝鮮遣使三事件，孰為現時的重大問題，律其輕重緩急後不難做出決定。惟，朝鮮事件並非當下之急務，俄國針對的樺太問題才是當下最急需解決的棘手問題。

俄國在樺太的暴行以及台灣生蕃殺害琉球漂流民（這兩部分留待第十六章再敘述）在當時引起的反響並不下於征韓，若以迫切性而言，征韓的確非首要之急。不過，西鄉並不認同岩倉的說法，反駁道：

樺太、台灣問題，要言之不過是人民與人民的紛爭，至於朝鮮事件關乎皇權的隆否、國權的消長，使節早已內定，宜應盡快進行。若樺太問題的解決涉及到朝鮮問題，也請任命我為遣俄使節。

派遣在外的使節即代表國家，岩倉認為西鄉對於派遣使節還停留在封建時代，說道：

樺太問題的處置乃外務卿之任，由外務卿與俄國政府交涉便可辨明是非曲直，且永久斷絕俄國對朝鮮的覬覦。要能做到此地步不知要耗費多少時日，不如在這段時間整頓內治以培養外征實力。

岩倉「整頓內治以培養外征實力」等於否定西鄉在現階段出使朝鮮，西鄉對岩倉的回覆感到不滿。對西鄉而言，征韓一事早在8月17日的閣議已成定局，雖說當時反征韓派全體缺席，不過在使節團出使這段期間，學制、散髮脫刀令、騎馬令、徵兵制、地租改正條例，有哪一項法案的通過有反征韓派全體在場？何況當日閣議有三條太政大臣親自拍板定案，又有天皇口頭上的同意，還有什麼比這更具代表性呢？

西鄉按耐住內心的不滿說道：

若予的意見不能行，捨辭職外別無他法。

眼見出使朝鮮將被擋下，西鄉丟出辭職這一震撼彈作為要脅。反征韓派五人中只有大久保敢與西鄉的目光相對，大隈、大木二參議低頭不語，三條太政大臣已嚇出一身冷汗，直打哆嗦。岩倉右大臣避開西鄉的目光說道：

欲派遣使節到朝鮮，當有開戰之覺悟。然見諸我國今日之形勢，以優先整頓內治為計，培養國力以奠定富國強兵之基礎，絕非躁進處理外事之時。予堅決反對派遣使節之議，暫待時機再議。

西鄉覺得再和岩倉辯下去也無助於改變現況，遂閉口不提。眾人面面相覷，不知道這樣的沉默會持續多久，愈是沉默，反而給與會大臣及諸參議帶來更大的壓力。大久保覺得自己必須打破沉默，這也是三條．岩倉二卿任命自己為參議的目的，於是他開口說道：

陸軍共六鎮台、十四聯隊，常備兵三萬一千六百八十人、戰時為四萬六千三百五十人；海軍十七艘船艦，扣除三艘運輸船外，有十四艘是軍艦，當中除東（戊辰戰爭期間的名稱為甲鐵艦）、龍驤為鋼鐵艦外餘皆為木造船艦，換言之能派出日本領海以外只有這兩艘船艦。

大久保首先具體攤開當時日本陸海軍的全部戰力，略作停頓後繼續說道：

只要一開戰，平時已不足以支應開銷的物產會飛快減少，而且再無能力生產軍艦、槍砲、彈藥等軍用物，必須再對外借款。維新迄今外債已達三千二百萬圓，一旦開戰不僅得再對外借款，以目前國力大概也很難還清，如此一來，國家也將不復獨立。

大久保清楚的用數據說明日本沒有在朝鮮開啟戰端的本錢，西鄉卻仍執意要出使朝鮮，一再重複出使朝鮮是8月17日閣議既定之事實，到後來兩人不禁都動了怒氣。

征韓派中的板垣、副島二參議趕緊將西鄉拉進別室以化解一觸即發的氣氛，兩人對西鄉說道：

畢竟使臣之議是在閣議內決定，倘若閣議有變，足下決意辭職，我等必附隨驥尾共進退。

西鄉聽聞兩人的肺腑之言深受感動，說道：

對於足下等人的厚情，深為致謝。若足下等人與予共進退，恐有結私黨以謀國家大事之虞，此等事項是予所不屑為之，希請諒察之。

西鄉於是婉拒板垣、副島與他一起辭職的主張。

三人走出別室，回到大廳只見後藤正閉上眼睛，彷彿在回味剛剛的爭吵。方才那一幕對後藤而言應該相當具有新鮮感，身為土佐藩大參政的他在幕末時期的土佐藩有著幾近絕對的權力，在上士間可說不曾遇過討論藩政到面紅耳赤的地步。

江藤雖說是出於打倒大久保的前提才支持西鄉征韓，但此時他並沒有想過要為西鄉出言，不管西鄉或大久保，在江藤看來都是「薩摩人之間的爭吵」。另兩位佐賀出身的參議，大木繼續低頭不語，大隈動輒拿出懷錶觀看時間，似乎有點心神不寧。果然接近下午5時，大隈參議突然起身向三條太政大臣要求提前退席，他與伊藤工部大輔約好晚上前往橫濱赴外國人的餐宴。大隈參議在這天閣議唯一的發言竟是要求提前退席，而退席的原因則是要與伊藤前往橫濱與外國人共進晚餐。已因出使朝鮮遭到擱置一事不滿的西鄉，聽到大隈此言不覺怒火中燒，瞪視大隈，怒喝：

值此商議國家重大問題之際，藉故離席只為赴一區區外人宴會，對國家大事的不關心莫此為甚！

已被西鄉喝斥數次的大隈，又再增添一筆對西鄉的憎惡。

14日的閣議眼見不會有結果，三條與岩倉商量後做出「今日到此，明日繼續閣議」的結論。

翌日10時繼續進行閣議，反征韓派的木戶依舊缺席，但征韓派中也缺席一人，缺席的人是西鄉。西鄉缺席的理由是「該說的昨日閣議已經說了，剩下的交由太政大臣、右大臣及其他參議裁決」。

江藤參議對三條．岩倉二卿說道若讓西鄉辭職，薩摩出身的陸軍及近衛兵將領恐怕會掀起辭職潮，若覺得這樣也無所謂盡可擱置征韓論。

太政官要垮台了！

這是二卿聽到西鄉辭職引起陸軍及近衛兵將領的辭職潮所能想到的後果，至於太政官垮台後的局面他們實在不敢再想下去了。身為太政官領袖的兩人當然有義務避免太政官垮台的事情發生，其他參議還在為征韓與否進行攻防，三條．岩倉二卿卻在苦思如何避免太政官的垮台。

到了下午，三條太政大臣向眾參議說出他一生中最為滑稽的決定之一：

本大臣及右大臣決議派遣西鄉參議出使朝鮮。

大久保一臉難以置信的表情聽著三條唸出這一決定，不過在七天前台上這兩位大臣才在他家客廳裡簽下保證絕對不會改變反征韓立場的切結書，才換來大久保點頭出任參議。結果雙方只交手一次，二卿便當著自己的面前說出與切結書內容完全相反的話來。

公卿終究是公卿。

大久保突然想起一則關於三條的評價，據說是使節團出訪歐美期間留守政府成員（具體說來應該是西鄉）對三條太政大臣的評語，雖然言詞間充滿對三條的不敬，但因過於中肯而在私下流傳。

由於幕末與三條的主張不同，包括西鄉在內的薩摩藩士進入明治時代才開始與三條有較為頻繁的接觸。三條與岩倉的差別在於前者待人至誠，性格純樸，不玩弄權謀術數，與三條接觸過的志士都很推崇這點。而三條的缺點除了公卿普遍具有的立場反覆外，就屬優柔寡斷、容易受外在環境所影響（其實這亦是公卿普遍具有的缺點）。西鄉多次領教三條的優柔寡斷後，某次曾對同鄉說出：

要條公（太政官成員對三條的尊稱）有決斷力，猶如要比丘尼有睪丸一樣。

雖然同鄉為西鄉粗俗的比喻逗得哈哈大笑，但仔細一想無不認為西鄉的比喻過於貼切，因此這一評語便在留守政府官員、陸軍及近衛兵將領間傳開。大久保早在5月便已返國，在前來拜訪的留守政府官員及薩摩出身的將領間聽到並非不可能，儘管此時與西鄉因政治立場迥異而處於對立狀態，但對三條的立場反覆心有戚戚，進而聯想到西鄉中肯的評語。

據說三條拿筷子的技術相當高竿，給他一副筷子片刻間便能將一條魚的魚肉剔除乾淨，然後魚骨頭保留得完好如初猶如標本一樣，見識過三條功力的公卿與志士人人稱奇。三條若活在今日想必會成為綜藝節目的常客，說不定還能開創宗派三條流成為人人景仰的筷子大師，但是這樣的才能承擔太政大臣的重任可就過於嚴苛了。

看到大久保鐵青的臉色，三條內心充滿愧疚，但與太政官垮台這等重大事件相比，三條只能選擇對不起大久保。

15日的閣議便在兩派參議俱感錯愕的情形下結束。岩倉一回到自宅便找來伊藤轉述今日閣議的內容，伊藤壓根不相信西鄉的辭職會造成太政官垮台，他建議岩倉與三條立即寫信向大久保致歉取得諒解，並且要岩倉裝病從明日起開始請假。

大久保在16日收到三條和岩倉寄來的致歉函，他對幾天前還信誓旦旦的保證絕不改變反征韓立場的兩人已經死心，本應立即回信的他拖到當天夜裡才提筆，回信的內容也只有「我心意已決」寥寥數語。

「我心意已決」換言之即是辭去包含參議與大藏卿在內一切職務，大久保寫完信件後謄寫一份同樣內容寄給岩倉，給三條的信件則是親自送到其住處。大久保的辭職對三條打擊甚大，沒了主意的他只能去找岩倉。岩倉吩咐下人對三條說自己生病了，三條在飽受驚嚇的情形下來到岩倉的病榻前。岩倉謹記伊藤的建議，以病懨懨的口氣對三條說道由於自己病倒，今日無法出席閣議，請條公代為向征韓派參議轉達。

三條一生裡恐怕再也沒有此時來得孤立無助，沒有岩倉與大久保相伴壯膽，他獨自一人出席閣議必然成為砲灰。為此三條拖著沉重的腳步，步履蹣跚的走進太政官廳。三條嘟噥的宣布岩倉缺席與大久保辭職的消息，光是說這些話已讓三條顫抖得喘不過氣來。

面對征韓派參議提出進宮謁見天皇、恭請天皇聖裁時，三條卻一個勁的拒絕，反覆說道等明日岩倉到來時再一同進宮面聖。當被問到若明日岩倉還是請假呢？三條喃喃說道明日岩倉若不來我一定會去面奏聖上。由於三條臉部表情怪異，與其說他在答覆征韓派參議，倒不如說他在隔空說給岩倉和大久保聽。

後藤出面向其他四位參議緩頰：

條公已經這樣了，此時也不宜謁見陛下，多等一天如何？

西鄉也覺得今日只能到此為止，都已等了兩個月，也不差這一天。

危機雖然解除，但這孤立無助的一日帶給三條不輕的症狀，回到家依舊持續顫抖、痙攣、抽搐，終於在18日凌晨陷入昏迷狀態。

二、明治六年10月22日

條公陷入昏迷！

岩倉和伊藤聽到這消息最先的反應是「條公在裝病」，因為岩倉自己裝病，所以會有別人也在裝病的反應。西鄉也認為三條在裝病，不過西鄉是出於「岩倉公才在日前生病，哪有這麼剛好條公也在隔日生病」的心態認為三條應該是裝病。

根據主治大夫霍夫曼的診斷，三條出現下痢、發燒的症狀，推斷是勞神過度，由於霍夫曼也是西鄉的主治大夫，透過霍夫曼的診斷西鄉打消「條公裝病」的疑雲。西鄉應該沒有想到把三條逼到陷入昏迷狀態的「元凶」，除了早一步搶走裝病的岩倉、遭到「背叛」憤而辭去參議的大久保，以及堅持要履行8月17日閣議的自己。

依昨日閣議結果，今日若岩倉再缺席閣議，三條太政大臣應率領眾參議進宮面聖，請天皇裁定採納任命西鄉為使節出使朝鮮。然而，條公卻在昨日閣議結束後因壓力過大導致昏迷，條公的病情恐怕比霍夫曼的診斷還要嚴重，明後日也不見得能出席閣議，對此，西鄉開始感到出使朝鮮一事有胎死腹中的可能。

如果條公病情沒有好轉，太政官勢必要奏請天皇找人代理太政大臣，依太政官制度來看，代理太政大臣的第一順位十之八九會是岩倉右大臣(當時左大臣依舊空缺)，岩倉可是個比三條狡猾百倍的老狐狸。同樣出身反覆無常的公卿，三條多少還會感到自責(這次陷入昏迷便帶有內疚的成分)，岩倉則是完全不當一回事，如果由他代理太政大臣，征韓很有可能遭到擋下。

腦筋動得快的伊藤早已想到這點，當天便到岩倉宅邸密談，在伊藤面前的岩倉無須裝病，兩人密談後認為應對外公開並誇大三條的病情，如此一來便能將下一次閣議的召開延後數日。趁此空檔，伊藤再次聯繫反征韓派諸參議，把他們團結起來相信必能推翻征韓派。

岩倉完全聽從伊藤的主張，伊藤首先遊說反征韓派不可或缺的大久保，大久保雖然頗能以大局為重，只是二卿的背叛無法讓他當下立即釋懷。另外，長州唯一的參議木戶如果沒有加入進來，此次密謀恐怕會被說成都是岩倉和薩摩在搞的鬼。伊藤立即領會大久保此番話語的言外之意為若木戶願意加入，大久保便沒有推辭的理由。

要說服木戶可得從三條昏迷這點切入，三條自文久三年八・一八政變以來便與長州命運相繫，在長州成為朝敵而遭天下諸藩征討的時候，三條也從未背棄長州（與三條只要一離開長州便會被捉回朝廷治罪不無關係），木戶無法對長州有情有義的三條置之不理。伊藤正是抓住木戶的心理，把三條的昏迷歸咎於征韓派參議的步步進逼，憤怒的木戶點頭願意為三條討回公道。伊藤帶著木戶肯定的答覆來到大久保住處，木戶既已首肯，大久保當然也不推辭（大久保的辭呈並未得到三條、岩倉的批准，嚴格說來辭職只是自己說說而已），反征韓派最重要的三巨頭都願意再戰，大隈、大木之輩自無不同意之理。

以三條昏迷為契機，不到兩日的時間，伊藤已重新整合反征韓派，驚人的行動力不得不令人嘆服。伊藤完成了他職權範圍內能做的事，接下來換岩倉出場。岩倉的任務為向天皇告知三條太政大臣的病況嚴重到必須找人代理，最適當的代理人選便是自己。

在宮內大丞吉井友實(薩摩人,把他安排進宮的正是西鄉)的助拳下,天皇20日坐著馬車親臨三條宅邸,三條雖想下床迎接,無奈力不從心。天皇親見三條的病況認為他已無可能繼續主持閣議,簡短慰問後坐上馬車趕往岩倉住處。岩倉在宅邸迎接天皇一行,吉井拿出事先備好的詔敕,詔敕的內容果真如伊藤先前所言,是要岩倉代理太政大臣之職。

當日岩倉代理太政大臣的消息已傳至反征韓派參議耳裡,除了曾吃過岩倉苦頭的大久保外,眾人一致認定已勝券在握。21日早上西鄉等征韓派參議才得知此事,22日,西鄉、板垣、江藤、副島四名征韓派參議一同來到岩倉的住處拜訪,說明征韓的急迫性與必要性,希望岩倉代理太政大臣能在之後的閣議主持公道。岩倉記取上次的教訓,抱定此次絕不再屈服西鄉。四名參議輪番使出三寸不爛之舌要說服岩倉,均未能讓岩倉動搖,四人無奈,告辭臨去之際岩倉留下「明日進宮上奏」。

走出岩倉家門的那一刻,四名參議已知征韓主張遭到否決,因為岩倉並不是說明日舉行閣議,而是說要進宮上奏,可見岩倉認定代理太政大臣的自己有權篩選向天皇上奏的議案,而非一一上奏所有的議案。岩倉數日前已有背叛反征韓派參議的記錄,為凝聚反征韓派的向心力,這一次想必不會再重蹈覆轍,征韓派無須等到明日便可知結果。

三、五參議辭職

由於岩倉在22日已向四名征韓參議預告明日將進宮上奏，23日的太政官顯得格外冷清，岩倉進宮向天皇上奏征韓與反征韓的論述，希望天皇聖斷裁奪。天皇雖未立即裁奪，但也不可能違背他親自任命的代理太政大臣的意志，反征韓派的勝利可說在預期之中。

岩倉在22日四征韓參議告退後，難掩興奮之情寫信向大久保報捷。大久保讀完岩倉的來信未見喜悅之情，反而更多惆悵與擔憂。以大久保對西鄉的認知，征韓一旦遭到否決他定會辭去所有職務，以西鄉的人望及影響力不僅其他四位征韓參議會跟進，更可怕的是陸軍省及近衛兵將領也會跟著出現一波辭職潮，到頭來不管征韓能否通過太政官都將面臨垮台。

西鄉22日走出岩倉家門已抱定決心翌日辭職離開東京，同行的板垣似乎察覺出西鄉的決心，在告別之前對西鄉說道：

> 此次與您分別恐怕要很久才能見面，期間難免會有離間中傷，使我們的友誼為之

疏離。因此先和您約定，既然彼此志同道合、永信不渝，希望今後也能坦誠相見、不分善惡一起行動。

三十七歲的板垣即將步入中年，但從上述這段話可看出他仍保有赤子般的情感。歷經征韓挫敗的西鄉，聽到板垣這番珍惜一同在太政官共事建立起的友誼，應該感到無比溫馨才是。然而，西鄉的反應卻是哈哈大笑，接著說道：

我和你聯手的話，將會無敵於天下吧！但這並不是對付政府的良策，我並不期望得到你的協助，就算站在對立面我也不會有所怨恨。希望你以後不要掛念我的事，去做自己想做的事，爾後的事我自有分寸。

西鄉的回覆聽在任何人耳裡都不是滋味，何況才剛說完感性話語的板垣，當然會期待西鄉熱烈的回應。板垣當下的反應是：

西鄉的傲慢已到這種程度了嗎？

三十七年後，板垣仍將此時的對話記載進監修的《自由黨史》裡，可見板垣對西鄉的回覆可說直到晚年依然難以釋懷。

當晚西鄉交代長年隨侍的僕人熊吉開個價格出售位在日本橋小網町（東京都中央區日本橋小網町）的宅邸，由於是接收自幕府旗本的宅邸（據說有三千坪），怎麼出售都不吃虧，再把賣掉的錢分給家中的書生及僕役，讓他們各自散去。

23日西鄉前往大久保家，既然已要永遠離開東京，非得來跟這位幼年的相識告別不可。明明14日閣議兩人還因為征韓的贊成與否爭得面紅耳赤，但撇開政治層面，並未影響到兩人的私交情誼。這可從西鄉對板垣的回覆以及今日主動造訪大久保一事得到證明，若再對比來年掀起佐賀之亂的江藤（詳細內容請參第十四章第四節）事敗後來到鹿兒島西鄉對待他的態度來看，不難發現西鄉有著極為濃厚的鄉土意識。

儘管自己在政爭中是落敗的一方，西鄉堅信只要大久保以及岩倉還在太政官，便可不用過於擔心，正是出於這樣的認知，西鄉才會在離去前拜訪大久保。西鄉在大久保家遇上前來商談要事的伊藤，或許是出現這位平素沒有好感的不速之客，西鄉留下「今後國事多拜託了」後離去，這是幕末以來一同打拼的兩人今生最後的會面。

離開大久保的家後，西鄉正式向太政官提出辭呈：

奉職卻無法貫徹執願，至感遺憾。
懇請辭卸本官（參議）與兼任（近衛都督、陸軍大將）。
此願務乞成全，
以上位記奉還。

10月23日　西鄉隆盛

24日西鄉起個大早，想到將是他在東京的最後一天，他到附近散步，看看和煦的日出、聽聽許久未曾聽聞的鳥鳴。突然間有了靈感，便快步折回住家提筆寫下一首五言律詩：

辭闕

獨不適時情，豈聽歡笑聲。
雪羞論戰略，忘義唱和平。
秦檜多遺類，武公難再生。
正邪今那定，後世必知清。

太政官立刻對西鄉的辭呈做出回應：

詳思辭呈之旨趣，
特別陳訴之衷，情有之不得已。
是故，如擬所請，參議可免；
陸軍大將如故。
位記返上不准。

明治六年10月24日

西鄉辭去本官與兼任共三個職務中，本官參議與兼任近衛都督得到太政官的批准，只保留兼任陸軍大將，是要為西鄉留下日本唯一的陸軍大將這一殊榮，而不是如部分日文書籍所言是提供生活開銷（別忘了，西鄉因戊辰戰爭的功勳得到二千石永世祿，這比陸軍大將的薪資還要高）。換言之，只是將西鄉逐出太政官，不讓他參與國家大政，基於對維新元勳的尊重而保留陸軍大將的閒差。為何說陸軍大將是閒差呢？在職務上，陸軍大將必須聽命於山縣陸軍卿，但是山縣陸軍卿的軍階只有陸軍中將，除非日本遇上對外戰爭等緊急事態，不然山縣陸軍卿應該不至於輕易對陸軍大將下令。

西鄉參議辭職！

反征韓派無法想像西鄉辭職所引起的漣漪有多麼巨大！板垣、後藤、江藤、副島四名參議在西鄉辭職批准當日立即向太政官提出辭職，不僅如此，位在竹橋的近衛兵迅速掀起薩摩籍將官的辭職潮，桐野利秋、篠原國幹、村田新八、別府晉介、池上四郎、永山彌一郎、貴島清、邊見十郎太、淵邊群平等六百餘名將領毫不戀棧陸續向陸軍省提出辭呈。這些年輕將領大多只有三十幾歲，辭職後都隨西鄉返回鹿兒島，明治十年成為西南戰爭的主力，與西鄉一同結束性命。

板垣的辭職也造成土佐籍將官辭職潮，片岡健吉、山地元治、林有造、武市熊吉、島本仲道等將領追隨在板垣之後辭職。不過，與薩摩籍將官的命運不完全相同，他們多與板垣一起提倡非武力暴動的自由民權運動而取得部分成果，有的成為一院之長（片岡健吉當上眾議院議長），有的入閣成為大臣（林有造成為第一次大隈內閣的遞信大臣及第四次伊藤內閣的農商務大臣）。

不過，西鄉之弟從道、堂弟大山巖以及與西鄉關係深厚的黑田清隆都沒有選擇與西鄉共進退。請讀者不要以華人的價值觀來非難從道等三人，他們三人如果此時跟隨西鄉下野，十之八九會參與之後的西南戰爭，即使沒有戰死多半也會在戰後遭到死刑處決。

辭官後的西鄉避開其他四名參議及薩摩籍將官，似乎在向島（東京都墨田區）滯留至28日早上才前往品川搭船離京，此後終其一生不曾再踏上東京。

以上即是明治六年10月征韓議題大致始末，日本學術界習慣上將西鄉等五名征韓派參議的征韓議題在閣議遭到否決而辭官下野的過程，稱為「明治六年政變」（並非如部分書籍稱為「征韓論政變」）。由於一夕之間空出五名參議的缺額，該如何填補考驗著岩倉、大久保等反征韓派的智慧。

四、太政官改組與成立內務省

10月25日這天太政官進行微幅改組：

太政大臣：三條實美（公卿）
右大臣：岩倉具視（公卿）
參議：木戶孝允（長州）
參議：大久保利通（薩摩）
參議兼大藏卿：大隈重信（佐賀）
參議兼司法卿：大木喬任（佐賀）

參議兼工部卿：伊藤博文（長州）
參議兼海軍卿：勝海舟（幕臣）
陸軍卿：山縣有朋（長州）
陸軍大輔：西鄉從道（薩摩）
司法大輔：福岡孝弟（土佐）
工部大輔：山尾庸三（長州）
宮內卿：德大寺實則（公卿）
宮內大輔：萬里小路博房（公卿）
開拓次官：黑田清隆（薩摩）
左院副議長：伊地知正治（薩摩）
28日增添新人事任命：
參議兼外務卿：寺島宗則（薩摩）

伊藤在大久保鬧辭職、三條太政大臣陷入昏迷期間的努力有目共睹，可以篤定的說，若無他的付出反征韓派必然敗下陣來。憑他這段期間的功勳以及三條、岩倉、木戶、大久保四人對他的肯定，以三十三歲的年紀與木戶、大久保平起平坐成為參議的一員（整個太政官制最年輕的參議）可說毫無僥倖。至於在征韓派與反征韓派的對決中幾乎作壁上觀的寺島和勝，恐怕是出於湊數才補上參議（寺島出身薩摩，勝雖是幕臣但與薩摩關係不錯）。

明治十年代發跡與伊藤同為藩閥政府首腦的山縣卻沒有在這次人事異動升任參議，這是為什麼呢？筆者在第十章提及山縣大力推動徵兵制，卻因民眾反應不熱絡等因素下台，西鄉鑒於唯有山縣才能做好徵兵制，向太政官其他成員力保讓山縣復職，並從陸軍大輔升任陸軍卿。由於這層因素，山縣勢必得在征韓議題的立場上傾向西鄉。然而，筆者的敘述從未提到山縣，這是怎麼一回事呢？

原來山縣本人也不贊成西鄉的征韓主張，但礙於受過西鄉的恩情不便公然反對，當他察覺出訪在外的使節團成員都不支持征韓，內心已認定西鄉的征韓會在閣議遭到否決。山縣雖敬愛西鄉，卻不願因為西鄉而斷送自己的政治前途，因此他以視察鎮台為名離開東京，當征韓派與反征韓派激辯之時，山縣悠哉地穿梭在各鎮台間。山縣並非忘恩負義之輩，但他的確如司馬遼太郎所言「謹小慎微，對金錢和權力異常著迷，是那種任何國家只要有革命發生便會出現的奸智派人物」。山縣的開溜讓他錯失在政變結束後遞補為參議的機會，事後得知伊藤搶在他前面成為參議，不免有怏怏不樂之感。

但是，阻礙山縣當上參議的原因不光是他在征韓期間開溜，更主要的原因在於木戶不願看到山縣以軍人身分涉足政治，因為西鄉便是身兼參議、近衛都督。木戶覺得身為太政官最孚人望的西鄉應該以身作則，確立政、軍分離的典範，但西鄉卻反而身兼政治與軍事的領袖大權一把抓，亡友大村益次郎的預言逐步成真。如今好不容易因為征韓遭到卡關而辭官下野，木戶不允許出現第二個西鄉，即使是長州藩也不能例外。不過，山縣的失落並未持續太久，明治七年木戶下野後，鑒於參議兼任省卿已成慣例，8月2日山縣以陸軍卿身分兼任參議，與他一起成為參議的還有薩摩藩的伊地知正治、黑田清隆（這一天扶正為開拓長官並兼任參議）。

從太政官改組後的名單可看出土佐勢力急遽式微，板垣、後藤的辭官使得土佐撤出參議，在各省也僅存福岡孝弟的司法大輔一職，雖然幾年後土佐派重返太政官，但其勢力已無法與政變前相比。佐賀派雖也還有大隈、大木兩參議，不過從前文來看只有大隈有實際上的作用，大木給人的印象只是一塊橡皮圖章，較諸政變之前勢力也受到削弱。整體說來，政變之前薩長土肥並立，薩長雖較土肥勢力雄厚，彼此間的差距並沒有後人想像得大；政變後土肥（特別是土佐）一蹶不振，薩長從此獨大。

令人意外的是，政變前參議兼大藏卿的大久保，在政變後辭去大藏卿職務，改由大隈繼任，僅剩陽春的參議職務。為何大久保要讓出右院各省權力最大的大藏卿一職呢？筆者在第六章第二節提及使節團出訪後隔年五月追加一波出訪名單，這一波名單以司法省為主，其中警保助兼大警視川路利良被派往法國考察警察。川路在巴黎期間每天都到外面沒有目的的閒逛，雖說沒有目的，但這正是他的目的，因為這樣才能近距離觀察巴黎的警察。川路與其他司法省同仁在法國與使節團會合，之後同赴德國等歐洲各國，但對川路而言，他的任務在離開法國前往下一個國家的同時便已結束。

跟著使節團一起返國後，川路寫了一篇長長的考察報告，並把這份報告呈交大久保。川路的報告緊緊扣著警察必須為人民之保母，但是大久保並不在乎這點，他在意的是報告的另一重點：現行機構並沒有可將警察制度納入轄下，希望能成立一全新機構來統領警察。

大藏省在右院各省有著最大的權力，不過，將警察納入大藏省的指揮下未免過於匪夷所思。不如另行成立一新機構並移轉部分大藏省權力到此新機構，如此便可既指揮警察，也可稀釋掉部分大藏省的權力。明治六年9、10月，大久保一面準備在閣議與征韓派對抗，一面籌劃新機構的成立。

新機構已決定命名內務省，其實內務省不算是全新機構，鳥羽．伏見之戰結束後，朝廷在原本的三職之外另設七科，數日後改為八局。不管是三職七科或三職八局都有一個負責國內政務的部門，名稱為內國事務科或內國事務局，但是在改組為太政官制時，負責國內政務的部門卻消失了。其實不能說是消失，而是轉移到民部省，律令時代權限與地位皆高過大藏省的民部省在明治時代不如大藏省，加上職權有若干重疊，最後落得為大藏省合併的下場。

趁著政變後太政官進行改組，大久保卸下大藏卿，改由大隈參議兼任大藏卿。自井上大藏大輔於5月被前參議江藤新平窮追猛打被迫辭職以來，大隈形同代理大藏卿。在民部、大藏二省分分合合期間，大隈曾身兼兩省大輔，但在廢藩置縣同時兩省合併後，大隈反而轉任專職參議，直到井上大藏大輔辭職為止都不再過問大藏省職務。

明治六年政變後，伊藤博文與大隈重信受大久保的提拔不僅成為一省之長，更成為權力核心參議中最年輕的兩人，是大久保最信任的心腹，而這兩人都非薩摩出身。他們兩人清楚的知道：如果由主張征韓的西鄉獲勝，且先撇開個性相合與否不談，以西鄉濃厚的鄉土意識，非薩摩出身的他們絕無得到重用之理。神經質的木戶也不是他們能展現才能的對象，唯有大久保能用人唯才、賞罰分明、超越藩閥，在大久保底下他們方有盡情發揮的空間。

明治四十四年4月，大隈寫下一篇名為〈大久保論〉的文章，大讚大久保是「維新時代唯一的大政事家」，該文還寫道：

……木戶與大久保兩人都很偉大，木戶較為神經質，對任何瑣碎之事都以謹慎擔心之情看待。大久保的意志堅固且富冷靜的決斷力，這兩人都是維新時代的兩大英傑。

大久保尤其偉大，首先從其人物骨骼來看便能證明是個偉人，具有非常的威望，有著令人一見便能在氣勢上制服人的容貌。其身形也十分的均衡，就像是卓越的達者，沒有西鄉那樣笨拙的身軀。其骨骼、軀體、容貌大久保無一不非常光彩，亦具其特徵。

談到維新時代的英傑竟然遺漏西鄉，可見大隈對西鄉屢次在公開場合斥責他有多不滿，直到已進入老境的明治四十四年（此時大隈已七十四歲）還對西鄉帶有偏見。引文的第二段有過度阿諛之嫌，以一個曾有首相經歷的政治家而言，這樣的文字未免欠缺器度與高度。

11月10日太政官布告三七五號發布內務省成立的消息，29日，大久保成為新機構內務省的首任長官內務卿，不過，由於下轄單位還未建置完畢，因此內務省雖然成立也無事可做。明治七年1月9日職務劃分完成，下轄勸業寮、警保寮（以上一等寮）、戶籍寮、驛遞寮、土木寮、地理寮（以上二等寮）以及測量司等六寮一司，勸業・戶籍・驛遞・土木・地理五寮是從大藏省、警保寮是從司法省、測量司是從工部省轉移而來，原本是右院最具權勢的大藏省從明治七年起為內務省所取代。

這六寮一司的職權囊括「謀求全國人民的安寧、調查戶籍人口、獎勵人民產業、地方的產業以及其他土木・地理・驛遞・測量等……調理其事務，並對陛下負起擔保之任」。明治九年，內務省擴大其規模，明治十年1月再擴大為勸農局、驛遞局、博物局（上述三單位於明治十四年移往農商務省）、勸商局（明治十一年移往大藏省）、警視局、地理局、戶籍局、社寺局、土木局、衛生局、圖書局、會計局、庶務局、往復課等單位。

內務省有兩大任務，其一為一手掌握全國的警察權，為此大久保將與警察有關的單位警保寮從司法省轉移至內務省。警保寮於明治五年成立，最初隸屬司法省，從事相當於**司法警察**（judicial police 的日譯，指基於司法權，警察有進行犯罪搜查、逮捕嫌疑者、蒐集證據等活動的權利）的勤務，1月15日於東京設置直轄於內務省的警視廳，川路利良為首任大警視，相當於現在的警視總監。由於前日才發生「赤坂喰違之變」（詳細內容請見第十五章第二節），迅速緝捕凶手的效率得到天皇的讚揚，警視廳轉型為**行政警察**（相較於司法警察的被動，行政警察主動針對構成人民凶害採取預防措施，甚至還可以主動除去凶害，不過凶害的定義卻由警察機關自行認定），指揮警視廳的內務卿成為全國行政警察長。被移走警保寮的司法省則成為全國司法警察長，透過各府縣知事指揮府縣警察。

為何大久保內務卿要把警視廳從司法警察轉型為行政警察呢？從筆者對這兩個名詞的解釋不難發現司法警察處在被動立場，必須等到犯罪事實發生後才能展開搜索調查，從中找出犯罪嫌疑者進行逮捕。行政警察可以在犯罪事實發生前主動出擊，這一點才是大久保內務卿的主要目的，把對政府抱持不滿的人在生事之前便透過搜索調查予以制伏。或許是大久保內務卿的料敵機先，由板垣退助、後藤象二郎領導的自由民權運動與警視廳成立幾乎是同時間發生的事，因此自由民權運動一蜂起便受到警視廳的關注，警視廳視自由民權運動如百姓一揆採取極盡凶殘的手段鎮壓，早已失去警察為人民保母的目的。

大久保掌握全國的警察權或許有其必要，然而，卻成為把日本推向絕對主義天皇制的幫凶。

五、第一回內國勸業博覽會

內務省另一任務為勸業，大久保在歐美考察對歐美各國產業欣欣向榮的榮景印象深刻，鑒於日本國內尚無資本主義產業，必須由國家力量來推動，但是太政官並無這樣的機構，大久保遂把殖產興業視為內務省成立的目的。內務省成立時，大久保將大藏省租稅寮底下的勸農課移至內務省並擴編為勸業寮，下轄農務、工務、商務、編纂四課，勸農課所屬的富岡製糸場（位於群馬縣富岡市，於二〇一四年以「富岡製糸場と絹産業遺産群」登錄為世界文化遺產）、堺製糸場（是日本第二座洋式紡織工廠，明治五年成為官營，明治十一年改為官辦民營）及內藤新宿試驗場（最初由大藏省買下信濃高遠藩中屋敷，由於占地多達十七萬餘坪，部分用地為宮內省管轄，即現在的新宿御苑，部分用地為駒場農學校校地，即現在的東大農學部）也跟著轉移至內務省。

明治七年內務省剛正式運作，大久保內務卿便向三條太政大臣提議關於殖產興業的若干建議。明言指出為建設富強的國家，宜由太政官主導產業的增進，因此太政官應把握國內產業的狀態，適時獎勵產業。至於具體的獎勵產業措施，大久保內務卿認為莫過於「展示收集萬物的博覽會」。

慶應三年，幕府派出以慶喜胞弟德川昭武為正使的慶應遣歐使節團前往法國期間，德川昭武在澀澤榮一等人陪同下，曾順道蒞臨正在巴黎舉行的第四屆萬國博覽會。岩倉使節團也曾在即將結束出訪行程前夕，參觀在奧地利首都維也納舉辦的第五屆萬國博覽會，由於已有兩次參訪萬博的經驗，大久保內務卿會提出在日本國內舉辦內國勸業博覽會的想法也就不意外。

萬國博覽會（簡稱萬博）也稱為世界博覽會或國際博覽會，舉辦的主旨為透過一個國際性展覽平台，使參與的國家在主題上得到廣泛的聯絡與交流。1851年5月1日到10月

15日在倫敦海德公園（Hyde Park）舉行有史以來的第一次萬博，吸引超過六百萬人次進場參觀。由於這次的成功，接下來在1855年、1862年、1867年、1873年分別於巴黎、倫敦、巴黎、維也納舉辦第二、三、四、五屆萬博，必須一提的是此時尚未明文規定舉辦的週期，因此每一屆舉辦的間隔不盡然相同。

如筆者在第六章所言，日本萬博的初體驗是在第四屆（人數僅限於德川昭武、澀澤榮一等少數人），第五屆維也納萬博適逢岩倉使節團參訪尾聲，除提前返國的大久保、木戶外，大多都曾參與。日本只憑兩次參與萬博的經驗（嚴格說來只有一次），便也跟隨英、法、奧等國的腳步籌劃舉辦全國性的博覽會，想要追趕上歐美先進國家的積極作為及企圖心，不免讓人聯想到奈良、平安時代派來中土的遣隋使及遣唐使。

日本最早舉辦的博覽會於明治四年十月由西本願寺主辦（京都博覽會），不過與其說是博覽會，倒不如說是古董品展示會。由太政官主辦的博覽會則以明治五年四月十七日在東京湯島（東京都文京區湯島町）為首次，但仍不脫古董品展示會性質。不僅幕府時代諸藩珍藏的古鏡、古硯、繪卷物、書畫古董成為博覽會上的展示品，甚至連天明（一七八一～一七八九）年間在筑前國那珂郡志賀島村（福岡縣福岡市東區志賀島）發現的「漢委奴國王」金印及名古屋城的金鯱，也在展示品之中，可說是擴大版的**見世物**（也稱為「見世物小屋」）。在寺社境內或空曠地搭建一臨時小屋，民眾繳交入場料便能進入參觀。臨時小屋內有魔術、戲曲、特技、珍奇動物、機關及奇珍古董，電影問世後逐漸式微）。

大久保內務卿規劃的內國勸業博覽會並非古董品展示會，而是要「萬物不分類別廣泛蒐集，調查其來歷與性質的良窳、檢查手藝的巧拙，識者撰寫評論，百工齊聚互相奮勵，開商賈販售交易之途」。明治九年7月，內務省下設置專門負責博覽會的事務局，大久保內務卿自任總裁，大藏大輔兼內務省勸業頭松方正義為副總裁，內務少輔前島密為審查長官。

明治十年8月21日，雖然九州的烽火還未平息（西南戰爭），第一回內國勸業博覽會依然如期在上野恩賜公園正式展開，博覽會分為礦業．冶金、製造物、美術、機械、農業、園藝六大區，在「東有祝祭西有戰亂」的情形下吸引除戰亂中的鹿兒島縣外，北起開拓使南至琉球藩共一萬四千四百五十五種、八萬四千三百五十三個展覽品參展。

期間曾發生數個插曲，首先在9月2日幕府時代的御台所靜寬院宮親子內親王辭世，3、4兩日會場閉館以表哀悼。18日起由於神奈川縣出現霍亂疫情蔓延，入場人數因疫情之故大幅下降，此後一個月只在28日及10月17日因為出現亮點才使入場人數有所轉折，前者是慶賀天皇第二皇子建宮慶仁親王誕生（9月23日出生，翌年7月26日夭折），後者則是慶賀西南戰爭逆徒征討總督有栖川宮熾仁親王凱旋歸來。

以有栖川宮熾仁親王凱旋歸來為契機，博覽會入場人數逐日攀升，10月26日，天皇・皇后兩陛下親臨會場大大衝高入場人數，此後直至11月30日閉幕為止入場人數不再下降，總計一〇二日展覽會期共吸引四十五萬四千一百六十八人次進場。

此次的成功給太政官及產業帶來無比信心，也提高他們續辦的意願。明治十四年、廿三年、廿八年、三十六年陸續舉辦第二、三、四、五回內國勸業博覽會，具體資料整理如下表所示：

回數	舉辦期間	舉辦地	占地坪數	展出件數	參與人數	得獎人數	參觀人數	經費
第一回	1877.8.21～11.30	東京上野公園	29807	84353	16172	5096	454168	122410

第二回	1881.3.1～6.30	東京上野公園	43300	331166	31239	4031	822395	276350
第三回	1890.4.1～7.31	東京上野公園	40000	167066	77432	16115	1023693	566500
第四回	1895.4.1～7.31	京都市岡崎町	50558	169098	73781	17729	1136695	443303
第五回	1903.3.1～7.31	大阪市天王寺	97161	276719	130416	6487	4350693	1093973

不少介紹明治維新的書籍舉出富國強兵、殖產興業、文明開化為明治維新三大目標，筆者已在八、九兩章以不少篇幅介紹文明開化，在本書《御一新》的敘述年代（慶應四年到明治十一年），富國強兵及殖產興業推動實施的部分有限，內國勸業博覽會可算得上殖產興

業的一環。這是因為明治前十年政府財政不足，而且技術與人才也頗為欠缺，因此本書對於富國強兵及殖產興業的提及僅止於此。

歷經五參議下野、太政官改組以至於成立內務省，太政官再也沒有足以與大久保對抗的人，加以其掌控的內務省之權勢又凌駕在右院各省之上，任誰都能看出大久保一人獨大之勢已成，不少書籍把大久保擔任內務卿期間（明治六年11月29日～明治十一年5月14日）稱為「大久保政權」。筆者第三部的論述範圍幾乎集中在「大久保政權」上，但並不打算以「大久保政權」做為第三部的部名，因為第三部的主題集中在內務省對民眾的控制與士族反亂兩項，關於「內務省對民眾的控制」這點，筆者從西鄉以外的四名前參議向左院呈遞的《民選議院設立建白書》得到啟發，而以「有司專制．士族反亂」名之。

國家圖書館出版品預行編目 (CIP) 資料

御一新：近代日本的光與影 . 東京奠都・文明開化／洪維揚 著
一初版 .一 新北市：遠足文化事業股份有限公司，2022 年 10 月 572 面；14.8×21 公分

ISBN 978-986-508-156-0 (平裝)

1. 明治維新　2. 日本史

731.272　111013018

大河

御一新：近代日本的光與影

東京奠都・文明開化

作者——洪維揚
責任編輯——賴譽夫
封面設計——霧室
排版——簡單瑛設

編輯出版——遠足文化
行銷企劃——余一霞、汪佳穎、林芳如
行銷總監——陳雅雯
副總編輯——賴譽夫
執行長——陳蕙慧
社長——郭重興
發行人兼
出版總監——曾大福
發行——遠足文化事業股份有限公司
地址——23141 新北市新店區民權路 108 之 2 號 9 樓
代表號——(02)2218-1417
傳真——(02)2218-0727
客服專線——0800-221-029
Email ——service@bookrep.com.tw
郵政劃撥帳號——19504465　戶名：遠足文化事業股份有限公司
網址——http://www.bookrep.com.tw
法律顧問——華洋法律事務所 蘇文生律師
印製——呈靖彩藝有限公司
初版一刷——西元 2022 年 10 月

ISBN　978-986-508-156-0
定　價　600 元